ICT・AI時代の個人情報保護

別所直哉

編著

宍戸常寿／石井夏生利／松尾剛行＝胡悦／
片岡総合法律事務所（伊藤亜紀＝高松志直＝土肥里香＝山根祐輔）／恩賀一

著

一般社団法人**金融財政事情研究会**

まえがき

　自分の情報がどのように収集され、どのように使われていくのかについて多くの人々が関心をもつ社会となっている一方で、プライバシーや個人情報がどのように保護されているのかという話を聞く機会は少ないように感じています。時として社会的な批判を浴びてしまうような例がニュースになったりしているように見受けられますが、それはデータを利用していく際に、どのような点に配慮していくことが求められるのかということがわかりにくいことに要因があるのではないでしょうか。問題が起きるたびに、コンプライアンスの強化やデータガバナンスの強化ということがいわれ続けていますが、問題の発生はやまないのが現状です。

　本書をまとめようとしている2020年6月、折しも新型コロナ対策に関連して、感染者の勤め先などを開示すべきか否か、感染予防のためにどこまで位置情報などを使うことができるのか、接触確認アプリは個人情報の保護の観点から安全なのかどうかなど、個人に関する情報をどこまで使うことが適切なのか、使い方ははたして安全なのかといった話題が社会の関心事となっています。しかし、それはいまを乗り越えれば消滅するような課題ではなく、簡単に結論を出すことができるとは思えません。同じような課題が、今後も社会で発生する事象と関連して折に触れて生じてくるものと予想されます。このような課題に取り組む際、単に「個人情報の保護に関する法律」（以下、「個人情報保護法」）に従っていれば問題が起きないわけではありません。そこで、こうした課題を考えていく際に参考となるような、個人に関する情報を保護するための法的枠組み全体を俯瞰できるような書籍があればと考えていたところ、一般社団法人金融財政事情研究会様から本書の企画をいただく機会に恵まれました。

　本書は、プライバシー保護を含めてわが国の個人に関する情報の保護の体系を概括するとともに、現代におけるデータ利用の実態をみたうえで、改正

個人情報保護法や、欧米の個人情報保護法、中国における個人情報保護に関する法制度について解説し、さらに今後の情報利用のあり方の1つとして、契約フレームを使った新たなデータ利用を支える仕組みである「情報銀行」の詳細について触れたものです。わが国の法体系を理解したうえで、国境を越えて流通するデータの性質に照らして相互に大きく影響し合う可能性がある国や地域における法律について理解いただけるような構成をとりつつ、今後のあり方について考察していただく材料として「情報銀行」の話題を提供するという構成とし、編集者としては多くの方々に役立つ情報を網羅することができたと考えています。

　編者としては、「個人に関する情報の保護＞個人情報保護法の枠組み」という前提に立ちつつ、同時に法制度を読み解く際に「識別コード」と「情報」を峻別して考えていく必要があるのではないかという問題意識をもっています。また、データの利用については法律という枠組みだけではなく広く倫理的観点からも眺めていく必要があり、社会的コンセンサスの形成を図っていく努力が求められる時代になっているということを少しでも実感いただければと願っています。

　各章は、私が説明するまでもなく各領域の専門家の方々にご執筆いただいております。宍戸常寿教授、石井夏生利教授、桃尾・松尾・難波法律事務所の松尾剛行弁護士、胡悦律師、片岡総合法律事務所の伊藤亜紀弁護士、高松志直弁護士、土肥里香弁護士、山根祐輔弁護士、総務省の恩賀一室長のご協力なくしては本書を完成することができなかったものと、深く感謝しております。

　また、本書のご提案から完成までを支えてくださった金融財政事情研究会の花岡博氏にも御礼申し上げます。

　2020年6月

別所　直哉

【執筆者一覧】

別所　直哉（べっしょ　なおや）〈第1章、第2章〉

　1981年慶應義塾大学法学部法律学科卒業。同年、持田製薬入社（労務、法務・知財、事業開発を担当）。
　1999年にヤフー株式会社入社。法務部長、法務本部長を経て2018年まで執行役員（法務・知財、広報、政策企画、公共サービス、リスクマネジメント管掌）を務め、個人情報保護法、著作権法、公職選挙法、消費税法、民法（債権法）など数多くの法改正にかかわった経験を有する。
　2019年10月より京都情報大学院大学教授。
　2020年4月より紀尾井町戦略研究所代表取締役。

宍戸　常寿（ししど　じょうじ）〈第1章〉

　東京大学大学院法学政治学研究科教授。専門は憲法・情報法。1995年司法試験（二次）合格、1997年東京大学法学部卒業。東京大学大学院法学政治学研究科助手、東京都立大学法学部助教授、一橋大学大学院法学研究科准教授等を経て、2013年より現職。国立情報学研究所客員教授、衆議院議員選挙区画定審議会委員、内閣官房個人情報保護制度の見直しに関する検討会構成員、一般社団法人ソーシャルメディア利用環境整備機構代表理事等。主要著作として、『憲法　解釈論の応用と展開〔第2版〕』（日本評論社、2014年）、『デジタル・デモクラシーがやってくる！』（共著・中央公論新社、2020年）、『新・判例ハンドブック　情報法』（編著・日本評論社、2018年）、『AIと社会と法』（共編著・有斐閣、2020年）など。

石井夏生利（いしい　かおり）〈第 3 章〉

中央大学国際情報学部教授。専門は情報法。情報セキュリティ大学院大学助手、助教、講師、准教授、筑波大学図書館情報メディア系准教授を経て、2019 年 4 月より現職。内閣官房個人情報保護制度の見直しに関する検討会構成員、内閣府税制調査会特別委員、東京都情報公開・個人情報保護審議会委員等。主要著作として、『個人情報保護法の理念と現代的課題―プライバシー権の歴史と国際的視点』（勁草書房、2008）、『新版　個人情報保護法の現在と未来―世界的潮流と日本の将来像―』（勁草書房、2017）、『EUデータ保護法』（勁草書房、2020 年）など。

＊桃尾・松尾・難波法律事務所

1989 年以来、企業法務を中心に業務を行い、渉外系業務および情報系業務も多く取り扱う。約50名の弁護士に加え、米国および中国の外国法有資格者を擁する。

松尾　剛行（まつお　たかゆき）＊　〈第 4 章〉

パートナー弁護士（第一東京弁護士会）・ニューヨーク州弁護士・博士（法学）。
2007 年東京大学法学部卒業、2013 年ハーバードロースクール卒業、2020 年北京大学法学院卒業。
情報法の実務経験を生かして『AI・HRテック対応人事労務情報管理の法律実務』（弘文堂、2019 年）や『最新判例にみるインターネット上の名誉毀損の理論と実務（第 2 版）』（勁草書房、2019 年）等を著すほか、中国留学経験を生かして中国法関係の業務を行う。田中信行編『中国法入門』（弘文堂、2019 年）では、「中国情報法」を担当。

胡　　悦（こ　えつ）＊　〈第 4 章〉

フォーリンアトーニー（中国律師）。2014 年中国人民大学修了、2014 年九州大学大学院修了。
中国現地法律事務所および日本現地法律事務所における勤務経験をもち、知的財産権、M&A、投資、解散・清算、独禁法、労務、コンプライアンス等の分野で数多くの日系企業と中国企業に法律サービスを提供しており、企業法務に関する豊富な経験を有する。

＊＊弁護士法人片岡総合法律事務所

ホールセール・リテール金融分野における伝統的な各種金融法務のほか、クレジットカード、電子マネー、QRコード決済等の各種キャッシュレス決済サービスに関するスキーム組成、契約書作成等に関する相談を多く取り扱う。また、プラットフォーマーや金融事業者を中心として、個人情報保護法、ビッグデータ、マイナンバー等の情報関連法務の取扱いも多い。

伊藤　亜紀（いとう　あき）＊＊　〈第5章〉

パートナー弁護士。1996年3月慶應義塾大学法学部卒業、同年NHK入局。報道記者として事件事故・行政等の取材を担当。退職後、司法試験を志し、2000年10月司法試験合格、2002年10月弁護士登録。2014年度から中央大学法科大学院兼任講師として「IT社会と法」を担当。上記のほか、特に、電子マネー、クレジットなどの決済ビジネスの法務を中心にデータビジネスなど新たなビジネスモデルの立ち上げに向けた相談を多く手がける。

高松　志直（たかまつ　ゆきなお）＊＊　〈第5章〉

パートナー弁護士。2002年3月上智大学法学部卒業、2006年3月中央大学法科大学院修了、同年9月司法試験合格、2007年12月弁護士登録。2015年度から中央大学法科大学院兼任講師として複数の授業を担当。ホールセールおよびリテールの金融分野を幅広く取り扱うほか、個人情報保護法やマイナンバーをはじめとする情報関連の法務も広く取り扱う。

土肥　里香（どい　さとか）＊＊　〈第5章〉

アソシエイト弁護士。2007年3月慶應義塾大学法学部法律学科卒業、2009年3月慶應義塾大学法科大学院修了、同年9月司法試験合格、2010年12月弁護士登録。電子マネー、クレジットなどの決済ビジネスの法務を中心としつつ、銀行、信託に関する業務、情報関連業務も手がける。

山根　祐輔（やまね　ゆうすけ）＊＊　〈第5章〉

アソシエイト弁護士。2014年3月慶應義塾大学法学部卒業、2016年3月慶應義塾大学法科大学院修了、同年9月司法試験合格、2017年12月弁護士登録。個人情報保護法やマイナンバーをはじめとする情報関連業務、電子マネーや送金等の決済ビジネスの法務、貸金等の与信関連業務等を手がける。

恩賀　　一（おんが　はじめ）〈第 6 章〉

元・日本IT団体連盟事務局。国と民間企業との間の人事交流に関する法律により、総務省からヤフーに交流派遣中（2018年 8 月から2020年 2 月）、同事務局にて、「情報銀行」に関するガバナンス体制や認定制度の立上げ、PR（Public Relations）・広報・法務等のパブリックアフェアーズ業務を支援。

2001年度総務省入省以降、内閣官房情報セキュリティセンター（NISC：現・内閣サイバーセキュリティセンター）、在タイ日本国大使館一等書記官（情報通信政策、科学技術・イノベーション政策・インフラプロジェクト専門官（宇宙インフラ担当）、総務省情報通信国際戦略局情報通信政策課統括補佐等を経て、2020年 2 月より同総合通信基盤局電気通信事業部電気通信技術システム課安全・信頼性対策室長。2007年UC Berkleyロースクール修了（LL.M.）等。

目　次

第 5 章

パーソナルデータの利活用をめぐる
個人情報保護法の改正と実務の動向

伊藤　亜紀／高松　志直／土肥　里香／山根　祐輔

第6章

「情報銀行」の意義と最新動向

恩賀　一

第 **1** 章

憲法と個人に関する情報の保護

東京大学大学院法学政治学研究科　教授

宍戸　常寿

京都情報大学院大学　教授

別所　直哉（聞き手）

1 法体系全体をみることの重要性

別所 個人に関する情報の保護について、体系的に考えることが大事だと思います。個人情報保護法（個人情報の保護に関する法律）という法律があるために、一般の人は同法を中心にして考えがちですが、実際には個人に関する情報の保護をめぐってさまざまな法律が関係してきます。そこで、まず個人情報保護法の基本的な性格について考えたいのですが、同法はプライバシー保護を目的とする法律ではなく、特定の個人を識別することができるデータを保護することを目的とする法律であるということ、また、同法は原則として人々に対して具体的な権利義務を与える法律ではなく、個人情報保護委員会という行政機関に対して個人情報取扱事業者を行政指導等する一定の権限を与えた法律であると理解していいでしょうか。

宍戸 対象を広く「個人に関する情報」としてとらえたときに、まず問題になってきたのは秘密の保護です。通信の秘密に関する電気通信事業法や、医療看護従事者等に守秘義務を課す各種の法律があります。これに対して、個人情報保護法は個人情報を取り扱う事業者一般に対して公法上の義務を課した、行政規制としての性格が非常に強い法律であろうと思います。また、仮に個人情報保護法がプライバシー保護を目的とした法律であるとすれば、不十分なところが多いというのもご指摘のとおりだと思います。同法の対象である「特定の個人を識別できる情報（個人情報）」は、事業者側の保有形態に応じて個人情報、個人データ、保有個人データの３つに分かれ、それぞれ事業者側の義務やこれらの義務に対応した本人の関与が異なってきます。保有個人データについては本人の私法上の請求権も認められていますが、個人情報保護法は、基本的には事業者の公法上の義務を定め、行政機関たる個人情報保護委員会がその履行状況を監督するという体系のものだと理解してい

ます。

別所 個人情報保護委員会にはどのような役割が期待されているのでしょうか。

宍戸 2015年の個人情報保護法改正までは、各主務大臣が事業者を監督することになっていたので、個人情報の保護は各省庁の行政監督のなかでは付随的な位置づけにとどまりました。しかし現在のように個人データの取扱いが産業分野を横断し、1つの事業者がさまざまな目的で個人データを利用する状況になってくると、民間の個人データの利活用を支えるためにも、監督する行政の側の専門性、中立性が求められます。そうした要請から、さまざまな事業分野を統合して監督する存在として、個人情報保護委員会が設置されました。その意味で、個人情報保護委員会にとっては専門性と中立性が大事です。個人情報保護委員会には、個人情報の形式的な保護に偏って個人情報の有用性を無にすることがないように、アクセルとブレーキの両方を適切に使い分けることが期待されます。

別所 個人に関する情報の保護は、プライバシー権の保障と関係があると思います。憲法には明文で規定されていませんが、憲法上、プライバシー権は保障されていると考えていいでしょうか。

宍戸 たしかに憲法にはプライバシーという言葉はありませんが、もともと近代国家における憲法の役割の1つは、個人の私的な領域を守ることにあります。日本国憲法でも21条2項には通信の秘密が規定され、35条には公権力との関係で住居の不可侵等が定められています。その後、情報技術が発達してくるなかで、個人の私的な領域を侵されない権利が独立の権利として生成してきました。日本国憲法では13条の幸福追求権の1つとしてプライバシー権が保障されるという理解が、一般的だと思います。

別所直哉氏

別所 個人に関する情報の保護は、プライバシー権や差別されない権利など
の人権として要請されているという理解でいいでしょうか。

宍戸 プライバシー権が確立する前の時代であっても、たとえば、個人が宗
教団体や政治結社に所属しているという事実は、信教の自由や結社の自由
（憲法20条、21条）により、公権力がみだりに知ってはならないと考えられて
きました。それらはいまではプライバシー権の範疇に入ってきます。また、
公権力による個人に関する情報の不当な蓄積・利用は、憲法14条が保障する
法の下の平等に反しないかも、問題になります。このように、現代社会にお
いて個人の尊厳が脅かされないように、私たちがよりよく生きるために、プ
ライバシーの各側面に応じて憲法の各条文が対応していると思います。

別所 もっとも、憲法は国の組織に関する基本法なので、私人間の権利義務
を直接規定するものではありません。裁判例の積重ねも考慮すると、私人間
におけるプライバシー保護は民法の不法行為や（不法行為の一部である）人
格権の保護を通じて図られるという理解でいいでしょうか。

宍戸常寿氏

　宍戸　最高裁は北方ジャーナル事件（最大判1986年6月11日）において、憲法13条が規定する個人の尊厳が私人間においても妥当することを、「人格権としての名誉の保護（憲法13条）」というかたちで述べています。ここでは憲法と民法が混然一体となって、人格権という私法上の権利が生成していると考えられます。人格権の中身は明確ではありませんが、そこには名誉、肖像、氏名などがあり、個人に関する情報が不当に扱われた場合にも人格権侵害になることがいくつかの裁判例で認められてきています。

　これまで裁判例で主に問題となってきたのは、新聞、雑誌などにおける表現の自由とプライバシー権という憲法上の権利同士の衝突をどのように調整するかという点です。このほか、企業のなかでの従業員のプライバシー保護も問題になっています。また、公権力が個人の秘密を漏えいしたり、公表したりした場合に、国等が損害賠償責任を負うという考え方も、民法の不法行為を応用するかたちで現れています。ムスリムの人たちの情報を警視庁が漏えいしたのではないかと疑われた事件で、1人500万円以上というかなり多額の損害賠償を東京都が命じられたのは、その代表例ではないかと思います（東京高判2015年4月15日）。

別所　会社が個人に関する情報をどのように扱うかについて、会社法は直接規定していませんが、同法は一定の会社に内部統制の基本方針をつくることを命じているので、会社のコンプライアンスの一部として個人に関する情報を適切に取り扱うことが求められます。このように、憲法、各種法律、会社法上の内部統制というかたちで、個人に関する情報の保護が重層的に図られる仕組みになっていると理解していけばいいでしょうか。

宍戸　今後、個人データの利活用と保護のバランスを考えるにあたり、ご指摘のような考え方はきわめて重要だと思います。これまでは消費者法の延長で、消費者である個人の情報を守るように、公権力が企業に義務を課すという側面が強かったのですが、現在では顧客をはじめとするさまざまな個人のデータが事業活動の源泉になり、パーソナルデータをきちんと管理しなければ事業継続が成り立たないという状況になっています。プライバシーや個人に関する情報を保護することと情報セキュリティは、企業のガバナンスの基本的な要素になっています。その意味で、企業のガバナンスの基本的な法制である会社法も、個人に関する情報の保護とかかわってきますし、各分野における事業法における規律も個人に関する情報の保護という観点から位置づけ直すことが必要だと思います。

別所　刑法的な保護の文脈においても、信用・名誉の毀損に対する罪を適用するなかで、個人に関する情報の保護が一定程度図られているという理解でいいでしょうか。

宍戸　刑事法におけるプライバシー保護は現在のところ、間接的だと思います。プライバシーの侵害と信用・名誉の毀損が重なる限りで結果的にプライバシーの保護が図られることはありますが、プライバシー権を侵害する行為そのものは刑法で処罰の対象とはされていません。限定された文脈で、情報漏えいに対する個人情報保護法上の処罰規定があるくらいで、現在のところ

プライバシー保護における刑事法の役割は限定的だと思います。

　個人に関する情報のなかでも特に秘密性の高い情報の漏えいについては、医師の秘密漏示罪のように、伝統的に刑法が処罰の規定を設けています。刑法の謙抑性という観点からは、いまのところそれで十分なのだろうと思います。将来に向けた考え方としては、個人データの取得そのものを罰する前に、個人データを不当に利用して他人を害する行為を処罰すべきかどうかという議論が先行してなされるべきではないかと思います。

別所　宍戸先生は日本がGDPR（General Data Protection Regulation）に基づく十分性認定を受けるにあたり、日本の法体系を説明するのに苦労されたと聞いています。対外的にも、日本の法体系全体がどのように個人に関する情報を保護しているかを発信することが重要ではないでしょうか。

宍戸　国の法制度にはそれぞれ歴史があるので、一見違うようにみえても実質的には同じことを達成しているということも多いわけです。EUは自らの個人データ保護と同程度の保護を達成している国にはEUからの個人データの移転を認めています。その認定は、EUの個人データ保護の体系と完全に一致する必要はないけれども、おおむね同様の水準であることをきちんと調べなければならないという考え方に基づいています。日本には個人情報保護法と行政機関個人情報保護法（行政機関の保有する個人情報の保護に関する法律）があり、さらに憲法や民法などさまざまな法律を含めて考えると、日本の個人データ保護の水準はEUと遜色ないことが、交渉の過程で確認されました。今後は個人情報保護委員会が、個人データ保護だけではなくプライバシー保護についても、専門的な知見を有する行政機関として、海外に対してわかりやすく発信していくことが、日本企業が海外で活躍するためにも必要だろうと思います。

別所　GDPRと個人情報保護法の比較ではなく、法体系全体が個人に関する

情報をどのように保護しているかをみなければ、正しい比較にならないということですね。

宍戸 おっしゃるとおりです。特に、十分性認定においては、権利が侵害されたときに権利者が実効的な救済を受けることができるかどうかが、EUの側の強い関心の的だったと思います。その意味では法の支配と民主主義のもと、裁判所と行政機関がきちんとした法執行を行うことが重要であり、EUはその体制を評価して日本の十分性認定を行ったのだろうと思います。したがって、今後は的確な法執行が行われていることが透明性をもって全体的に示されることが重要だろうと思います。

2 識別記号そのものを守る必要はあるか

別所 次に視点を変えて、個人情報保護法について考えてみたいと思います。個人情報保護法は氏名などの個人を識別する記号も個人情報として保護の対象としています。しかし、識別記号は社会に流通してはじめて本来の機能を果たすことができるものです。識別記号と結びついたなんらかの情報が社会的な機能を果たすことを考慮した場合、識別記号そのものを厳格な保護の対象にしてしまうと、その社会的な機能を果たせなくなってしまうのではないでしょうか。バランスの確保が非常にむずかしいところですが、どのような整理が考えられるでしょうか。

宍戸 プライバシーと個人情報保護の関係にもかかわる非常にむずかしい問題だと思います。プライバシー保護の観点からは、センシティブ情報と個人を識別する単純な情報とを区別して、保護の程度を変えるべきだというのが、われわれ憲法学者の間では標準的な見解だと思います。プライバシー保

護の観点からは、センシティブ情報に比べて、単純な情報である個人を識別する記号の要保護性はそれほど高くないということです。一方、個人情報保護法は、要配慮個人情報を除けば、およそ特定の個人を識別できる情報であれば、プライバシーとしての要保護性では区別せず一律に同じような規律を課している側面があります。

　個人の思想や病気などのセンシティブ情報を他人に勝手に知られることは、その人の生き方にとって脅威となるので守るというのが、情報の意味を考慮するプライバシー保護の基本的な考え方です。しかし、データ社会においては、単なる個人を識別する記号であっても、それをキーにしてあちこちにあるデータをかき集めることによって、その人のあり方が明らかとなり、致命的なダメージをもたらすことがありえます。そこで、外堀を構えるかたちで、氏名や番号などの個人を識別する記号自体も保護の対象とするというのが個人情報保護法の考え方だと思います。

　たしかに個人情報保護法の規律は形式的かつ一律で、プライバシーの観点からの実質的な比較考量の視点に乏しいことは問題です。今後は当該データがどのような内容・性質なのかに目を向け、差別につながるような背景情報であれば厳格な保護の対象とする一方、単なる個人を識別する記号については比較的緩やかに流通することを許す、ただし、それを使って名寄せをする行為については、明確な本人同意を求めるとか、一定の禁止をかけるといったことも考えられます。単に取得や流通の側面だけではなく、利活用のあり方にまで目を向けてバランスのとれた規律をかけることも、今後の個人情報保護法制の検討課題だろうと私は思っています。

別所　そろそろ識別記号と、識別記号に結びついた周辺情報を峻別して考えていくことが重要ではないかと思います。特に番号法（行政手続における特定の個人を識別するための番号の利用等に関する法律）という特別な法律も視野に入れて、番号や記号そのものを遵守するという考え方の整理を考え始めることは可能でしょうか。

宍戸　マイナンバーは税と社会保障、あるいはコロナウイルス感染症対策などにも、もっと有効に使うことができなければ、意味がありません。番号法はマイナンバーを取り扱う人に対して、取り扱う条件を設定したり、各種の義務を課したりするというかたちでバランスをとっていますが、少し厳しすぎるかもしれません。個人情報保護法の施行当初には、氏名は個人情報だが、氏名以外の識別記号は個人情報ではないというような雑駁な議論がありました。何のために個人情報を保護するのかという問いにさかのぼって、個人情報が使われる文脈に沿って規律のあり方を考える必要がありますが、なまじ個人情報保護法という法律があるために問題が単純化されて、人々の思考が丁寧な議論に届きにくくなっている側面があるかもしれません。実務的にも、弁護士や企業の法務の方にも、法律やガイドラインの字面を過度に形式的にとらえて検討をする傾向がみられます。何を守らなければいけないのかを考えること、真の意味でプライバシーを守る文化が必要だと思います。

3　自主規制はどこまで許容されるべきか

別所　たとえば、識別記号をキーとした名寄せをどこまでできるのかということは、個人情報保護ガイドラインに明確な記述がありません。明確なルールがない場合に、企業の側がプライバシーに配慮して自らの活動を律することをどのように評価すればいいでしょうか。

宍戸　個人情報保護法は事前の行為規制で厳しいというとらえ方をされていますが、プライバシー保護の観点からは最低限の規律にすぎません。企業がプライバシーに関する自主的なルールを定めたり、チーフ・プライバシー・オフィサーを設置したりして、自律的にガバナンスを利かすこと、そして、顧客に対して自分たちがどのように個人データを利用しようとしているの

か、どのようなメリットを還元しようとしているのかといった哲学をわかりやすく説明することが、期待されている状況にあると思います。

別所　逆に企業が自主的にガバナンスを利かすことができるならば、個人情報保護法とは違った規律を適用することも考えられるでしょうか。

宍戸　通常の個人情報保護法の規律をそのまま貫くことが適切でない分野として、いちばんはっきりしているのは医療の分野です。現在の医療の現場では、1人の患者を治療するために、複数の機関が患者に関する情報を共有する必要があります。しかし、個人情報保護法では本人と事業者の1対1の関係しか想定していないために、複数の病院が患者の個人情報を共有するために、患者から黙示の同意を取得したことにするという整理がなされています。これはあまり健全な運用ではありません。同じような問題は、グループ企業間の情報共有や、データ連携のハブになるような企業においてもあると思います。

　このような場合、本来は利用者からみて一体であるような主体間では個人データの共有を認めるかわり、グループ全体として個人データの取扱方針とガバナンスの確立を求めるという規律のかけ方のほうが適切です。そして、グループに新しい企業が入っても当該方針を守らせ、守らない企業があったらきちんと是正することができる体制があれば、認定個人情報保護団体制度の利用を認めて、安全管理や同意の標準化を図り、苦情相談を集中化することがあってもいいでしょう。そうすれば、個人情報保護法が想定している通常の保護と利活用のバランスとは違ったかたちをつくりだすことができます。

別所　たとえば、金融界では民間銀行がデジタル通貨を発行するという構想もあります。デジタル通貨圏内では、ガバナンスを利かすことを条件に個人データの共同利用を認めるということも可能でしょうか。

宍戸　繰り返しになりますが、個人情報保護法は最低限の規律ですので、デジタル通貨の特性に即した、より高度な個人データの保護と利活用の規律があるのであれば、それに個人情報保護委員会がお墨付きを与え、その規律が破られた場合には高額な課徴金を課すという、共同利用などを軸とした規制の枠組みがあってもいいと思います。

別所　行政ないし準行政的な規律を守っていれば、私法上の損害賠償責任をどこまで免れることができるのかという問題もありますが、この点はいかがでしょうか。

宍戸　個人情報保護法を守っていても、プライバシー侵害を理由に裁判所から損害賠償を命じられることはありえます。しかし、これは仕方がないことではないでしょうか。
　プライバシー侵害の損害賠償額は高くありませんが、データベースの漏えいがあった際にすべての被害者に補償しなければならないとすると、総額としては巨額になります。この点については、事業者が自主的に損害を賠償したら、その分は課徴金から控除するという制度がありえます。逆に、一定のきちんとしたガバナンスを利かせている事業者については、民事の損害賠償の責任を限定ないし免除するという制度も、私は考えられると思います。ユニバーサルサービスを提供している事業者については無過失責任を問うかわりに責任が発生する場合を限定するという法制がありますし、運送事業者については軽過失免責を認める例もあります。ここでも法体系全体を考慮に入れた調整が求められます。

4 感染予防と個人情報保護

別所 最近コロナウイルスの感染防止に向けて、感染者の追跡と個人情報保護とのバランスをどのように図っていけばいいかが議論されています。個人の疾患に関する情報は最も厳格に守らなければいけないと考えられていますが、一方で感染防止の観点からは誰が疾患をもっているのかを社会に知らしめる必要があります。どのように考えていけばいいのでしょうか。

宍戸 一般的な個人情報保護の議論、医療情報の取扱い、感染予防のあり方という3層に分けて問題を考える必要があると思います。この問題に一般的な個人情報保護の議論を当てはめて結論を出すことも、感染予防のためには何をやってもいいと主張することも、どちらも粗雑に過ぎます。第1に個人情報保護法では、個人情報の第三者提供は本人の同意がない限り原則としてできませんが、疫学調査のための第三者提供は例外的に認められます。第2に医療情報は一般の個人情報よりも手厚い保護が求められると同時に、複数の医療機関が連携する場合や、緊急事態においては本人の同意なしに第三者提供が認められなければ本人の生命身体を守ることができないため、一般の個人情報とは少し違ったバランスのとり方が必要になります。第3に疫学的な問題や感染予防の観点からは、医療情報に加えて、本人の日常生活に関する情報も収集する必要があるので、さらに検討のあり方がむずかしくなってくるという側面があります。この部分については、情報の管理体制を含め、Society5.0（データ駆動型社会）に向けてきちんとした議論がなされる必要があると思います。

別所 理屈だけでよいか悪いかを決めるのではなく、どのような事実が判断の要素となるのかを整理したほうがいいのではないでしょうか。特に新型ウ

イルスの場合、それが健康に与える脅威がどの程度のものなのかを客観的に明らかにしたうえで、そのリスクの度合いに照らして、どのような対応をすべきかを考えるべきではないでしょうか。コロナウイルスよりリスクが大きい新型ウイルスが出てきた場合の対応はいまと違うはずですし、よりリスクの低いインフルエンザ程度のリスクであれば、また違った対応になります。理屈だけではなく、どのような事実に照らして判断するかを考えないと、議論が誤った方向に進むのではないかと危惧しています。

宍戸　およそ個人データを取り扱う場合には同じ規律をかけるということになりがちですが、重要なのは何を目的にして個人データを使うのかということです。目的が決まらなければ、どのような個人データをどのような範囲で使うのか、その条件をどうするか、場合によっては本人の同意を不要とするかが決まらないからです。ただ、利用目的が「感染防止」という抽象的なままだとイチかゼロかになってしまうので、事実に照らして具体的に個人データの利用目的を特定する必要があると思います。

別所　プライバシー権などの人権か、リスク対応かという議論は一面的に過ぎます。生命身体の安全があってこその人権なので、二者択一ではなく、全体的な人権保障の体系のなかでの階層構造が問われていると思うのですが。

宍戸　プライバシー権は伝統的に公権力による安全保障や犯罪捜査の必要性という、いわば外にある法益との対立という軸で語られることが多かったわけですが、感染症対策では本人の自由と本人を含む人々の生命身体の安全をどう調整するかが問われています。具体的な制度設計においては、組織や手続を工夫することが必要だと思います。たとえば、クラスターをあぶり出すために個人データを使うということであれば、誰が収集・分析のためのスイッチを押して、どの範囲のデータの使用が認められることになるのか、そのデータを扱えるのはどの範囲の人なのか、本人の交友関係がすべて暴かれ

ることになるのを防ぐための濫用防止などの保護措置をどうするかといった点を考えなければなりません。

別所 今後も個人に関する情報の保護は人々の関心を集める問題だと思いますが、どのようなかたちで議論が進んでいくのが望ましいと思われますか。

宍戸 主要なプレーヤーとしては、政府、企業のほかに市民がいます。重要なのは、市民が自分のデータの活用を他人に任せることのリスクとメリットを考えて行動することだと思います。しかし、そのためには企業の側が個人データを活用するかわりに当該個人にメリットを還元すること、何か問題が起こったら責任をとる体制をもつこと、そして、それらが守られていない場合に市場や政府による是正措置がきちんととられること、一言でいえば、プライバシーに関するガバナンスが社会に行き渡ることが必要です。

　もう1つ重要なのは、個人による自らのデータの取扱いに関する選択がライフスタイルとして尊重されることです。データ駆動型社会においては、データの提供に積極的か消極的かが生き方の選択と同じことになると思います。そして、人々が自らの生き方を選び、変更し、かつ他人の生き方も了解して尊重するためには、共通言語が必要です。いまや個人データは生活に欠かせないものであるにもかかわらず、個人情報保護に関する言語は専門的に過ぎて、一般の人々が自分のデータがどのように取り扱われているかを知り、他人に説明し、他人の説明を理解するというところまでいっていません。その意味では、われわれを含めて専門家が、人々が納得できるような言葉でプライバシーと個人情報保護に関する議論を発信していくことが大事ではないかと思っています。

別所 ただ、すべての人に対して、自分の情報が誰によってどのように収集されているのかに関心をもつように求めることは酷ではないでしょうか。テクノロジーはどんどん進歩するので、それを一般の人が追いかけることはむ

ずかしいと思います。半面、自分の情報が何を目的として収集・活用されるのか、その結果、自分にどのような影響があるのかを認識することはそれほどむずかしいことではないかもしれません。コントローラビリティという面では、入口ではなく、出口を問題にしたほうがいいのではないでしょうか。

宍戸 まずは企業がわかりやすいユーザインターフェースで、個人のデータをどのような範囲で、どのように使うのかをざっくりと示す。そして、さらに深く知りたい人は、詳しい利用状況をみようと思えばみられるようにしておくということが必要だと思います。これは個人データを利活用する側と、利活用を許す側との間のトラスト（信頼）の問題で、個人データの取扱いをめぐって炎上するケースの多くは、このトラストが不十分だったことに起因すると思います。利用者にとって重要なのは、ご指摘のとおり自らのデータが何に使われるのかということに加えて、どんなことには使われないかということです。この約束が破られた場合には、企業は民事的にも公法的にも厳しい制裁を受ける覚悟をしなければなりません。逆に、些細な不備を原因にして炎上することは、データ駆動型社会にとっても、消費者のメリットという面でも、よろしくないのではないかと思います。

別所 最後にデータ駆動型社会を憲法またはプライバシー権の観点から、どのように評価するかという点についてはいかがでしょうか。

宍戸 第1に、憲法上のプライバシーとは、公的な領域と私的な領域の間に線を引いて、私的な領域の自律性を守るという考え方です。公私の線引きの仕方は時代や社会によって異なり、最終的には人々がどう考えるかによります。データ社会においては公私の線引きを物理的な空間において行うことが困難となり、機能的な線引きを行うという文脈において、データ・プライバシーという考え方が出てきます。

　第2に、なぜ公私の間の線引きを行うのかというと、人々が自律的な個人

としてお互いを尊重するためにそれが必要と考えられるからですが、個人の自律の観点からはデータは両義的であって、それにより単純なラベルを貼って他人を差別することもあれば、より深くその人を知ることによってコミュニケーションが促進されることもあります。個人データが社会に行き渡ることが、個人の尊重に役立つという面もあるわけです。しかし、個人データが名寄せによって集積されると、その人が知られたくないことまで知られてしまうというおそれもあります。そこで、個人データの活用と保護の両面を手当てする必要があります。

　第3に、データ社会においては、できるだけ多くかつ深く、個人データをあらゆる局面で集め、分析して、その個人にサービスを提供しようとする力が働くので、それが監視社会につながるのではないかという懸念があります。そういう社会はある意味では「幸せ」なのかもしれませんが、根本的に公私の区別がなくなるのは怖いというのが、リベラル・デモクラシーの国々が直面している課題です。あらゆる個人を包摂するデータシステム自体は許容するが、そのシステム全体を個々人が監視できるようにするのか、それともシステムが立ち入ることのできない私的な領域を守るのか。2つの考え方の間のせめぎあいは、今後も続いていくと思います。それがデータ・プライバシーに関する、最も重要な憲法上の論点です。

　私としては、個人が知られたくないデータについては、よほど強い公共の利益がない限り、データの利用や提供を拒否する自由が確保されることがシステムの信頼を守るためにも重要だと考えています（データからの自由）。一方で、多くの人は社会で生きていくために他者に自らのデータを提供し、それを通じて便益を享受し、他者と有意義な関係を築いています（データによる自由）。それが適正に行われるような規律を定め、守らせることは政府の役割です。最後に、個人には自らのデータをコントロールする権利が認められなければなりません（データへの自由）。データからの自由、データによる自由、データへの自由を組み合わせることで、穏当であることを確保しつつ発展する社会をつくりあげることが必要だと思います。

第 2 章

ICT・AI時代の個人情報

京都情報大学院大学　教授

別所　直哉

1 データ利用の方向性

(1) テクノロジーの発展とデータ利用、そして法的枠組みの概観

　コンピュータ技術の発展に伴い、個人情報をデータとして利用することへの関心の高まりと相まって、個人情報を保護しなければならないという意識も次第に強くなってきた。しかし、OECDが1980年にプライバシー8原則を公表した当時はまだわが国における個人情報保護への関心が高かったとは言いがたく、その時点で直ちに個人情報保護に関する法整備が行われたわけではない。具体的な関心の高まりは1999年に成立した改正住民基本台帳法をめぐる議論の高まりまで待つことになる。当時の議論の詳細はここでは触れないが、概括すれば国民一人ひとりにコード番号を付すことによって行政効率が向上し、国と地方で毎年240億円もの経費節減効果があるという導入の利点に対して、コード番号にさまざまな個人情報が将来上乗せされる可能性があってプライバシー保護に問題があるのではないかという不安の声が大きかった。その結果として、同法施行の前提として包括的な「個人の情報を保護する法律」の成立を前提とすることが同法の付則に記載されることとなった[1]。当時、同時期に「犯罪捜査のための通信傍受に関する法律」（以下、「通信傍受法」）が国会に付議されていたことも、国による情報収集に対する懸念を高めることに影響したものと思われる。このように、わが国における個人情報保護の議論の出発点は、住民基本台帳法をめぐる国や地方公共団体

---

[1]　住民基本台帳法の付則には「この法律の施行に当たっては、政府は、個人情報の保護に万全を期するため、速やかに、所要の措置を講ずるものとする。」（下線筆者）と記載されているが、その主旨について1999年6月10日に開催された第145回国会衆議院地方行政委員会において野田毅大臣（当時）が「附則第1条第2項の「所要の措置」とは、第一に、民間部門をも対象とした個人情報保護に関する法整備を含めたシステムを速やかに整えること、（後略）などを示すものと認識しております」と述べており、個人情報保護法制を整備することを示している。

（以下、「国等」）による個人情報の管理のあり方と国等からのプライバシー保護の問題であった。

　ところが、2003年の「個人情報の保護に関する法律」（以下、「個人情報保護法」）の成立前後から民間事業者による個人情報の漏えいに関する報道が増えてきた。その結果、社会の注目も国等よりも事業者による個人情報の取扱いに向けられることが多くなり、現在では個人情報保護のために制定された3法[2]のなかでも個人情報取扱事業者をめぐる部分が最も注目される領域となっている。このようにデータ利用に関する法制度のあり方に関しては社会の関心がもたらす影響が大きい。JR東日本の日立製作所へのSuicaデータ提供が社会の注目を浴びたり[3]、札幌市が顔認証の実験を中止したり[4]したことなどはまだ記憶に新しく、法律的な枠組みよりも、むしろ社会の関心にどう応えるかが事実上、実務的に影響が大きい課題になっていると考えられる。

　このような現状をふまえ、現時点で私たちが立っている場所を確認するために、個人情報の本質、社会的機能をテクノロジーの発展以前の状態から観察し、データ利用が社会的関心にどのように影響を与えてきたかを概括し、そのうえで個人情報をめぐる法的枠組みを概観してみたい。

2　個人情報の保護に関する法律、行政機関の保有する個人情報の保護に関する法律および独立行政機関の保有する個人情報の保護に関する法律の3法。

3　2013年7月25日にJR東日本は「Suicaに関するデータの社外への提供について」を公表し、データ提供について説明するとともに、顧客の要望に応じて社外への提供から除外できるようにする旨を公表したものの、世論の動向を考慮して、同年9月20日には、有識者会議での議論をふまえて今後の対応を決定したいとして、それまでの間は社外へのデータの提供を行わない旨を公表するに至り、翌3月20日には有識者会議のアドバイスをふまえて引き続き、データ提供を見合わせることを発表している（詳細は、JR東日本プレスリリースを参照）。

4　2017年3月23日北海道新聞「札幌市『顔認証』実験中止」を参照。

(2) 個人情報のもつ意味

イ 流通する役割をもった記号

(1)で述べたように社会の関心がデータ利用に与える影響が大きいことに照らして、まず個人情報の果たす役割と社会との関係について考えておきたい。そのために最初に「コード」と「情報」を峻別しておきたい。個人情報保護法は「個人情報」を「当該情報に含まれる氏名、生年月日その他の記述等により特定の個人を識別することができるもの」と定義している。この定義は氏名等の「識別コード」の部分とそのコードに結びついている「情報」とを包含するが、両者には機能上の差異がある。そして、前者の「識別コード」の機能について理解するために、「氏名」という識別コードを例にとって、そのプリミティブな役割を考えてみる。

氏名は人々が社会で生活していくために特定の者を他者から識別するために使用されるコードである。家族といった自分に近い集団のなかだけではなく、学校や会社といった自分が所属する集団のなかでも自己を他者と峻別するために使われている。世界は人種や言語等が異なる多様な人々によって構成されているが、名前という記号はどこにいっても使われている[5]普遍的なコードである。

そして、社会生活を営んでいくために相互に存在を認識するための記号としての氏名は、その機能に照らせば社会のなかで自由に流通できるものでなければならない。誰かについて話をする際に、対象者を特定するために氏名は不可欠である。本人の目の前だけではなく、本人のいないところでの会話のなかでも使用されるものであるし、本人について記録したり、記述したりするためにも使われている。社会のなかでこのコードの果たしている役割は大きい。

---

5 人に氏名が付されるということだけではなく、社会に存在するものには認知されるために名称がつけられ、その名称が広く使われるようになる必要があることは自明である。

近時、選択的夫婦別姓制度の導入を叫ぶ声が大きくなっているが、その大きな理由の１つが、自分を識別してきたコードが変わってしまうことに伴う社会的不利益があるという点である。この例からも、集団のなかで識別されるコードに普遍性が期待されるのと同時に、その果たしている社会的役割が大きいことが確認できる。そして普遍性を求められ、人々の間で流通することが前提となっているからには、自分の氏名を使うなということを他人に要求したり、自分の氏名を出したりする場合には事前に承諾を求めるというようなことは現実的ではない。また、それが問題であると指摘されてきたこともほとんどなかった。このような機能をもったコードのなかには連絡先としての住所や電話番号、メールアドレス等も含まれる[6]。

　しかし、コードと情報を峻別していない個人情報保護法は、ここで考察したコードの社会的機能に大きな影響を与えることとなった。個人情報保護法の施行によって生じた事柄に、学校や自治会の緊急連絡網などの作成や配布などについて自らの連絡先を記載することに同意しない人々が現れたことがあげられる。プライバシー保護を考えるのであれば公共の利益とのバランスによって解決を図ることができるが、プライバシー保護とは異なりコードを保護するための法制である個人情報保護法は、コードの社会的機能との調和を図る方法が問われている状態にある。

　なお、プライバシー保護を超えてデータ保護を図っている個人情報保護法の性格に鑑みて、その性質について情報コントロール権を体現したものであるととらえる考え方もあるが、その立場に立っても、ここで述べた識別コードの社会的機能を否定することはできない。情報コントロール権という概念自身は人権保護という視点から、特に国家との関係においては有用な概念であることはいうまでもないが、個人で管理することを超えて社会的有用性と

6　個人情報保護法は識別コードのなかに遺伝情報を含めているが、遺伝情報は氏名など他の識別コードとは異なり社会的な機能として流通することが期待されているものではなく、また必然的に他人の情報を含んでいることもあり、特殊な取扱いを考えなければならないものと考えている。

流通の必要性をもつ識別コードについて、「情報コントロール」権の対象とすることは本来困難ではないかと考えざるをえない。

ロ　個人に関する情報

　識別コードが有する社会的機能については以上に述べたとおりであるが、次に単なる識別コードではない特定の個人に関する「情報」について考えたい。個人情報保護法は識別コードに関連づけられた情報も識別コードと一体として保護している。ここで対象とされる情報は多様なものがあり、たとえば、学歴、成績、出生地、病歴、所得など従来から個人に関する情報としてとらえられてきたものだけではなく、テクノロジーの進展によって位置情報や購入履歴、ウェブサイトの閲覧情報などの情報も加わるようになってきている。そして、各々の情報のもつ機能は当然のことながらそれぞれの情報の特性によって異なっているが、識別コードとは異なり、一般に流通することは予定されていない。また、単なる識別コードだけの情報とは異なり、プライバシー問題や人権問題などは、この情報に関連して発生することになる。ここでは、これらの情報をいくつか取り上げ、その利用と社会の許容性をみていくこととする。

① 学　　歴

　学歴、成績という情報は個人の個性に関する情報であり、入学や就労時の判断材料の1つとして使われてきた。そして、これらの情報は特定の者との結びつきがあってはじめて価値が生ずるものである。また、これらの情報は、情報を保有している本人によって自分の評価のために利用されることを前提として相手方に提供されるものである。また、判断材料として用いられた後は積極的に利用される場面がほとんどないまま履歴データの一部として記録保管されていることが多いが、それ自体が社会的に大きく問題視されるような事案は発生しておらず、社会的に許容された取扱いとなっている。しかし、今後、企業等が保管する応募に関する情報が大量に漏えいしたりするような事件が発生すれば状況が変わる可能性は大きいと思われる。なお、出

生地に関しては門地との関係で特定の者と結びつくことが社会的差別を生む可能性がある情報であることから、収集の必要性を含めて検討されてきた経緯があり、現在では、たとえば就職に際して戸籍情報を求めるというようなことは社会的に許容されておらず、実際にも行われていない。

② 病　　歴

　病歴は特定の個人と結びつくことで社会的差別を生ずる可能性がある情報の1つではある。そのため、個人情報保護法も2条3項において、本人の人種、信条、社会的身分、犯罪の経歴、犯罪により害を被った事実などと並んで「要配慮個人情報」に含め、保護を厚くしている。しかし、病歴は一方で社会的に有用な情報であり、利用する必要性が高いという側面ももっている。そして、その利用は匿名加工情報としての利用に限らず、特定の個人と結びついた一体の情報として活用しなければならないという側面ももつ情報である。

　疫学研究をはじめとする医学研究を妨げないよう、個人情報保護法は第4章の23条に定める第三者提供について同条3号で「公衆衛生の向上又は児童の健全な育成の推進のために特に必要がある場合であって、本人の同意を得ることが困難であるとき」には同意なく提供できると定め、76条3号で、第4章の規定を適用しない対象に「大学その他の学術研究を目的とする機関若しくは団体又はそれらに属する者」が「学術研究の用に供する目的」に取り扱う場合を含め、さらに、43条2項において「個人情報保護委員会は、個人情報取扱事業者等が76条1項各号に掲げる者に対して個人情報等を提供する行為については、その権限を行使しない」旨を定めている。厚生労働省、文部科学省、経済産業省の3省が共同で定めている「人を対象とする医学系研究に関する倫理指針」および「ヒトゲノム・遺伝子解析研究に関する倫理指針」（以下、「ゲノム指針」）は、これらの例外条項をふまえて、第4章が適用されない学術研究のための個人情報保護のガイドラインともなっている[7]。これらがまさに病歴情報のもつ特殊性を表している。

　最近も新型コロナウイルス対策に関係して個人情報の取扱いに焦点が当

たっているが、感染者を特定するための情報は予防措置を講じていくために多くの関係者の間で共有される必要がある。また、病歴そのものではないものの、当該感染者と濃厚接触した者についての情報もまた防疫上必要な情報である。そして、このような情報が誰にまで開示提供されるべきかは、感染症のもたらすリスクによっても異なってくると考えられる。たとえば、きわめて致死率の高い感染症に関する基準がインフルエンザと同程度の致死率をもつ感染症と同じ基準でよいのかどうかは問題である。

　疾患情報を代表例とする医療情報は、プライバシーの観点からは高い秘匿性を認めて保護すべきものであるのと同時に、社会防衛のための疫学的視点からは秘匿性を破らなければならない要請が働く。しかし、プライバシーや人権と公共の利益とのバランスを誰がどのような基準でとればよいのだろうか。一般論としては社会的有用性の観点から個人情報保護が制約される側面があるとはいえるものの、社会的許容度がどこまでであるのかは明確ではない。医療領域で採用されてきた倫理審査委員会を設置するなどの方法も参考となるかもしれない。

③　位置情報

　位置情報については、単に位置を示すデータをどうとらえるべきか、位置情報の把握が社会的に受け入れられるか否かという問いを立てることはむずかしく、何に利用するために使うのかという視点から考える必要がある。位置データそのものに意味があるわけではなく、特定の目的のために位置情報を利用するという関係に立つからである。近くの駅の運行状況を調べたり、行き先までの経路を地図に表示したりというような方法で使っている利用者も多く、これらの利用に懸念を示す声は聞かない。

　また、位置情報は社会に有用なデータでもあり、たとえば、位置情報を

7　「人を対象とする医学系研究に関する倫理指針」（https://www.mhlw.go.jp/file/06-Seisakujouhou-10600000-Daijinkanboukouseikagakuka/0000153339.pdf）、「ヒトゲノム・遺伝子解析研究に関する倫理指針」（https://www.mhlw.go.jp/file/06-Seisakujouhou-10600000-Daijinkanboukouseikagakuka/0000153405.pdf）。なお、両指針は統合されることが予定されている。

使って通勤電車の混雑状況を把握したり、道路の交通量を把握したりして、適正な運行予定を策定したり、都市設計に活かしたりすることが考えられる。これらについても問題視する声は聞かない。人間が移動するというデータそのものが社会性をもつデータであり、従来も、道路や駅で人がカウンターで通行量を計測していたが、そのかわりにデータが使われているにすぎない[8]。

なお、現在は位置情報を使うアプリによっては、利用者が位置情報を常時使えるようにするか、アプリ起動時のみに使うようにするかを含めて選択できるようになっている。そのため、これらのアプリで収集したデータは悉皆性が必要とされるような目的で使うことが困難である。アプリによる位置情報の取得が話題となった際に、位置情報によって自宅が特定される、あるいは、行き先が特定の人に知られるということで不安だという意見も少なくなかった。こういった位置情報に関する社会的要請がアプリの設計に反映された結果であろう。しかし、社会性をもつデータの利用が個人の意思によって悉皆性を失い、価値が喪失してしまうことは妥当であろうか。

また、緊急時には危険性の高い地域にいる人たちに適切に情報を届けるために位置情報が必須な場面もある。危機に遭遇して生命身体がリスクにさらされた場合に、本人が個人に関する情報を提供しなかったことは自己責任であり、リスクを許容したことと等しいから問題ないという評価を、はたして社会は許容するのであろうか[9]。

④　購入履歴

8　現時点では単一のデバイスですべての位置情報や移動データを捕捉する手段はない。通信会社はそれぞれ携帯端末によって位置情報を収集できるが、個々の会社が収集したデータ群があるにすぎないため、そのデータを示すか、全体量を統計的に推計するしかない。なお、複数の携帯端末を所持している人もいるため単純にすべての通信会社のデータを足し算しても正しい数値にはならないのが現状である。

9　2013年3月に北海道で発生した、暴風雪で車が立ち往生するなどして9人が死亡した事件を受けて、消防庁が災害発生時に遭難者の位置情報を携帯電話会社から入手するルールをつくったことは、緊急時の個人情報の取扱いについて考えさせられる事案である。

購入履歴も注目されるデータの代表例である。しかし、購入履歴という
データの利用はコンピュータの登場によって始まったものではない。店員が
顧客の顔を覚え、嗜好を把握し、適切なサービスを提供するということは昔
から行われてきた。普段から注文する品物を覚えてもらっていたり、自分の
嗜好にあう商品を勧めてもらったりということは、顧客満足度の向上にも結
びつくと理解されており、サービス向上のために普通に行われてきており、
社会には許容されている。訪れる顧客層にあわせた店舗設計や適切な品ぞろ
えも、顧客の便益を高めるためには必要である。オンラインでの購入履歴が
記録されるようになる以前から、コンビニエンスストアの店舗ではPOSレ
ジ[10]が導入されており、さまざまなデータを取得し、商品開発や配送等に役
立ててきた。これまで起きてきたことは、もともと顧客満足度向上のために
人間が記憶に頼って行ってきた活動の、データとして収集してコンピュータ
に処理させるというプロセスへの置換えである。このようにデータを使うこ
とについては現在でも問題視する声はほとんどない[11]。
　現時点での懸念は、プラットフォーマーといわれる事業者にデータが集中
することにあるが、個人情報保護やデータ利用の観点よりも、むしろ市場寡
占化に対する懸念のほうが大きい[12]。しかし、現状に照らせば1つの企業が

10　POSというのはPoint of Sale（販売時点情報管理）の略称で、小売業者は代金受取り
　　時にレジスターで商品名、価格、売れた時間などの細かい情報を記録し、商品管理や分
　　析のために使っている。そのなかに「客層ボタン」と呼ばれているものがあり、顧客の
　　年齢や性別などを店舗のスタッフが判断してボタン入力し、データとして収集している。
11　顧客満足は顧客それぞれの主観に依存するため、顧客によっては顔を覚えられていた
　　り、自分にあった商品を推奨されたりすることそのものを不快に感じる場合もあり、従
　　来のようなものであっても全員がデータ利用を前向きに受容しているということまでは
　　いえない。
12　データ寡占への懸念に対応するために公正取引委員会により、不公正な取引方法の一
　　類型である「優越的地位の濫用」に関する調査が進んでいるほか、第201回国会に「特
　　定デジタルプラットフォームの透明性及び公正性の向上に関する法律」が提出されてい
　　る。この法律には、指定するデジタルプラットフォームに対して、利用者に一定の提供
　　条件等を開示すること、利用者との間で取引関係における相互理解の促進を図るために
　　必要な措置を講ずること、それらの開示状況や措置等について毎年報告書を経済産業大
　　臣に提出することなどが定められている。

すべてのデータを保有している状態にはなく、データは散逸している状態であることを理解しておくことも肝要である。たしかに、従来であれば個別の店舗ごとに物理的に散逸していたデータが、プラットフォーマーといわれるような企業に集中している傾向はある。さらに、同じクレジットカードを店舗での支払いやプラットフォーム上での支払手段として使えば、決済会社にデータが集中することにはなる。しかし、すべてのデータが1カ所に集まっているわけではない。プラットフォームも複数あり、リアルな店舗で買物をすることがなくなったわけではない。決済会社が収集しているデータも商品の詳細まで把握できるものでなく、過度のデータ集中を懸念する状態に至っていると判断できるかどうかはむずかしい[13]。

　データ利用との関係では、購入した物だけのデータで特定の人の嗜好をとらえることには限界があることも理解しておく必要がある。誰にいわれて購入しているのか、誰のために購入しているのかといった周辺情報がなければ正しい分析を行うことはできないからである。これらを考慮すれば、いま行われている購買データの利用は従来の延長線の範囲にとどまっていると考えられる。

　利用者のなかには、自分の嗜好が追いかけられている不安を感じていたり、システムによって商品をお勧めされるのを迷惑に感じたりする人もいる。しかし、前者の懸念に関しては、特定の誰かを追いかけるようなシステムを使っている事業者はなく、データをもとに統計的な処理をして得られた結果を使っているにすぎず杞憂といえる。後者については、使うことができるサービスに選択肢がある以上、煩わしく感じるサービスを使い続ける必要がないというだけではなかろうか。

⑤　クッキー

　ここまでいくつかの情報についてみてきたが、最後にクッキー[14]について取り上げたい。現在、インターネット上の多くのサービスを無償で提供する

13　データ寡占といえる状態となっているかどうかと、取引上の優越的地位を濫用しているかどうかは別な問題であり、公正取引委員会による調査を待ちたい。

ことができている理由は、それらのサービスがいわゆる「広告モデル」というビジネスモデルを採用していることにある。このビジネスモデルは、民間放送局が視聴者からは料金を取らずに、広告を配信している広告主から得られる収益によって番組を制作し提供しているのと同じ構造である。そして、インターネット上の広告配信を支えてきたデータの１つがクッキーといわれる情報である。インターネット上のサービスは、自らが依拠しているビジネスモデルの効率化を目指し、いかにして効率的に広告を配信するのかという技術開発とともに発展してきたといっても過言ではない。グローバルでみてもグーグルやフェイスブックといった市場価値が高い企業も、その大きな収益を広告ビジネスから得ている。

　新聞、雑誌、ラジオやテレビの広告とは異なり、インターネットを利用した広告の最大の特徴はリアルタイムで取得している多数の利用者データを活用できる点にある。インターネット以前の広告媒体も無作為に広告掲載していたわけではなく、媒体の種類による読者層の違いや放送する番組の主な視聴者群などを念頭[15]に掲載をしている。しかし、インターネットを利用することによって、より詳細なデータ収集が可能となったことと、広告効果の計測を行うことが可能になったことが、広告ビジネスの著しい発展につながっ

14　クッキー（Cookie）とは、ウェブサーバとウェブブラウザ（端末機器）の間で、ユーザ識別やセッション管理を実現するために使われるデータである。サービスにログインしている状態の管理やショッピングサイトのカートの管理に使われるほか、ウェブサイト運営者やインターネット広告配信事業者がアクセス履歴を取得するためにも使われている。機能としては識別コードに近いものであるが、クッキーだけでは特定の個人を識別することができないため、ここでは「情報」として取り扱うこととした。また、従来はブラウザで表示されているページのドメイン名とは異なるドメインに紐づけられたサードパーティクッキーが広告配信のために使われてきていたが、次第にSafariやChromeなどのブラウザが使用を制約してきている。なお、サードパーティクッキーと広告利用の関係については森亮二弁護士の資料を参照されたい。
　　https://www.law.co.jp/%E3%82%AF%E3%83%83%E3%82%AD%E3%83%BC%E3%81%AE%E4%BB%95%E7%B5%84%E3%81%BF.pdf

15　たとえば、主要な週刊誌は総合誌や男性誌、女性誌などがあり、それぞれの読者層を想定して編集され、その読者層向けの広告が掲載されており、テレビ番組も放送内容や放送時間帯によって想定している視聴者が異なり、広告もその想定視聴者に向けたものが配信されている。

た。データを分析することによって、利用者[16]が、どのページを訪れたか、どこから訪れたのか、滞在時間はどうだったのか、広告をクリックしたのかどうか[17]、購入まで結びついたのか[18]などを把握することができる。

　どのニュースページを閲覧したのかというデータから、利用者がどのようなことに関心を抱いている可能性があるかを把握するためには、どのような内容の記事等が掲載されていたページを閲覧していたのかというデータも必要となる。たとえば、政治ニュースを読んでいたのか、経済ニュースを読んでいたのか、芸能ニュースを読んでいたのか[19]というようなデータと組み合わせることによって、はじめて利用者の関心領域を推定することが可能となる。同じことはクリックして閲覧した広告についてもいえる。興味関心を把握するためには、どのような内容の広告をクリックしたかというデータもなければならない。このように利用者の興味関心のある領域を推定するためにはデータ分析の能力が必要であり、その発達が適切な広告配信を実現している。

　これらのデータ利用が社会に受け入れられているかどうかの評価については若干微妙なところがある。多くの人々が広告モデルで提供される無料サー

16　正確にいえば利用者を把握しているわけではなく、どの端末からアクセスしてきているかを把握しているにすぎない。インターネットを通じてサービス提供している事業者は端末の向こう側にいる利用者が誰であるかを完全に把握しているわけではない。しかし、ここでは理解のしやすさという観点から端末ではなく「利用者」という表現を用いることとしたい。

17　広告をみたかどうかまでは把握することができないが、クリックをしたということで表示されるページを閲覧した可能性は高い。そのため、クリックしたことによって広告の効果があったと考えることができる。反対に、広告を表示しているだけのものは従来型の広告と同様に効果測定が十分にはできないものである。

18　購入したかどうかについても、インターネット上に入力されたデータだけでは実際に最終的に購入されたかどうかは把握できてはいない。実際に決済がなされ、取引が中止されることなく最終的に完了したかどうかまで追跡してはじめて購入に至ったかどうかを把握することができたといえるが、そこまで把握しているものではない。

19　データとしてはニュースが掲載されているページが表示されたということまでしか把握できず、表示されたニュースをはたして利用者が読んだのかどうか、また読んだとしても最後まで読んだのか途中でやめてしまったのかというようなところまでは把握できていない。

ビスの利用を謳歌している点では社会的に許容されているといえなくもないものの不満の声もある。広告をブロックする仕組みがブラウザに搭載されていたり、「ターゲティング広告」をウェブ検索してみると、関連ワードに「消す」「気持ち悪い」「オプトアウト」などの言葉が並んでいたりすることなどが不満のあることを表している。さまざまな意見があるが、ここでは「広告」の意味を確認して、社会的受容度について考えてみたい。

　広告の目的は、サービスや商品を多くの人たち、特にサービスを利用したり商品を購入したりする可能性が高い人々に知ってもらうことにある。そのため、ともすると広告はむやみに配信すればよいと誤解される面もある。しかし、広告も企業の経済活動の一部である以上、効果がない広告にコストを費やす企業はない。

　例外的に大量にばらまかれる広告があるが、それはメールによる広告である。法律[20]で規制されているものの、いまだにいわゆる「迷惑メール」問題は解決されてはいない。それは無作為大量に広告メールを送るコストがきわめて安いことに起因している。そして、無作為大量に送られた広告メールを読んでサービスや商品を購入してしまう利用者がいることが大量メール送信を支えている。

　しかしながら、無作為大量に送られた広告メールが「迷惑メール」と称されるように、大多数の人々にとっては迷惑な存在でしかない。そのため顧客からのレピュテーションを気にかける企業は迷惑メールを送って自ら評判を下げるような行為は行わない。つまり、迷惑メールを送信しているのは法律に違反することや、自分たちのレピュテーションを気にせずに利潤を追求するような広告主であり、アウトローな存在である。したがって、例外的にむやみに広告を送る人々はいるものの決してメジャーな存在とはならず、主要なサービスに掲載される広告の中核を占めることはない。

20　「特定商取引に関する法律」と「特定電子メールの送信の適正化等に関する法律」という２法によって規律されており、受信者のあらかじめの同意なく広告メールを送ることは禁止されている。

また、顧客に嫌がられる広告を配信したいと考える広告主はいないことを理解しておくことも必要である。広告を通じてサービスや商品の購入を期待する立場からは、嫌われる広告や読まれない広告を配信する意味がないことは理解されよう。同時に広告を載せている配信側のサイトにとっても、利用者が嫌がる広告を掲載したいと考える理由はない。広告ばかりでコンテンツがほとんどないようなサイトは多くの利用者にとっては魅力的ではなく、サイトの利用者を増やすことができない。

　広告主は特定の誰か数人に広告を配信したいのではなく、広告主のサービスや商品に関心をもっている可能性のある一定数の人々にリーチしたいと考えるのが普通である。したがって、利用者の少ないサイトを積極的に選択する理由はなく、サイトの運営者にとっては広告収入が期待できないことになる。広告ばかりのサイトだけではなく、利用者にとって邪魔だと感じるような仕方で広告が掲載されたり、利用者にとって関心がなかったり嫌悪感を覚えるような内容の広告が掲載されたりするような場合も同様である。

　多くのウェブサイトや広告配信サイトが広告掲載基準をもち、クオリティを管理している理由はそこにある。広告の内容によっては掲載を断ることもあり、また、高い広告費を払ったからという理由だけでよい広告掲載のポジションが保障されるわけではないのは、適正な広告配信をするためにデータが活用されているからである。広告は本来、利用者に積極的にみてもらうことに意味があるものであるため、配信サイトを運営する事業者が収益の最大化を図ろうとすれば、利用者に対して適切な内容の広告を、適切な量で表示することを目指さなければならない。

　実際、広告配信技術はそのために発達してきたものである。ただ、配信技術が発達してきたといっても、まだまだ十分ではない。利用者の関心にそぐわない広告が掲載されたり、リターゲティングという技術を使って配信される広告が繰り返し同じようなものを掲載したりしてしまうのは、データ分析能力がまだ十分でなかったり、購入した商品についてのデータと掛け合わせずリターゲティングしてしまっている結果である。これらの不十分な状態

は、利用者の反応や意見によって改善されていくものであり、現時点では改善を待たずに許容できないとする利用者が多数になっているとまではいえないと考えている。

なお、ターゲティングについても、広告を掲載したり配信したりする際におおよその読者層や視聴者層に向けることしかできなかったときと比較すれば、より細かくグルーピングした集団の特性を把握できているという意味ではターゲティングされているといえるものにすぎない。前述のとおり、広告はできるだけ多数の人々に広告という情報を届けることを目的としていることを考えると、ターゲティングしているセグメンテーションには何万人という単位の人々が含まれており、その個々人の個性に着眼しているものではない。商業的な広告を考えた場合には、このようなターゲティングの実態はまだ社会的許容の範囲にとどまっているのではないかと考える。

ハ　個人情報の保護に関する法的枠組みの概括

ここまで、個人情報の一部である流通すべき性質をもったコードについて考え、さらに個人に関する情報の利用と社会的許容度について概観したことをふまえて、個人情報の保護に関する法的な制度の整備状況を概括してみたい。

㈠　民法による私人間の権利義務の規律

まず個人情報保護法と民法を取り上げておく。個人情報保護法は個人情報保護委員会に一定の監督権限を付与している法律にすぎず、開示請求権や2020年の改正によって加えられた利用停止権を除けば個人に対して具体的な権利を付与しているものではない。すなわち、個人情報保護法は基本的な性格として個人情報に関する権利義務を直接規律する私法的性格をもつものではない。

そのため、個人情報をめぐる私法上の取扱いは一般法である民法を基本に考えることとなる。プライバシー保護については、「宴のあと」事件[21]以来の判例や学説の積重ねにより、人格権侵害という法理を中核とする考え方が

成熟しており、個人情報については、その法理の延長線上に位置づけて解釈することで保護されている。

たとえば、近時、検索エンジンをめぐる数々の訴訟が提起されているが、最高裁判所の判断[22]も判例で積み重ねてきたプライバシー保護の要件に基づいて行われていると理解できる。また、個人情報の漏えいに関しては管理者の不法行為責任として判断が積み重ねられている。

そのリーディングケースとしては京都府宇治市の住民基本台帳データの漏えい事件をあげることができる[23]。宇治市が開発業務を委託した民間事業者の再々委託先のアルバイト従業員が個人連番の住民番号、住所、氏名、性別、生年月日、転入日、転出先、世帯主名、世帯主との続柄等のデータを不正にコピーしてこれを名簿販売業者に販売した事件であり、裁判所は宇治市に対して民法715条に基づいて慰謝料1万円の損害賠償の支払いを認めた事件である。

また、ヤフーBB事件[24]では、原告自身が自らインターネット上で氏名や連絡先を公開していたにもかかわらず、「自己が欲しない他者にはみだりにこれを開示されたくないと考えることは自然なことであり、そのことへの期待は保護されるべきものである」という理由で損害賠償を認めている。

その後も大手通信教育企業が子供の個人情報を漏えいした事件で、2015年に神戸地方裁判所、2016年にその控訴審となる大阪高等裁判所が損害発生を認めず請求を棄却したものの、2017年に最高裁判所は差戻しを認め、最終的には損害賠償が認められるに至っている。

これらの判決例は、どこまで識別コードの本来の機能を考慮しているのであろうか。いままで大規模集団による訴訟の例がなく、数百万件の情報漏えいについても訴訟を提起した数名に対して賠償が認められたにすぎないが、

---

21 「宴のあと」事件　判決参照、東京地判1964年9月28日（判例時報385号）。
22 最決2017年1月31日。
23 大阪高判2001年12月25日（平成13年(ネ)第1165号、損害賠償請求控訴事件）。
24 大阪地判2006年5月19日（平成16年(ワ)第5597号、損害賠償請求事件）。

仮に5,000円を基準額とした場合に数百万件の情報漏えいをしてしまえば、企業としての存続がむずかしくなることも想定される。現在、電子商取引も盛んに行われている結果、小さい商店であっても数万、数十万といった個人情報を蓄積していることは少なくなく、実損の発生がない漏えいにまで同様の賠償額を敷衍してしまうと電子商取引を行うことが困難となってしまう。

　万能なセキュリティ体制が存在しないことは自明となっており、特に小規模事業者のように自らシステム構築できない人々がデジタル化社会で生活している現状に照らしても、予見可能性についての判断だけではなく、流通しなければならない特性をもつ識別コードの漏えいについての損害額の認定のあり方は見直されていく必要があるのではないかと考える。その観点からは、下級審ではあるが上述した損害賠償を認めなかった裁判所があることは貴重である。

　識別コードはまた個人情報保護法によっても保護されている。保護の中核を占める第4章が適用される対象は個人情報取扱事業者[25]であるが、個人がスマートフォン[26]を使って電話帳を管理している時代であることを考えてみれば、個人情報データベースをもたずに事業を行っている企業は皆無に近く、ほとんどの事業者がその定義に該当する。その結果、個人情報保護法によっても本来必要な識別コードの流通に大きく制約が課せられていることは認識しておかなければならない。

　(ロ)　課題解決における民法と個人情報保護法の交錯

　次に、われわれがいま直面している課題についての法的枠組みを考えてみたい。新しいウイルスへの対応のために、どこまで個人を追跡することが許

25　個人情報保護法は「個人情報取扱事業者」を「個人情報データベース等を事業の用に供している者をいう」と定義しており、「個人情報データベース等」は「個人情報を含む情報の集合物であって」「特定の個人情報を電子計算機を用いて検索することができるように体系的に構成したもの」か、「特定の個人情報を容易に検索することができるように体系的に構成したものとして政令で定めるもの」としている。そして、「個人データ」は「個人情報データベース等を構成する個人情報」と定義されている。
26　多数の人が所持しているスマートフォンはいうまでもなく電子計算機である。

されるかという問題は、情報に対する個人の権利と情報の社会性との調和を
どう図っていくかが問われている問題であるといえ、それに対して現状の法
的枠組みはどのように対応できるのか。米国の２つの企業から、端末機器の
有するBluetooth[27]機能を使って、近くにいた機器の情報を収集しておき、
その機器の利用者から感染したという情報を入手した場合に、過去にその人
の保有している機器の近くにあった機器に対して注意喚起を送ろうという提
案がなされている[28]。両社は利用者の同意を前提とするということを明示し
ており情報コントロール権の範囲内での実施とされるが、このような取組み
はデータのもつ社会性に着目した取組みの１つであると考えることができ
る。

　利用者の２社への情報提供は同意と利用規約という契約に基づくものとな
るが、利用方法についてどこまで契約で規律することができるかについては
限界がまだみえていない。利用規約は法律的には定型約款と整理することが
できるが、約款の拘束力には限界もある。たとえば、感染の広がりが予想以
上だった場合は、次第に致死率が高いことなどが判明してきた際に、当初の
利用方法を超えて、より詳細な利用者情報を提供することなどは許されるの
であろうか。この場合、民法は約款の拘束力の限界とプライバシー保護とい
う法理を駆使してバランスをとることになる。一方、個人情報保護法は利用
目的の変更と本人の同意という枠組みをどのように適用すべきかという観点
から取り組むことになる。そこでは利用目的の変更に「同意」が必要な個人
情報と、定型約款の変更には同意を必ずしも必要としない民法と、手続面で
どのように調和を図るのかということも課題となろう。

　ここで記述したとおり、民法と個人情報保護法が重なり合う領域に個人情

27　Bluetooth（ブルートゥース）は、デジタル機器用の近距離無線通信規格の１つであ
　り、数mから数十m程度の距離の情報機器間で電波を使って情報のやりとりを行うため
　に使用されている。
28　Apple社のニュースリリースを参照。
　https://www.apple.com/jp/newsroom/2020/04/apple-and-google-partner-on-covid-19-
　contact-tracing-technology/

報の利用が置かれている以上、常に両法を法的枠組みとして念頭に置いておかなければならない。

⑾　行政機関ごとの縦割り法制

　記述をシンプルにするためにここまでは個人情報保護法についてだけ述べてきたが、忘れてはならないことは、個人情報の保護に関する法律はすでに述べたとおり３法あり、さらに地方自治体ごとの個人情報保護に関する条例が存在しているということである。民間事業者の多くはデータ利用について考える場合、主に個人情報保護法を念頭に置いておけば足りることが多いが、実はデータを行政機関や独立行政法人、地方自治体とやりとりする場合には、これらの枠組み全体を考えなければならない。

　たとえば、医療上の課題解決のために民間病院と大学病院、国立病院、県立病院が共同して患者のデータを検討しようとする場合には、関連するすべての法的枠組みを通じて適法な方法は何かを模索しなければならない。先に紹介したゲノム指針は３法が定めている例外条項を適用できる範囲であれば解決できるように示したガイドラインであるものの、すべての条例まで検討できていたわけではなく基本的には法律と同様の定めをしているであろうという推定のもとに作成したというのが事実である。

　また、災害が発生した場合の個人情報の取扱いが自治体の条例ごとに異なるようなことがあれば、統一した対応に支障が生ずる可能性もある。2020年の個人情報保護法改正のために保護委員会から示された大綱はこの課題について触れており、３法の統合化の必要性が述べられている[29]。この点は高く評価されるべきであり、現在の検討が順調に進み、2021年の通常国会に新たな枠組みが提案されることを期待したい。

29　「個人情報保護法いわゆる３年ごと見直し制度改正大綱」（2019年12月13日）の第７節「官民を通じた個人情報の取扱い」に「行政機関、独立行政法人等に係る法制と民間部門に係る法制との一元化」「地方公共団体の個人情報保護制度」という項目が記載されている。

二　個人情報に関連するその他の法律

㈠　番 号 法

次に個人情報に関連する法律として「行政手続における特定の個人を識別するための番号の利用等に関する法律」（以下、「番号法」）と最近話題となっている「私的独占の禁止及び公正取引の確保に関する法律」（以下、「独占禁止法」）にも触れておきたい。

番号法は個人番号（以下、「マイナンバー」）[30]を特定個人情報として[31]、それに対する特別な取扱いを要求している[32]。マイナンバーが税務処理を通じて個人の所得の把握等と結びついていることなどが人々の不安を喚起した結果、利用の範囲や方法を制限することで番号法が成立に至ったという経緯を反映してのことである。

しかし、個人情報に関する識別コードについて述べたとおり、本来は、マイナンバーという記号を保護することと、記号に結びついたデータを保護することとは異なることに留意しなければならない。従来はマイナンバーという記号のかわりに、氏名と住所が所得データを特定する役割を担ってきていたが、所得データの保護に対する社会的要請のレベルが低かったわけではない。コンピュータに入力するデータが氏名と住所の組合せであれ、個人ごとに一意に決定された記号であれ、処理そのものは変わらない。また、セキュリティに課題があったとすれば、氏名と住所の組合せで管理していても漏えい等が発生するリスクも変わらない。マイナンバーを導入することと、アクセス制御などセキュリティをおろそかにして所得データの保護に対する社会的要請のレベルを低下させることは別の問題である。

デジタル化が進んでいく社会では、個人を識別することができる統一され

30　「個人番号」とは、番号法 7 条 1 項または 2 項の規定により、住民票コードを変換して得られる番号であって、当該住民票コードが記載された住民票に係る者を識別するために指定されるものをいう。

31　「特定個人情報」とは、個人番号をその内容に含む個人情報をいう。

32　番号法第 4 章「特定個人情報の提供」を参照。

たマイナンバーという記号を活かしていくことが求められている。住民基本台帳法改正時にコード番号にさまざまなデータが結びついていくことがプライバシー上の問題を起こすと懸念されたが、この懸念はシステムセキュリティの課題とコード管理の課題を混同していたことによるものと考えている。たしかに、コンピュータ化が進み、多くのデータがマイナンバーに結びついていくことが想定されるが、それらのデータが一元的に管理される状態は考えられるであろうか。マイナンバーに紐づくそれぞれのデータは、そのデータを必要とする行政機関や事業者が保管することが効率的であり経済的でもある。また、それぞれのデータの性質によって要求されるセキュリティ要件も異なってくると考えられる。

　一方で、マイナンバーを多くの人たちが使えるようになることは社会全体のセキュリティ水準を向上させる面もある。現在はマイナンバーを使うことができないために、携帯電話番号、運転免許証番号、氏名、住所、生年月日などのデータをそれぞれの事業者が、それぞれ取得している。つまり、利用者のさまざまなデータをあちらこちらにばらまいているということがいえる。仮にマイナンバーを使うことができれば、少なくとも本人確認が容易かつ確実になることに加えて、事業者が保有しなければならないデータも限定されることになる。

　マイナンバーを記録して当該人物が実在するかどうかや年齢確認ができるようなAPI[33]を使うことができるようになれば、本人確認が便利になり、確実な年齢確認も可能となる。各事業者が氏名や生年月日などのデータを取得する必要もなくなり、利用者が多くの事業者に運転免許証やパスポート、健康保険証などを提示したり、その写しを提出したりといった煩雑な作業もなくなることになる。ことに青少年向けのインターネットサービスなどで安全なサービスを提供するためには未成年者の確実な年齢確認を行う手段が必要であるが、現状では、その仕組みは存在していない。このようにマイナン

33　API：Application Programming Interface

バーが十分に機能できるようにすることで便利で、より安全な社会システムを構築することができる。

そして、そのためには最初の課題に立ち戻り、マイナンバーそのものの管理のあり方と、マイナンバーにつながったデータ保護の問題とを峻別して制度の再整備を進める必要がある。同時に、マイナンバーカードを普及するための施策も並行して進めなければならない。現状ではマイナンバーカードの発行量は政府が予定した数量には至っていない。マイナンバーカードの利用勝手の広がりがなければ国民がマイナンバーカードをもとうとするインセンティブは働かないからである。

マイナンバーカードの保有促進策としてマイナンバーカードを健康保険証に使えるようにしていくことはすでに決定されており、それによって一定程度の普及が進むことを期待しているものの、まだまだ進めなければならないことは多い。税務処理のためにマイナンバーが使われるようになったが、電子チップが埋め込まれているカードの写真を撮って紙で送付するという手続は、電子チップの必要性を没却させている。これではデータ利用の拡大はありえない。

技術的には電子チップをスマートフォンで読み取ることができる仕様となっており、オンラインでデータ連携をすることが不可能なわけではない。すでに住民票の請求手続についてマイナンバーカードをスマートフォンで読み取って行うアプリも登場しており、実務的にも実装可能である。このような機能を備えたサービスを行政関連の手続に限らず広めていくことが必要である。

そのために、特定個人情報という枠組みからマイナンバーを外していくという法改正が必要である。IDの管理とデータの管理という問題を正しく峻別し、個人情報保護関連三法の統一とともに、早期にマイナンバーの「個人情報化」が実現することにも期待したい。

㋺　独占禁止法

次に、公正取引委員会も関心を高めていることから個人情報の収集、利用

と独占禁止法についても触れておきたい。

2019年12月17日に公正取引委員会は「デジタル・プラットフォーム事業者と個人情報等を提供する消費者との取引における優越的地位の濫用に関する独占禁止法上の考え方」を公表している。そのなかでは、「自己の取引上の地位が取引の相手方である消費者に優越しているデジタル・プラットフォーム事業者が、取引の相手方である消費者に対し、その地位を利用して、正常な商慣習に照らして不当に不利益を与えることは、当該取引の相手方である消費者の自由かつ自主的な判断による取引を阻害する一方で、デジタル・プラットフォーム事業者はその競争者との関係において競争上有利となるおそれがあるものである」として、「不公正な取引方法の一つである優越的地位の濫用として、独占禁止法により規制される」と述べ、「優越的地位の濫用となる行為類型」として「個人情報等の不当な取得」と「個人情報等の不当な利用」をあげている。

しかしながら、この記述自体は優越的地位の濫用に関する一般論が記述されているものにすぎず、行為類型も個人情報保護法が規律している内容と峻別することができないものとなっている。本来、個人情報の適切な取扱いは個人情報保護委員会という行政機関の所管であり、公正取引委員会の活動が二重行政を生むようなことがあってはならない。そのため、個人情報という観点からのデータ収集と利用について独占禁止法が直接的に果たす役割は大きくないと考える。

2 民間事業者によるデータ利用の課題

ここまで、あるべき姿を念頭に置いてデータ利用の現状およびその規律について述べてきたが、現在起きている民間事業者によるデータ集積によって大量のデータが保有されていることへの懸念や、データが不適切に利用されるのではないかという懸念があることについても考えておかなければならな

い。これらは単なる懸念ではなく、たとえばフェイスブックとケンブリッジ・アナリティカをめぐる事件[34]や国内で内定辞退率を企業に提供した事件[35]などが発生していることから生じているものである。

　これらの事件は特定の企業の問題と考えるべきであるのか、あるいは氷山の一角であり多数の企業が同様の問題を引き起こしているのかが問題である。

　広告配信について述べた際にも若干触れたが、民間のデータ利用を考える際に鍵となるのは、民間すなわち企業は営利組織であるという点であり、それゆえ、資金的制約と社会的評価による制約を受けているということである。大量にデータを保有したいという意図を企業がもったとしても、当該企業がデータセンターやサーバーなどの設備に投資することができる金額が限界を画している。当然のことながら、投資可能額を無視して無限大にデータを保有することはできない。また、保有したデータは企業の収益をあげるために使われる。データ利用のためには人材や設備などの経営資源を使うことになるため、効率的な経営資源の使い方をしなければならないという制約を受けている。

　このように考えてくると、大量のデータを保有し、そのデータを使って特定の個人をプロファイリングすることが技術的に可能であったとしても、営利企業が実際にどこまで行うことができるのかという観点からは大きな制約があることがわかる。この視点から考えれば、グーグルやフェイスブックが

34　英国の大学教授が作成しフェイスブックを通じて提供した性格診断クイズによって収集された米国在住の約5,000万人のユーザとその友達に関するデータがケンブリッジ・アナリティカ社に売却され、親トランプ的な素材を送り届けるのに利用されたといわれている事件である。詳しくは、2018年3月21日付朝日新聞記事「5,000万人の情報、フェイスブックから不正取得か　トランプ陣営に選挙助言の英企業」、同日付読売新聞記事「FB個人情報　不正入手か　5,000万人分　トランプ陣営」等を参照。

35　就職情報サイト「リクナビ」を運営するリクルートキャリア社が学生の内定辞退率を予測したデータを企業に提供していたことが明らかになり、リクルートキャリア社だけではなく、提供を受けた38社に対しても個人情報保護委員会や厚生労働省からの指導が行われた事件である。詳しくは、2019年8月1日付日本経済新聞記事「就活生の「辞退予測」情報、説明なく提供」等を参照。

広告配信のためにデータを活用してきたことや、それ以外の商業的活用方法が目立たないことも理解できるのではないか。彼らの主要な収益源はまさに広告であるからである。つまり、広告以外に経営資源を投入できるようなビジネス領域を開拓できていないということを意味している。

インターネットテクノロジーは大きく社会を変えたが、残念ながらビジネスイノベーションという観点からは広告ビジネス以外に大きな収益源となるものを見出せていないのが現状である[36]。企業経営の観点からは、データ利用も収益に貢献するものを選択して行っていくこととなる。

また、企業の行う事業のもつ社会性という側面からの制約もある。一般の企業にとって事業の継続性は重要であり、社会に受け入れられないサービスや商品を提供する意味はなく、また企業のレピュテーションが低下して顧客が離れてしまうような事態を引き起こすことも避けなければならない。法律的な制約以前に、企業の本質に照らせば、データを自由勝手に無限定に使うことを正当化できる根拠を見出すことはできない。

つまり、資金的制約と事業のもつ社会性がもたらす制約が、企業のデータ利用を一定の範囲で適正化するよう作用するということである。もちろん企業のなかには過剰利益を追求するために社会規範[37]を踏み越えてしまうものがあることは否定しない。しかし、そのような企業は早晩、社会的制裁を受けることになる。加えて、社会規範を遵守することは企業の使命としてとらえられており、法令遵守体制（コンプライアンス体制）を整備することはコーポレートガバナンスの要点の1つにもなっており、多数の企業が規範を踏み越えてしまうことがないような制度整備が目指されている。

もっとも、データ利用の問題に限らず、企業不祥事をめぐる報道が繰り返

---

36 グーグルは検索サービス技術を提供するビジネスからスタートし、当初は検索サービスの利用量に応じた料金を収受していた。しかしその後、検索連動型広告というビジネスモデルを見出したオーバーチュア社と同じビジネスモデルを採用した結果、広告ビジネスで飛躍的な成長を遂げている。そして、20年近く広告ビジネスが主要な収益源となっている。

37 ここでいう社会規範は法令に限らず、社会的な倫理規範まで含んでいる。

されているようにコーポレートガバナンスを整備することは容易ではないことも事実である。現代の資本主義は金融資本主義といわれ、所有と経営の分離が進んだために、企業経営や企業が社会にもたらす価値を理解せずに金融資産としての利潤向上を追求する株主の立場が強くなっているという構造を抱えている[38]。そしてすでにこの弊害についての理解は進んでおり、株主第一主義を見直す必要を表明している2019年8月19日に公表された米国の主要企業の経営者団体であるビジネス・ラウンドテーブルの意見[39]や、2020年のダボス会議における企業経営者たちの発言[40]にも、修正を模索する声が反映されている。これらの試みや主張が実現し、よりよいコーポレートガバナンスが構築されることがデータ利用の諸問題の解決にも貢献することを期待したい。

3 民間企業のためのデータ利用の促進に向けて

識別コードのもつプリミティブな性質、種々の情報の取扱いにおける社会性の評価、データ利用に対する社会の懸念などをみてみれば、データ利用は社会との調和という基盤がなければ進むことができないことがわかる。そのため、民間企業においてデータ利用を考える場合にも、社会との調和という要素をどのように判断するかが重要となってきている。もちろん、ここでいう調和は、法律制度を遵守するということだけではすまない。「法は倫理の

---

38 この点について関心のある方は、中野剛士『資本主義の預言者たち　ニュー・ノーマルの時代へ』（KADOKAWA、2015年）などを参照されたい。

39 https://opportunity.businessroundtable.org/ourcommitment/参照。

40 Salesforce社のMarc Benioff CEOの発言 "Capitalism as we have known it is dead," "This obsession that we have with maximising profits for shareholders alone has led to incredible inequality and a planetary emergency."、Bank of AmericaのBrian Moynihan CEOの発言 "All investors are saying, 'I want you to invest in companies doing right by society.'"、PayPal社の Dan Schulman CEOの発言 "We have an ethical and moral obligation to think much more broadly than this idea of shareholder maximisation." など。

最低限」という法諺を持ち出すまでもなく、社会規範全体をみたうえでの調和を図ることが必要だということである。そして、2018年秋にブリュッセルで開催されたプライバシーコミッショナー会議[41]の主題が「Debating Ethics」であったことは、まさに法律という枠組みを超えた規律の必要性がグローバルな課題となっていることを示しているといえよう。

　社会との調和を倫理的観点から考えた場合に、データ利用にとって重要な要素は利用の目的である。データガバナンスというかたちでデータ利用を適正に管理しようという考え方もあるが、その場合も利用の目的が重要であることに変わりはない。コーポレートガバナンスをはじめ、ガバナンスというと、ともすると仕組みに注目されがちであるが、その仕組みを使って何をしたいのかを注視しなければならない。あらゆる組織にガバナンスは必要であり、反社会的組織にもガバナンスは存在している。反社会的組織と一般の企業の違いは、その組織が存在する目的にほかならない。特定の目的に資するためにガバナンスという仕組みの意義がある。

　同じデータ（加工したものも含む）も目的によって社会的な評価は異なる。スコアリング[42]をめぐって手法の是非が問われているが、ここでも課題は手法ではなく利用目的にある。データ主体の人権を侵害したり、あるいは名誉や信用を毀損したりする使い方は許されない。いまの実務的な課題は、スコアリングという技術的手法があるものの、データ主体にとって利益がある使い方が何であるのか、ユースケースを示すことができていないということである。この点についてはしばらく試行錯誤を繰り返すこととなろうが、その間、スコアリングという手法そのものが誤解されて否定されるようなことが

41　40th International Conference of Data Protection and Privacy Commissioners

42　スコアリングとは、利用者の属性や行動を示すデータ（閲覧履歴や購買履歴など）からスコアをつけて点数化をすることであり、マーケティング活動のための見込顧客を抽出したり、あるいはサービスを悪用する利用者を検知したりする目的で使われてきたものである。最近は、さらに金銭の借入れ時の信用度を図るためのスコアリングなど応用範囲が広がりつつあり、中国ではいわゆる「信用スコア」が幅広く使われるようになっている。

ないよう、丁寧な説明を重ねていくことが求められている。

　第6章で詳述される「情報銀行」の枠組みのなかに「倫理審査会」というものを組み込むように提案しているが、それはこのようなことを背景にしたものである。企業のなかだけで社会性を判断することはきわめてむずかしいため、適正な判断を担保し、かつ、透明性を確保するための枠組みが「倫理審査会」である。データの利用について企業内にいる者だけで判断したという説明よりも、第三者の目を介して判断したという説明のほうが説得力もある。また、議論の過程を議事録として残すことで透明性も確保できる。加えて、世の中の人々の意見も、そして技術水準も絶えず動いていることを考えると、多くの情報をもった専門家を含んだ判断が求められている。組織の行動について倫理的視点からの判断を行う機関をもつということは、倫理的判断が重要である医療領域では従前から行われてきている。これからデータの世紀を迎えていくにあたっては、同様の機関を各企業や組織がもつようになっていくことが、社会との調和を図る努力を重ねていくことにつながっていくと考えている。

　ただし、仕組みとして判断の適正性を担保し、透明性を確保したとしても、それをもって説明責任を果たしているとはいえない。社会との調和を図っていく重要なプロセスは、社会への説明と対話である。データ利用に関する丁寧な説明を行うことは欠かせない。データ利用は情報のもつ性質と利用目的の2つの面から規定されるものである。特に利用目的が社会的に受容されるものであるかどうかは、社会との調和を考えるうえで鍵となる。

　また、その場合、データ主体を顧客としてとらえておくという考え方こそ重要である。無償のサービスを広告モデルに基づいて提供している場合や、マッチングサイトが個人利用者からは利益を得ずに情報を掲載している事業者から手数料収入を得ている場合、サイト運営者にとっての顧客は収益をもたらす広告主や事業者だけではなく、サイトを無償で使っている利用者も含まれる。そして、利用者に見放されたサービスは成り立たないという意味では第1の顧客は利用者と考えておかなければならないことになる。その顧客

に説明することができるかどうかが問われる。前述したような事件が起きた企業に、もしデータ主体に対して丁寧に説明をするプロセスが存在していたらどうであったのかを考えてみていただきたい。

このような社会との調和を図る枠組みをもつこととあわせて、データ利用についての法的枠組みを的確に把握し、解釈するための組織を各事業体がもつことも必要である。前述した個人情報保護法の「いわゆる3年ごと見直し制度改正大綱」の第4節「データ利活用に関する施策の在り方」のなかに、「個人情報の保護と有用性に配慮した利活用相談の充実」が含まれているが、これは民間での取組みが消極的であることを反映してのものである。

個人情報保護法は1条に「個人情報の適正かつ効果的な活用が新たな産業の創出ならびに活力ある経済社会および豊かな国民生活の実現に資するものであることその他の個人情報の有用性に配慮しつつ、個人の権利利益を保護することを目的とする」と記載されているように、個人情報の保護と利用のバランスを志向する法律であり、個人情報の利用を禁止したり、大きく制約したりすることを目的としているものではない。また、そのためにいくつかの例外規定も設けている。

民間側が法律の文言をかなり保守的に解釈して自粛していることが、今回の大綱の記述に結びついている。前回の2015年改正時にも、個人情報に該当するかどうかの判断が困難ないわゆるグレーゾーンが拡大していることへの対応や、パーソナルデータを含むビッグデータの適正な利活用ができる環境の整備が必要であるという産業界側の意見があった。一言でいえば、ルールが明確でないので利活用できないというものであった。しかしながら、コンピュータを動かすコードとは異なり、法文には解釈の余地が必ずあり、立法趣旨に沿って個別の事実に対して具体的妥当性と法的安定性を満たした解釈を行っていくものである。それは流動する社会に法文を適用させていくために重要な作業であり、ルールが明確ではないというのは解釈に真剣に取り組まない者の意見にすぎない。

2015年の改正も結果としては、個人識別符号という新たな文言は追加した

ものの個人情報の定義を広げてはおらず、容易照合性についての判断基準を変えたものでもなかった[43]。社会の変化に応じて実態も変化していくなかで、適切に法律を適用していくことは第一義的には民間が担うべき役割である。その役割を十分に果たさずに、自らが自粛しながら活動を広げるためにルール変更を求めているようでは新しいデータ利用を模索することはできない。

　もちろん、ルールの変更が必要な場合も否定しないが、その場合にも、どのような変更が必要となるのかという立法事実を示すことが変更を求める者の行うべき仕事である。テクノロジーが進歩し、利用者に受け入れられるような新しい利用方法が見つかった場合には、まず現行法の範囲内での実施のために努力することから始めなければならない。行政庁が、民間が萎縮していることを懸念するような状況が続くようであれば、データ利用を放棄しているとしか思えないと考えている。仮に個人情報保護委員会と見解が異なる場合であったとしても、利用者にとって利点が大きいと考えるのであれば民間事業者として可能な限りの努力をすべきであろう。

　また、2015年改正ではビッグデータの利用のために匿名加工情報という概念が追加されたが、これといったユースケースがいまだに存在しない。今回の改正においても仮名化情報という概念が追加されることが予定されている。その目的もデータ利用の促進にある。しかし、法制度がサービスをつくりだすのではなく、新たなサービスが法制度を必要としたとき、つまり立法事実があるときに新しい枠組みをつくるのがセオリーであることも忘れてはならない。その新しいサービスを生み出すことこそ民間企業の役割である。

　直近の課題として、個々の活動の履歴自体は個人を特定する情報にはならないが、それが集積することによって個人を特定しうる情報となるという問題がある。また、AI技術を駆使して特定の個人をプロファイリングし、それが差別的取扱いなど人権侵害に結びつくのではないかという問題がある。

43　第189回国会衆議院内閣委員会における政府側の答弁を参照。

現行法でも特定の個人を識別できる情報（個人を特定できる程度まで要求されていない）となれば、個人情報として保護の対象となる。そのため解析によって取得することが、個人情報保護法上「不正の手段」とされるものであってはならない。また、あらかじめ利用目的を特定し、公表あるいは通知をしておく義務も負っていることになる。利用目的の変更につながる場合には本人の同意が必要となる。

　このように考えてくると、本人が予想もしなかった利用のされ方を勝手になされる余地は少ない。少なくとも適法に行うことはできない枠組みは個人情報保護法に照らせばできあがっている。一方、民法上の評価もプライバシー保護や人権保護の観点から加えられる。そのため、正しい法適用と法執行が行われれば、テクノロジーが発展したとしても既存の保護の枠組みを超える新たな制度の構築の必要性までは認められないと考えている。また、すでに述べたとおり営利企業にとっては特定の個人をプロファイリングすることそのものに経済合理性はないことも忘れてはならない。

4　国家によるデータ利用

　本章の最後に、国家によるデータ利用について若干触れておくこととしたい。わが国における個人情報保護法制定の契機が国による個人情報の把握に対する懸念であったにもかかわらず、あまりこの点についての議論は積み重ねられてはいない。

　プロファイリングについて民間の営利企業は特定の個人をプロファイリングすることに経済合理性はないと述べたが、国は異なる。防犯や犯罪者の摘発、課税等の法執行のために特定の個人をプロファイリングすることにコストをかける能力をもっているからである。また、わが国では議論や法的枠組みが欠落してしまっているが、インテリジェンス活動（いわゆる諜報活動）のためのデータ収集や分析も国が果たす役割である。

前者については、司法活動として行われるものについては刑事関連法規が規律しており、それ以外の行政庁の執行に関する規律はそれぞれの法規が規律している。国内では特に司法活動に関する関心が高いが、まだ刑事分野におけるデータ化はほとんど進んでいない。

　警察庁という行政機関は捜査権限を有しておらず、日本全国の捜査を所管する省庁はなく、各都道府県警察が捜査権限をもち所轄署単位で捜査が行われている。そのため、インターネットを悪用した全国に被害者がまたがるような事件は、捜査を進めている都道府県警が合同捜査本部を設置して行うことになる。そのためには同一犯に関する捜査が別個の所轄署で行われ、都道府県警本部に上がっていくというプロセスを経ることになる。事件捜査のために出されている捜査関係事項照会書はいまだに紙が原則であり、実際の捜査が行われる所轄署単位で管理されており、共有化されているわけではない。最近は犯人の追跡のために監視カメラの映像が役立っているが、その映像も警察官が個別に集めてきたものであって、統合的なシステムによって監視されているわけではない。

　このように現状では司法捜査に関するデータは分散しており、直ちにプロファイリングが問題となる状況にあるとはいえない。もっとも、大量のデータを保有している企業の協力があれば状況は異なってくる可能性はある。しかしながら、任意捜査を原則としているわが国では、それぞれの企業は顧客との関係などを考慮したうえで協力を行っているのが現状であり、捜査だからという理由で民間から大量のデータ収集が行われているとはいえない。このような状態は犯人の人権保護にとっては望ましいかもしれないが、国民の安全を図るために必要な迅速捜査という観点からは課題があるといわざるをえない。

　しかしながら、この分野でのデータ利用を進めようという声は少ない。司法捜査以外の行政権限に基づく執行のための調査についても大量のデータ収集が行われたり、分析がなされたりするような状態にはない。また、行政機関のデジタル化の実態に照らせば、直ちに現状が大きく変わっていく可能性

が高いとはいえない。

　後者のインテリジェンス領域については、諸外国によるデータ利用と比較して考えてみたい。日本とは異なり、多くの国々がシギント[44]と呼ばれる領域でインテリジェンス活動を行っている。ファイブアイズといわれる米国、英国、カナダ、オーストラリア、ニュージーランドの5カ国が協力関係を築き、シギントで得られた情報も含むインテリジェンス情報の交換を行っていることは知られている[45]。これらの国々の人々も国家がインテリジェンス活動を行っていることは知っており、問題視されていない。自由民主主義国家であっても、国を守るという観点からインテリジェンス活動が不可欠であるというコンセンサスが得られているからであろう。

　ただし、このインテリジェンス活動は対外インテリジェンス活動であり内国民を対象とするものでないこと、司法捜査の目的で行われるものではないことに留意しておく必要がある。加えて、法治国家であるこれらの国々は、当然のことながらインテリジェンス活動を規律するための法的枠組みをもっており、インテリジェンス活動を所管する行政庁も存在している。

　米国の場合は活動の基礎となる根拠が法律ではなく大統領令[46]であるため制度的な体系がみえづらいところはあるが、超法規的に行われている活動ではない。その活動は活発であり、米国国家安全保障庁（NSA）を例にあげれば、5.5万人以上の職員を要し、毎年1兆円以上の予算を使っている。

　また、NSAはプリズム計画に基づき米国内の協力企業のデータセンターから随時必要な情報を取得しており[47]、そのために巨大なデータセンターを

44　シギント（SIGINT：signals intelligence）とは、通信、電磁波、信号等を傍受して行う情報収集、解析を基本とした諜報活動である。

45　関心のある方は、日本大学の茂田忠良教授による「米国国家安全保障庁の実態研究」（警察政策学会資料第82号、平成27（2015）年9月）を参照されたい。

46　根拠法令はExecutive Order（大統領令）12333である。

47　茂田・前掲（注45）「米国国家安全保障庁の実態研究」によれば、プリズム計画に参加協力している企業としてマイクロソフト、ヤフー、グーグル、フェイスブック、パルトーク、ユーチューブ、スカイプ、AOL、アップルの名前があげられている（現時点での協力の有無は不明）。

保有している。取得されているデータは、電子メール、チャット、ボイスメッセージ、送信ファイル、写真、ビデオ、保管データ等のコンテンツ情報、メールアドレス、電話番号、通信時刻、位置等のメタデータであり、過去の通信データだけではなく対象を監視するためリアルタイムでのデータ取得も可能である。

　これらの実態は架空の話ではない。プリズム計画については、当初参加を拒否したヤフーが訴訟で米国政府と争った結果、多額の課徴金の支払いを迫られて参加に至ったという経緯がある。その経緯も長らく秘密指定されていたが、ヤフーの努力によって2014年9月に相当部分が開示されるに至っており、誰でも事実確認できる。つまり、米国のサービスを利用する以上は内容を米国政府に知られる可能性があるということである。

　翻ってわが国では、ヒューミント[48]領域での活動は行っているが、シギントは行っていない。憲法21条2項が通信の秘密について規定し、電気通信事業法が電気通信事業者の取扱いに係る通信の秘密を侵害することを例外なく禁止している[49]ため、行政機関も法律に特別な定めがある場合を除いて[50]通信の解析を行うことが許されていないからである。

　司法捜査に関する現状が上述した状況であるにもかかわらず、社会的懸念の大きさゆえに議論が進んでいないなかで、インテリジェンス活動について議論が進んでいく可能性は低いかもしれない。しかし、司法捜査とインテリジェンス活動は対象も目的も異にする点についての理解を進め、制度的な枠組みを考えなければならない状況が迫ってきていると考えている。

　現在、中国製の通信機器を介して情報が中国に渡っているのではないかと

48　ヒューミント（HUMINT：Human intelligence）とは、人が人を介して行う諜報活動である。

49　電気通信事業法4条に「電気通信事業者の取扱中に係る通信の秘密は、侵してはならない」と規定している。

50　「犯罪捜査のための通信傍受に関する法律」が、通信傍受が許される要件と手続について定めているが、対象としているものは司法捜査であり、インテリジェンス活動のための例外は定められていない。

いう心配をする声もあり、政府も規律を強化しようとしている。米国が音頭をとっている根拠はインテリジェンス活動で集めた情報であることは明らかであり、すでに2007年から特定の中国企業に対する監視活動を強化してきていることがそれを表している[51]。英国は、米国とは一部行動をともにしていないが、英国自身も優れたインテリジェンス機関をもっていることから独自の判断を下すことができているといえる。

その点、日本はどうであろうか。ファイブアイズと一定の情報交換ができる体制はあるとはいわれているが、インテリジェンスコミュニティでは提供した情報に見合う見返りしか得られないことが常識といわれており、シギント情報なくして十分な情報交換が可能かどうかはわからない。

社会的関心も高いとはいえず、2015年1月31日にウィキリークス（WikiLeaks）が「Target Tokyo」という記事で、NSAが日米関係や日米貿易交渉、気候変動政策に関して内閣や国内企業に対するインテリジェンス活動を行っていたことを公表した。このことは同盟国に対してもインテリジェンス活動が行われていることを示すと同時に、対米交渉の戦略などが相手にもれていることを示しているが、国内の報道機関はこの記事について直ちに取り上げたりしておらず[52]、反応は鈍かった。エドワード・スノーデンの告発によって、米情報機関がドイツの首相の携帯電話を盗聴していた疑惑に関するドイツ国内の反応はわが国でも報道されており、日本との違いを感じさせられる。このようなインテリジェンス活動は自由主義国家間でも相互に行われているのが世界標準ともいえるなかで、データ収集戦略をもたない日本が特異な存在であることをあらためて認識する必要がある。

セキュリティ強化のためにセキュリティクリアランスの仕組みの導入が叫ばれ始めているが、インテリジェンス情報なくして的確なクリアランスがで

---

51 茂田・前掲（注45）「米国国家安全保障庁の実態研究」87頁参照。

52 G-Searchの雑誌・新聞記事横断検索を使い、それぞれ「ウィキリークス」「ターゲット　トーキョー」「NSA」の単語で、2015年1月15日から1カ月間の記事（通信社・テレビ、全国紙の記事）を検索したが、Target Tokyoに関する記事は1つもなかった。

きるのかどうかも問われている。また、経済活動も安全保障の領域に加えようという動きもあるが、そこでも同様の問題は発生する。人権や個人情報保護とのバランスをとりながらインテリジェンス活動を行うことができる法的枠組みの整備を行うことができるかどうかも、データ利用のための大きな試金石であると考えている。

　本章ではデータ利用に関する実務的な視点を述べつつ、将来の課題として考えるべきものを取り上げてきた。他章に記載された法律制度の内容とあわせて未来を考えるための契機となれば幸いである。

第 3 章

個人情報保護法の外延と
欧州・米国の制度

中央大学国際情報学部　教授
石井夏生利

1 日本の個人情報保護法制の現状

(1) 個人情報保護法制のアウトライン

　日本の個人情報保護法制は、民間部門を対象にした「個人情報の保護に関する法律」（以下、「個人情報保護法」）のほか、公的部門を対象にした「行政機関の保有する個人情報の保護に関する法律」（以下、「行政機関個人情報保護法」）、「独立行政法人等の保有する個人情報の保護に関する法律」（以下、「独立行政法人等個人情報保護法」）、および、地方公共団体が制定した各個人情報保護条例で構成される（図表3－1）。

　個人情報保護法1章から3章は基本理念、国および地方公共団体の責務、個人情報保護施策等を定めており、官民のすべての分野に適用される。

　個人情報保護法制は、設置主体によって異なる法令を適用する体裁をとってきたが、2020年3月3日、内閣官房副長官補（内政担当）を議長とする「個人情報保護制度の見直しに関するタスクフォース」のもとに「個人情報保護制度の見直しに関する検討会」が設置され、民間部門、行政機関、独立行政法人等に係る法制の一元化（規定の集約・一体化）のあり方、一元化後の事務処理体制のあり方についての検討が進められている。そのなかでは、地方公共団体の条例のあり方についても意見交換が行われており、今後、官民を包括する一体的な個人情報保護法制の実現に向けた取組みが進められることとなる。

　上記の一般法に対して、「行政手続における特定の個人を識別するための番号の利用等に関する法律」（以下、「番号法」）、「医療分野の研究開発に資するための匿名加工医療情報に関する法律」（以下、「次世代医療基盤法」）が個人情報の取扱いに関する特則を定めている。

　番号法は、社会保障、税、災害対策の3つの分野で、複数の機関に存在する個人の情報が同一人の情報であることを確認するために、一人ひとりの個

図表3－1　「個人情報保護法制の体系イメージ」

民間分野	公的分野		
ガイドライン （通則編・外国第三者提供編・確認記録義務編・ 匿名加工情報編）（注2）	**行政機関 個人情報 保護法** （注3） （対象：国の 行政機関）	**独立行政 法人個人 情報保護 法** （注4） （対象：独立 行政法人等）	**個人情報 保護条例** （注5） （対象：地方 公共団体等）
個人情報保護法（注1） （4～7章：個人情報取扱事業者等の義務、罰則等） （対象：民間事業者）			
個人情報保護法（注1） （1～3章：基本理念、国および地方公共団体の責務・個人情報保護施策等） **個人情報の保護に関する基本方針**			

（注1）　個人情報の保護に関する法律。
（注2）　金融関連分野・医療関連分野・情報通信関連分野等においては、別途のガイドライン等がある。
（注3）　行政機関の保有する個人情報の保護に関する法律。
（注4）　独立行政法人等の保有する個人情報の保護に関する法律。
（注5）　個人情報保護条例のなかには、公的分野における個人情報の取扱いに関する各種規定に加えて、事業者の一般的責務等に関する規定や、地方公共団体の施策への協力に関する規定等を設けているものもある。
（出所）　個人情報保護委員会「個人情報保護に関する法律・ガイドラインの体系イメージ」（https://www.ppc.go.jp/files/pdf/personal_framework.pdf）

人に固有の「個人番号」（マイナンバー）を付与し、その個人番号を上記3分野で連携させ、国や地方公共団体、日本年金機構等の機関が個別に保有している情報について、同一人の情報であることの確認を行うための法律である[1]。

　こうした番号法の性格から、制度を立案する過程では、図表3－2のような懸念が想定された。

1　マイナンバー制度に関しては、内閣官房「マイナンバー（社会保障・税番号制度）」（https://www.cao.go.jp/bangouseido/seido/index.html）、宇賀克也『番号法の逐条解説　第2版』（有斐閣、2016年）、水町雅子『逐条解説　マイナンバー法』（商事法務、2017年）等参照。

図表3－2　マイナンバー制度への懸念

① 国家管理への懸念 　国家により個人のさまざまな個人情報が「番号」をキーに名寄せ・突合されて一元管理されるのではないかといった懸念 ② 個人情報の追跡・突合に対する懸念 　「番号」を用いた個人情報の追跡・名寄せ・突合が行われ、 　・集積・集約された個人情報が外部に漏えいするのではないかといった懸念 　・集積・集約された個人情報によって、本人が意図しない形の個人像が構築されたり、特定の個人が選別されて差別的に取り扱われたりするのではないかといった懸念 ③ 財産的被害への懸念 　番号制度の当面の利用範囲が社会保障および税分野とされていることから、「番号」や個人情報の不正利用等により財産的被害を負うのではないかといった懸念

（出所）　社会保障・税に関わる番号制度に関する実務検討会「社会保障・税番号要綱」（2011年4月28日 https://www.soumu.go.jp/main_content/000141659.pdf）　4頁

　こうした懸念に対処するため、番号法は、個人番号その他の特定個人情報（個人番号の含まれた個人情報）の取扱いが安全かつ適正に行われるよう、現行の個人情報保護関連法の特例を定めることを目的としており（番号法1条）、「個人番号を用いて収集され、又は整理された個人情報が法令に定められた範囲を超えて利用され、又は漏えいすることがないよう、その管理の適正を確保すること」を理念に掲げている（同法3条1項4号）。

　番号法では、現行の個人情報保護法制よりも厳格なかたちでの保護措置が講じられている。個人番号の利用範囲は、「社会保障」「税」「災害対策」に限定され、利用できる事務は法令、政令、条例で定めることが義務づけられており（同法9条）、同法の別表第1には、99の事務が法定されている。また、特定個人情報の目的外利用は厳格に禁じられ（同法30条）、提供が認められるのは番号法が列挙する場合に限られる（同法19条）。情報提供ネットワークシステムを通じた提供は、同法の別表第2に基づき120の事務で認められている（同条7号）。その他、同法は、個人情報保護法制よりも厳格な

罰則のほか、特定個人情報保護評価、情報提供等記録開示システム（マイナポータル）、個人情報保護委員会（2015年12月31日までは特定個人情報保護委員会）等の制度を設けてきた。

　マイナンバー制度では、システム上の安全保護措置として、1つのデータベースに大量の個人情報が蓄積されないよう、情報自体は各関係機関（日本年金機構、国税庁、地方公共団体等）で分散管理される。このほかにも、「個人番号」を直接用いない符号による情報連携、アクセス制御、ならびに、通信の暗号化が講じられている。

　次世代医療基盤法は、医療分野の研究開発に資するための匿名加工医療情報に関する規律を定めている。匿名加工情報自体は、2015年の個人情報保護法改正によって導入された。これは、特定の個人を識別することができないように個人情報を加工して得られる個人に関する情報であって、当該個人情報を復元することができないようにしたものをいう（個人情報保護法2条9項）。

　匿名加工情報は、目的外利用や第三者提供を行う際に求められる本人の同意を不要とし、自由な流通・利活用を促進することをその趣旨とする。個人情報取扱事業者は、匿名加工情報[2]を作成するときは、個人情報保護委員会規則で定める基準に従って個人情報を加工すること（個人情報保護法36条1項、同法施行規則19条）、匿名加工情報の加工方法等情報の漏えい防止、匿名加工情報に関する苦情の処理・適正な取扱措置と公表（個人情報保護法36条2項および同条6項、同法施行規則20条）、匿名加工情報の作成後遅滞なく、当該匿名加工情報に含まれる個人に関する情報の項目を公表すること（個人情報保護法36条3項、同法施行規則21条）、第三者に提供するときは、あらかじめホームページ等で匿名加工情報に含まれる個人に関する情報の項目および匿名加工情報の提供の方法を公表し、当該第三者に対して、当該提供に係る情報が匿名加工情報である旨を明示すること（個人情報保護法36条4項、同

2　匿名加工情報データベース等を構成するものに限る。

法施行規則22条）、匿名加工情報を作成して自らそれを取り扱う際に、本人を識別するために他の情報と照合することの禁止（個人情報保護法36条5項）といった義務を負う。匿名加工情報取扱事業者は、匿名加工情報を第三者に提供する際の公表および明示義務を負い（個人情報保護法37条、同法施行規則23条）、受領した匿名加工情報の加工方法等情報を取得することや、受領した匿名加工情報を、本人を識別するために他の情報と照合することを禁止される（個人情報保護法38条）。匿名加工情報の取扱いに対しては、個人情報保護委員会の監督が及ぶ（同法42条、84条）。

　行政機関個人情報保護法では行政機関非識別加工情報、独立行政法人等個人情報保護法には独立行政法人等非識別加工情報について、作成、提供等に関する規定がそれぞれ設けられている（行政機関個人情報保護法44条の2～44条の16、独立行政法人等個人情報保護法44条の2～44条の16）[3]。

　次世代医療基盤法は、医療分野の研究開発に資することを目的としており、個人情報保護法の特則を定めたものである。個人情報保護法によっても、個別の医療機関は、個人情報を自ら匿名加工し、または事業者に匿名加工を委託することで、本人の同意なく第三者に提供することは可能である[4]。しかし、医療機関が自ら匿名加工を行う場合には、その医療機関に匿名加工の責任が残るとともに、個別の医療機関単位での匿名加工が必要となる。また、事業者に委託する場合でも、適切な匿名加工能力を有する事業者の判断が困難であるという問題がある。さらに、2015年から2016年の個人情報保護法制の改正によって、要配慮個人情報の規定が導入された。個人情報

3　匿名加工情報については、個人情報保護委員会「匿名加工情報制度について」（https://www.ppc.go.jp/personalinfo/tokumeikakouInfo/）、非識別加工情報については、同「非識別加工情報」（https://www.ppc.go.jp/personalinfo/HishikibetsukakouInfo/）、宇賀克也『個人情報保護法の逐条解説　第6版』（有斐閣、2018年）233～249、589～621頁ほか。

4　大学その他の学術研究を目的とする機関もしくは団体またはそれらに属する者が、学術研究の用に供する目的で個人情報または匿名加工情報を取り扱う場合には、個人情報取扱事業者および匿名加工情報取扱事業者の義務は適用されない（個人情報保護法76条1項3号）。

保護法上、その取得は原則禁止され（個人情報保護法17条2項）、オプトアウトによる提供も禁止された（同法23条2項）。この改正が医療分野における研究にとって桎梏とならないように特例を設ける必要性が生じたことが、次世代医療基盤法制定の背景に存在する。また、医療サービスを提供する設置主体の種類に応じて、民間であれば個人情報保護法、独立行政法人や国立大学法人であれば独立行政法人等個人情報保護法、公立病院や地方独立行政法人の病院であればその地方公共団体の個人情報保護条例が適用される。次世代医療基盤法は、官民を包括する一体的な個人情報保護法制を実現する側面も有する[5]。

　次世代医療基盤法は、①高い情報セキュリティを確保し、十分な匿名加工技術を有するなどの一定の基準を満たし、医療情報を取得・整理・加工して作成された匿名加工医療情報を提供するに至るまでの一連の対応を適正かつ確実に行うことができる者を認定する仕組み（認定匿名加工医療情報作成事業者）を設け、②医療機関、介護事業所、地方公共団体等は、本人が提供を拒否しない場合、認定事業者に対し、医療情報を提供できることとし、認定事業者は、収集情報を匿名加工し、医療分野の研究開発の用に供することとした。

　これにより、認定事業者が匿名加工の責任を負い、多数の医療機関の情報が収集可能となり、国が適切な匿名加工の能力を有する事業者を認定することができる。公立、私立などの設置主体の種類を問わず、医療機関等は、認定匿名加工医療情報作成事業者に対し、要配慮個人情報を含め、特例として医療情報の目的外提供を行うことができる。同法によって、患者に最適な医療の提供、異なる医療機関や領域の情報を統合した治療実績の評価、最先端の診療支援ソフトの開発、医薬品等の安全対策の向上などが期待されている[6]。2019年12月19日現在、認定匿名加工医療情報作成事業者として一般社団法人ライフデータイニシアティブ、認定医療情報等取扱受託事業者として

5　宇賀克也『次世代医療基盤法の逐条解説　第6版』（有斐閣、2019年）1〜20頁参照。

株式会社エヌ・ティ・ティ・データが認定を受けている[7]。

(2) 利用目的および第三者提供に関する諸論点

　利用目的および第三者提供について、個人情報保護法と行政機関個人情報保護法、独立行政法人等個人情報保護法の規律には違いがある。個人情報保護法は、個人情報取扱事業者に対し、個人情報を取り扱うにあたって、利用目的をできる限り特定する義務（個人情報保護法15条）、本人の事前同意なくして利用目的の達成に必要な範囲を超えて個人情報を取り扱うことの原則禁止（同法16条１項）、本人の事前同意なくして個人データを第三者に提供することの原則禁止（同法23条１項）、外国にある第三者への個人データ提供の制限（同法24条）を定めている。行政機関個人情報保護法は、行政機関に対し、個人情報を保有するにあたっては、法令の定める所掌事務を遂行するため必要な場合に限り、かつ、その利用の目的をできる限り特定する義務（行政機関個人情報保護法３条１項）、利用目的の達成に必要な範囲を超えて個人情報を保有することの禁止（同条２項）、行政機関の長に対し、法令に基づく場合を除き、利用目的以外の目的のために保有個人情報を自ら利用し、または提供することの原則禁止を定めている（同法８条１項）。独立行政法人等個人情報保護法も同様の規定を設けている（独立行政法人等個人情報保護法３条１項および２項、９条１項）。

　個人情報保護法23条は16条の特則に位置づけられている[8]。「提供」とは、個人データを自己以外の者が利用可能な状態に置くことをいう。個人データが、物理的に提供されていない場合であっても、ネットワーク等を利用することにより、個人データを利用できる状態にあれば（利用する権限が与えら

6　内閣官房健康・医療戦略室、内閣府日本医療研究開発機構・医療情報基盤担当室「「次世代医療基盤法」とは」（2020年３月　https://www.8.cao.go.jp/iryou/gaiyou/pdf/seido nogaiyou.pdf）。
7　内閣府「次世代医療基盤法に基づく事業者の認定について」（2019年12月19日 https://www.8.cao.go.jp/iryou/nintei/nintei/jigyousha/jigyoushanintei.html）。
8　宇賀・前掲（注３）『個人情報保護法の逐条解説　第６版』164頁。

れていれば）、「提供」に当たる[9]。「個人データ」は、個人情報データベース等を構成する個人情報をいい（個人情報保護法2条6項）、散在情報は含まれない。

　行政機関個人情報保護法は、個人情報の保有を制限し（同法3条）、利用目的の範囲内で保有個人情報を利用または提供するよう義務づけているが（同法8条）、目的内の提供は法文上制限されていない。他方、「保有個人情報」は、行政機関の職員が職務上作成し、または取得した個人情報であって、当該行政機関の職員が組織的に利用するものとして、当該行政機関が保有しているものをいい、かつ、行政機関の保有する情報の公開に関する法律2条2項に定める行政文書に記録されている情報をいう（同法2条5項）。「提供」は、継続的な提供に限らず、一定期間ごとの提供や、不定期であっても依頼があれば必ず提供する場合も含む。散在情報についても、原則として当該散在情報が記録された行政文書の利用目的の範囲内で利用・提供等を行う必要がある[10]。

　以上に限らず、個人情報保護法、行政機関個人情報保護法および独立行政法人等個人情報保護法には数多くの違いがあるため、官民一体的な立法を進める際には、相違点をいかに統合できるかという問題に取り組まなければならない。

　個人に関する情報の利用・提供を柔軟に行うには、大きく分けて2つの方法がある。第1は、個人情報に加工を施して識別性を低減し、本人の同意をとらずして利活用する方法、第2は、本人から同意を得て利活用する手法である。

　前者は、個人情報保護法制のなかで、匿名加工情報制度ないしは非識別加工情報制度、さらには次世代医療基盤法に基づく匿名加工医療情報制度に

9　個人情報保護委員会「個人情報の保護に関する法律についてのガイドライン（通則編）」（2016年11月、2019年1月一部改正 https://www.ppc.go.jp/files/pdf/190123_guidelines01.pdf）25頁。「提供」の定義は保有個人データおよび匿名加工情報にも適用される。

10　宇賀・前掲（注3）『個人情報保護法の逐条解説　第6版』438頁。

よって実現された。個人情報保護委員会からは、クレジットカード情報、物流ドライバーの運行・生体情報、健康診断情報、Wi-Fi位置情報、医療健康情報、観光客情報について、匿名加工情報を利活用した実例が公表されている[11]。

　匿名加工情報は、日本固有の制度であり、諸外国からみるとなじみが薄いと思われる。その関係で、欧州連合（European Union：EU）からいわゆる十分性の認定を受ける際に、日本側は補完的ルールを策定することで対応することとなった[12]。同ルールによると、「EU又は英国域内から十分性認定に基づき提供を受けた個人情報については、個人情報取扱事業者が、加工方法等情報（匿名加工情報の作成に用いた個人情報から削除した記述等及び個人識別符号並びに法第36条第1項の規定により行った加工の方法に関する情報（その情報を用いて当該個人情報を復元することができるものに限る。）をいう。）を削除することにより、匿名化された個人を再識別することを何人にとっても不可能とした場合に限り、法第2条第9項に定める匿名加工情報とみなすこととする」と記されている。加工方法等情報を削除させたことによって、EUは、事実上、匿名加工情報制度に否定的な態度を示したといえる。

　2020年の改正個人情報保護法では、「仮名加工情報」が導入された[13]。これは、個人情報の区分に応じて所定の措置を講じ、「他の情報と照合しない限り特定の個人を識別することができないように個人情報を加工して得られる個人に関する情報をいう」と定義され（改正個人情報保護法2条9項）、内部分析に限定する等を条件に、利用目的の変更（個人情報保護法15条2項）、新たに導入された情報漏えい等報告（改正個人情報保護法22条の2）、保有個

11　株式会社野村総合研究所「パーソナルデータの適正な利活用の在り方に関する動向調査（平成30年）報告書〈別添資料〉事例集」（2019年3月　https://www.ppc.go.jp/files/pdf/jireisyu_201903.pdf）。

12　個人情報保護委員会「個人情報の保護に関する法律に係るEU及び英国域内から十分性認定により移転を受けた個人データの取扱いに関する補完的ルール」（2018年9月　https://www.ppc.go.jp/files/pdf/Supplementary_Rules.pdf）10頁。

13　個人情報保護法の改正案は、2020年3月10日閣議決定・国会提出され、同年6月5日に可決・成立し、同月12日に公布された。

人データに関する事項の公表等、開示、訂正等、利用停止等（個人情報保護法27条〜34条）の規定は適用されない（改正個人情報保護法35条の2第9項）。ただし、仮名加工情報については、法令に基づく場合を除き、第三者提供を行うことは認められていない（改正個人情報保護法35条の2第6項、35条の3)[14]。

　以上のほか、匿名データの提供を認める法律に統計法がある。行政機関の長または指定独立行政法人等は、一般からの求めに応じ、匿名データを学術研究の発展に資する統計の作成その他相当の公益性を有する統計の作成等を行う者に提供することができる（統計法36条1項）。匿名データとは、「一般の利用に供することを目的として調査票情報を特定の個人又は法人その他の団体の識別（他の情報との照合による識別を含む。）ができないように加工したもの」をいう（同法2条12項）。匿名化措置とは、単に氏名など個体を直接識別できる情報を削除するのみならず、個々のデータの特徴から個体が間接的に特定されることがないよう、地域区分やさまざまな属性に関する詳細な分類区分を統合して情報を粗くしたり、特異なデータを削除したりするなどの処理をいうため[15]、匿名加工処理とは異なる。また、2018年5月25日、統計法が改正され、調査票情報の提供対象が拡大された。改正統計法によって、学術研究の発展に資するなどの相当の公益性を有する統計の作成等を行う場合に、情報を適正に管理するために必要な措置が講じられること等を条件として、一般からの求めに応じて新たに調査票情報を提供することが可能となった（統計法33条の2）。

　第2の方法は、本人の同意を取得する方法である。同意は、目的外利用や第三者提供等の際に個人情報保護法が求める適法化理由である。EUの一般データ保護規則（General Data Protection Regulation：GDPR）は、同意の定義および条件を厳格に定めているが[16]、日本の個人情報保護法制の同意はよ

14　個人情報保護法制および改正については、本書第5章参照。
15　総務省「「公的統計調査の調査票情報等の学術研究等への活用」について」（https://www.soumu.go.jp/toukei_toukatsu/index/seido/2jiriyou.htm）。

り柔軟である。個人情報保護法は、同意の定義を設けておらず、解釈上、同意とは「本人の個人情報が、個人情報取扱事業者によって示された取扱方法で取り扱われることを承諾する旨の当該本人の意思表示をいう（当該本人であることを確認できていることが前提となる）」[17]と説明されている。個人データを第三者提供する際に、提供のつど同意を得ることは必須ではなく、個人情報の取得時点で予測される個人データの第三者提供について、包括的に同意を得ることも可能である[18]。第三者提供の同意を得るにあたり、提供先の氏名または名称を本人に明示することは義務づけられないが、想定される提供先の範囲や属性を示すことは望ましい実務とされている[19]。なお、2020年の改正個人情報保護法では、外国にある第三者への個人データ提供のために本人同意を取得するに際して、本人への参考情報提供の義務が新設された（改正個人情報保護法24条2項）。

第2の方法を実現したのが「情報銀行」である。総務省および経済産業省は、2017年11月6日、「情報信託機能の認定スキームの在り方に関する検討会」の開催を公表し、情報信託機能による個人情報の提供に関する法的整理、情報信託機能を担う者に必要となる体制面等の要件、セキュリティ対策等を検討してきた。2018年6月26日には「情報信託機能の認定に係る指針ver.1.0」、2019年10月8日には「情報信託機能の認定に係る指針ver.2.0」を公表している。この指針は、「情報銀行」について次のように説明している[20]。

「情報銀行」は、実効的な本人関与（コントローラビリティ）を高めて、

16　拙稿「EUデータ保護関連法の「同意」概念」Nextcom第38号（2019年）33頁以下。

17　個人情報保護委員会・前掲（注9）「個人情報の保護に関する法律についてのガイドライン（通則編）」24頁。

18　個人情報保護委員会「「個人情報の保護に関する法律についてのガイドライン」及び「個人データの漏えい等の事案が発生した場合等の対応について」に関するQ&A」（2017年2月16日、2019年11月12日更新 https://www.ppc.go.jp/files/pdf/1911_APPI_QA.pdf）5－8（30頁）。

19　前掲（注18）5－9（30頁）。

20　詳しくは本書第6章参照。

パーソナルデータの流通・活用を促進するという目的のもと、本人が同意した一定の範囲において、本人が、信頼できる主体に個人情報の第三者提供を委任するものをいう。「情報銀行」の機能は、個人からの委任を受けて、当該個人に関する個人情報を含むデータを管理するとともに、当該データを第三者（データを利活用する事業者）に提供することであり、個人は直接的または間接的な便益を受け取る。本人の同意は、使いやすいユーザインターフェースを用いて、「情報銀行」から提案された第三者提供の可否を個別に判断する、または、「情報銀行」から事前に示された第三者提供の条件を個別に／包括的に選択するという方法により行う。個人との関係で、「情報銀行」が個人に提供するサービス内容（「情報銀行」が扱うデータの種類、提供先第三者となる事業者の条件、提供先における利用条件）については、「情報銀行」が個人に対して適切に提示し、個人が同意するとともに、契約等により当該サービス内容について「情報銀行」の責任を担保する。ただし、この指針には要配慮個人情報は含まれない[21]。

「情報銀行」の認定業務は一般社団法人日本IT団体連盟が担っており、2020年4月1日までの間に、5件の認定（うち4件がP認定[22]、1件が通常認定）がなされている[23]。

(3) 漏えい時における事業者の責任

米国の連邦法および州法、EUのGDPRでは、セキュリティ侵害通知ないしはデータ侵害通知法制が設けられている。

最初にこの法制度を設けたのはカリフォルニア州である。同州は、2002年

---

21 「情報信託機能の認定スキームの在り方に関する検討会」「情報信託機能の認定に係る指針ver2.0」（2019年10月8日 https://www.soumu.go.jp/main_content/000649152.pdf）3～4頁。

22 「情報銀行」サービス開始に先立ち、計画、運営・実行体制が認定基準に適合しているサービスであることを認定する。

23 一般社団法人日本IT団体連盟情報銀行推進委員会「認定事業者一覧」（https://www.tpdms.jp/certified/）。

９月25日に州の民事法典（California Civil Code）を改正し、セキュリティ侵害通知に関する規定を設けた。

　同州民事法典1798.29条(a)項によれば、州の機関において、コンピュータデータであって、暗号化されていない個人情報が、無権限の人間によって取得された、または、取得されたことが合理的に疑われる場合等に、カリフォルニア州の住民に対し、可急的すみやかに、システムのセキュリティ侵害について通知しなければならない旨を定める。1798.82条(a)項は、カリフォルニア州で事業を行う個人または事業者に対しても、機関と同様の通知義務を定めている。機関および州の事業者は、一度のセキュリティシステムの侵害の結果として、500名以上の州住民への通知を義務づけられる場合は、司法長官に対し、個人識別情報を除いたかたちで、セキュリティ侵害通知に関する一の見本の写しを電子的に提出しなければならない[24]。違反により被害を受けた者は、事業者に対して損害賠償を求めて民事訴訟を提起することができる[25]。違反事業者または違反をもくろんだ事業者は、禁止命令の対象となる[26]。セキュリティ侵害通知法は、米国の50州すべて、コロンビア特別区、プエルトリコおよびバージン諸島で制定されている[27]。

　連邦レベルでは、医療分野でセキュリティ侵害通知義務が定められている[28]。1996年健康保険の移動性および責任性に関する法律（Health Insurance Portability and Accountability Act of 1996：HIPAA）[29]に基づき、連邦取引委員会（Federal Trade Commission：FTC）は、規則によって、HIPAAの対象事

24　Cal Civ. Code §§ 1798.29(e), 1798.82(f).

25　Cal Civ. Code § 1798.84(b).

26　Cal Civ. Code § 1798.84(e).

27　National Conference of State Legislatures, *Security Breach Notification Laws*（Jul. 7, 2020）, https://www.ncsl.org/research/telecommunications-and-information-technology/security-breach-notification-laws.aspx.

28　*See* Gina Stevens Legislative Attorney, *Data Security Breach Notification Laws*, CRS Report for Congress R42475（Apr. 10, 2012）. 金融分野でもセキュリティ侵害通知制度が設けられている。

29　Health Insurance Portability and Accountability Act of 1996, HIPAA, Pub. L. No. 104-191, 110 Stat. 1936（Aug. 21, 1996）.

業者[30]およびその関係事業者に対し、安全性の保障されていない保護健康情報（個人識別可能な健康情報）[31]の侵害が生じた場合に、個人、主たるメディア[32]、および保健福祉長官への侵害通知を義務づけている[33]。

2009年には、米国再生および再投資法の一部として、「経済および臨床医療のための健康情報技術法」（Health Information Technology for Economic and Clinical Health Act, or the HITECH Act）が制定された。同法13407条[34]に基づき、国内外の個人健康記録（personal health records：PHR）の提供者、PHR関連事業者、および第三者としてのサービス提供者は、安全性の保障されていないPHR識別健康情報の安全性が侵害された場合に、個人、FTCおよび主たる印刷もしくは放送メディアに通知をしなければならない[35]。

GDPRにもデータ侵害通知制度は存在する。GDPR33条「監督機関への個人データ侵害の通知」に基づき、管理者[36]は、過度に遅滞することなく、実現可能であれば個人データ侵害に気づいてから72時間以内に所管の監督機関に通知しなければならない（同条1項）。処理者[37]は個人データ侵害を認識した後、過度に遅滞することなく管理者に通知をしなければならない（同条2項）。34条「データ主体[38]への個人データ侵害の連絡」に基づき、管理者は、個人データ侵害が自然人の権利および自由に高いリスクをもたらす蓋然性がある場合に、過度に遅滞することなく、データ主体に個人データ侵害を連絡するよう義務づけている（同条1項）。これらの制度は、監督機関との関係

---

30 健康保険機関（health plan）、保健医療情報センター（health care clearinghouse）、電子的形式で健康情報を移転させる医療提供者（health care provider）。42 U.S.C. § 1320d-1(a).
31 45 C.F.R. § 160.103.
32 500名を超える個人の情報が侵害された場合（45. C.F.R. § 164.406）。
33 45 C.F.R. §§ 164.400-414.
34 Pub. L. No. 111-5, § 13407.
35 16 C.F.R. §§ 318.1-318.9. メディアについては500名を超える個人の情報が侵害された場合。
36 管理者とは、単独でまたは他の者と共同で、個人データ処理の目的および方法を決定する者をいう（GDPR 4 条(7)項）。
37 処理者とは、管理者のかわりに個人データを処理する者をいう（GDPR 4 条(8)項）。
38 個人情報保護法でいう「本人」に相当する。

では執行を適切に行うこと、本人との関係ではなりすまし等の二次被害を防止することを趣旨とする。

　日本では、マイナンバー制度のなかに漏えい等報告制度が設けられている。番号法29条の4は、個人番号利用事務等実施者に対し、特定個人情報ファイルに記録された特定個人情報の漏えいその他の特定個人情報の安全の確保に係る重大な事態が生じたときは、個人情報保護委員会に報告することを義務づけている。これは、2015年5月、日本年金機構から約125万人の個人情報が外部に流出した事件を受けて、法改正により新たに設けられた規定である。

　個人情報保護法についても、2020年の改正法によって漏えい等の報告義務制度が導入されることとなった。改正法22条の2第1項は、個人情報取扱事業者に対し、その取り扱う個人データの漏えい、滅失、毀損その他の個人データの安全の確保に係る事態であって個人の権利利益を害するおそれが大きいものが生じたときは、当該事態が生じた旨を個人情報保護委員会に報告するよう義務づけている。ただし、当該個人情報取扱事業者が受託事業者であって、委託元事業者に通知を行ったときはこの限りでない。同条2項は本人への通知を定めており、個人情報取扱事業者（通知を行った上記受託事業者を除く）は、本人に対し、当該事態が生じた旨を通知しなければならない。ただし、本人への通知が困難な場合であって、本人の権利利益を保護するため必要なこれにかわるべき措置をとるときは、この限りでない。

　新制度導入の背景には、上記のとおり、諸外国の先例の存在をあげることができる。日本の個人情報保護法はかかる制度の導入には慎重であったが、その一方で、「個人データの漏えい等の事案が発生した場合等の対応について」（平成29年個人情報保護委員会告示第1号）を公表し、事業者に対して漏えい等の報告を促してきた。これについては、一定の実績が蓄積されてきている[39]。他方、法令上の義務ではないために積極的には対応しない事業者も一部に存在することが明らかとなった。そこで、個人情報取扱事業者、監督機関それぞれにとって多くの意義があること、国際的な潮流になっていること

等を勘案し、今回の法改正によって、漏えい等報告制度の導入が提案されることとなった[40]。

この改正に伴い、次世代医療基盤法では、医療情報等または匿名加工医療情報の漏えい等が生じた場合における認定匿名加工医療情報作成事業者から主務大臣への報告等に係る規定の整備を行い（次世代医療基盤法24条の２）、番号法においても、特定個人情報の漏えい等が生じた場合における個人番号利用事務等実施者から個人情報保護委員会への報告および本人への通知に係る規定が整備された（番号法29条の４）。

2 海外における個人情報保護制度

(1) GDPR[41]

イ　採択の背景

最も厳格な個人情報保護制度を有するのはEUである。GDPRの正式名称は、「個人データの処理に係る自然人の保護と当該データの自由な移動に関する、また、指令95／46／ECを廃止する、2016年４月27日の欧州議会および理事会の2016／679（EU）規則（一般データ保護規則)」である。

EUは1951年、域内を共通かつ単一のマーケットとして、人、物、サービス、資本の自由移動を理念に掲げて創設された欧州石炭鉄鋼共同体（Europe-

---

39　2019年度上半期実績報告によると、委員会へ直接報告された漏えい等事案は549件であった。個人情報保護委員会「令和元年度上半期における個人情報保護委員会の活動実績について」(2019年10月25日　https://www.ppc.go.jp/files/pdf/r1kamihanki.pdf)　2頁より。

40　個人情報保護委員会「個人情報保護法いわゆる３年ごと見直し制度改正大綱」(2019年12月13日　https://www.ppc.go.jp/files/pdf/200110_seidokaiseitaiko.pdf) 14頁。

41　GDPRおよび関連ガイドラインについては、個人情報保護委員会の邦訳（https://www.ppc.go.jp/enforcement/infoprovision/laws/GDPR/）参照。

an Coal and Steel Community）から拡大して今日に至っている。GDPRは、デジタル時代における市民の基本的権利を強化するとともに、デジタル単一市場（Digital Single Market）で規律を単一化することにより企業活動を促進するためのEUのデータ保護法改正である。加盟国間で異なる規制を統一し、デジタル経済を大きく成長させようとするデジタル単一市場は、EUの最重要政策である。

　GDPRは2012年1月25日に欧州委員会から提案された。その提案では主に2つの背景が説明されている。第1は、急速な技術的発展およびグローバル化が個人データ保護に新たな問題をもたらし、共有および収集するデータの規模を劇的に増加させたことである。規則提案は、技術によって、民間企業も公的機関も、自らの活動を追求するために、先例のない規模で個人データを利用できるようになったことなどをふまえ、強力な法執行を背景とした、強固でより一貫したデータ保護の枠組みの構築が必要であること、また、デジタル経済を域内市場の全域で展開できるようにするという点で、信頼の醸成が重要であること、個人は自らの個人データをコントロールできるべきであり、個人、事業者および公的機関のための法的・実務的確実性を強化すべきことを謳っている。第2の背景は保護レベルを同一にする必要性である。規則提案は、データ保護指令の目的および原則は有効であり続けるが、加盟国間の保護レベルの違いは、EU全域にわたる個人データの自由な流通を妨げる可能性があること、一貫した高いレベルの個人の保護を確実にし、個人データ流通の障害を取り除くために、当該データの取扱いについての個人の権利および自由の保護のレベルは、全加盟国において同等であるべきこと、そして、個人データの取扱いに関する原則をEU全域で一貫的かつ均等に適用すべきことを主張した。

　GDPRは、2016年4月14日の採択、4月27日の調印を経て、2018年5月25日にその適用が開始された。

ロ　GDPRの全体構成

　GDPRは、前文173項、全11章、99条で構成されており、その目次は図表3－3のとおりである。

図表3－3　GDPRの目次

第1章　総則　第1条〜第4条
第2章　諸原則　第5条〜第11条
第3章　データ主体の諸権利
第1節　透明性および手続　第12条
第2節　情報および個人データへのアクセス　第13条〜第15条
第3節　訂正および消去　第16条〜第20条
第4節　異議申立権および自動処理による個人に関する決定　第21条〜第22条
第5節　諸制限　第23条
第4章　管理者および処理者
第1節　一般的義務　第24条〜第31条
第2節　個人データの安全性　第32条〜第34条
第3節　データ保護影響評価および事前の協議　第35条〜第36条
第4節　データ保護責任者　第37条〜第39条
第5節　行動規範および認証　第40条〜第43条
第5章　第三国または国際機関への個人データの移転　第44条〜第50条
第6章　独立監督機関
第1節　独立の地位　第51条〜第54条
第2節　管轄、職務および権限　第55条〜第59条
第7章　協力および一貫性
第1節　協力　第60条〜第62条
第2節　一貫性　第63条〜第67条

第3節　欧州データ保護会議　第68条〜第76条	
第8章　救済、法的責任および罰則　第77条〜第84条	
第9章　特別な取扱状況に関する規定　第85条〜第91条	
第10章　委任行為および実施行為　第92条〜第93条	
第11章　最終条項　第94条〜第99条	

ハ　GDPRの解釈指針

　GDPRの解釈指針は、欧州データ保護会議（European Data Protection Board：EDPB）のウェブサイトで公表されている。EDPBとは、加盟国の監督機関および欧州データ保護監察官（European Data Protection Supervisor：EDPS）で構成される法人格をもつ組織であり（68条）、一貫性のあるGDPRの適用および執行に重要な役割を果たしている。指針の発出はその職務の1つである（70条1項(e)号）。

　GDPRが採択される前は、1995年データ保護指令に基づく第29条作業部会が指針の策定を担っていた。この部会は、監督機関または各加盟国が指名した代表者、EUの機構等の代表者、欧州委員会の代表者で構成される助言機関であった。同作業部会は、GDPRの適用開始と同時に EDPBへと改組され、その権限は大幅に強化されている。EDPBが発出した指針の一覧を図表3−4に掲げる。

図表3−4　GDPRの指針等一覧（2020年8月22日現在）

【EDPBの採択した指針および勧告（公開協議採択版を含む)】
1　「決済サービス指令第2版とGDPRの相互作用に関する指針06/2020」2020年7月17日version1.0採択
2　「規則2016/679に基づく同意に関する指針05/2020」2020年5月4日version1.1採択
3　「COVID-19流行状況下における位置データ及び接触追跡手段の利用に関する指針03/2020」2020年4月21日採択
4　「COVID-19流行状況下における学術研究目的のための健康関連データの処

理に関する指針03/2020」2020年 4 月21日採択

5 「EEAおよび非EEAの公的機関および組織間での個人データ移転に対する規則 2016/679の46条 2 項(a)号および46条 3 項(b)号に関する指針 2/2020」2020年 1 月18日version1.0採択

6 「コネクテッドカーおよびモビリティ関連アプリケーションの文脈における個人データ処理に関する指針 1/2020」2020年 1 月28日version1.0採択

7 「GDPRに基づく検索エンジン事案における忘れられる権利の基準に関する指針 5/2019（第 1 部）版」2020年 7 月 7 日version2.0採択

8 「25条のデータ保護バイ・デザインおよびバイ・デフォルトに関する指針 4/2019」2019年11月13日採択

9 「ビデオ装置を通じた個人データ処理に関する指針 3/2019」2020年 1 月29日version2.0採択

10 「データ保護影響評価の要件に基づく処理業務に関する欧州データ保護監察官の一覧案についての勧告 01/2019（規則（EU）2018/1725、39条 4 項)」2019年 7 月10日採択

11 「データ主体へのオンラインサービス提供の文脈における、GDPR 6 条 1 項(b)号に基づく個人データ処理に関する指針 2/2019」2019年10月 8 日version2.0採択

12 「規則2016/679に基づく行動規範および監督団体に関する指針 1/2019」2019年 6 月 4 日採択

13 「一般データ保護規則（2016/679）43条に基づく認証機関の認定に関する指針 4/2018」2019年 6 月 4 日version3.0採択

14 「GDPRの地理的範囲（3 条）に関する指針 3/2018」2019年11月12日version2.1採択

15 「規則2016/679に基づく49条の例外に関する指針 2/2018」2018年 5 月25日version2.0採択

16 「規則42条および43条に基づく、認証および認証基準特定に関する指針 1/2018」2019年 6 月 4 日version3.0採択

【第29条作業部会が採択し、EDPBが承認した指針および勧告等】

1 「規則2016/679に基づく同意に関する指針」（WP259 rev.01）EDPB指針 05/2020により置換え

2 「規則2016/679に基づく透明性に関する指針」（WP260 rev.01）2017年11月29日採択、2018年 4 月11日最終改正および採択

3 「規則2016/679の目的のための、自動処理による個人に関する決定およびプロファイリングに関する指針」（WP251 rev.01）2017年10月 3 日採択、2018年 2 月 6 日最終改正および採択

4　「規則2016/679に基づく個人データ侵害通知に関する指針」（WP250 rev.01）2017年10月 3 日採択、2018年 2 月 6 日最終改正および採択

5　「データ・ポータビリティ権に関する指針」（WP242 rev.01）2016年12月13日採択、2017年 4 月 5 日最終改正および採択

6　「規則2016/679の目的のための、データ保護影響評価（DPIA）、および、処理が「高いリスクをもたらす蓋然性」を有するか否かを決定することに関する指針」（WP248 rev.01）2017年 4 月 4 日採択、2017年10月 4 日最終改正および採択

7　「データ保護責任者（「DPOs」）に関する指針」（WP243 rev.01）2016年12月13日採択、2017年 4 月 5 日最終改正および採択

8　「管理者または処理者の主たる監督機関を特定するための指針」（WP244 rev.01）2016年12月13日採択、2017年 4 月 5 日最終改正および採択

9　「GDPR30条 5 項に基づく処理活動の記録保持義務からの例外に関する第29条作業部会の方針説明書」

10　「GDPRに基づく管理者および処理者への"拘束的企業準則"を承認するための協力手続を定める作業文書」（WP263 rev.01）2018年 4 月11日採択

11　「個人データ移転のための管理者の拘束的企業準則を承認するための標準的申請に関する勧告」（WP264）2018年 4 月11日採択

12　「個人データ移転のための処理者の拘束的企業準則を承認するための標準的申請書式に関する勧告」（WP265）2018年 4 月11日採択

13　「拘束的企業準則の中に定めるべき諸要素および諸原則の表を設ける作業文書」（WP256 rev.01）2017年11月28日採択、2018年 2 月 6 日最終改正および採択

14　「処理者の拘束的企業準則の中に定めるべき諸要素および諸原則の表を設ける作業文書」（WP257 rev.01）2017年11月28日採択、2018年 2 月 6 日最終改正および採択

15　「十分性に関する参照」（WP254 rev.01）2017年11月28日採択、2018年 2 月 6 日最終改正および採択

16　「規則2016/679の目的のための、制裁金の適用および設定に関する指針」（WP253）2017年10月 3 日採択

二　GDPRの特徴

　GDPRは非常に長大かつ複雑な法令であるため、紙幅の関係上全体を説明することはできないが[42]、次のような特徴をあげることができる（図表 3 －

5）。

図表3－5　GDPRの特徴

・「指令」から「規則」への立法形式の変更[43]
・越境適用
・定義の新設
・データ保護諸原則と処理のための適法な根拠
・同意概念の明確化
・特別な種類の個人データの処理に関するルールの明確化
・透明性の重視
・消去権（「忘れられる権利」）
・データ・ポータビリティの権利
・異議申立権および自動処理決定（プロファイリング関連）
・データ保護・バイ・デザインおよびバイ・デフォルト
・個人データ侵害の通知／連絡制度
・データ保護影響評価
・データ保護責任者
・行動規範および認証制度
・「十分な保護レベル」を決定する際の独立監督機関の必要性
・拘束的企業準則（Binding Corporate Rules：BCRs）の明文化
・一貫した法適用・法執行制度の導入
・第29条作業部会からEDPBへの改組および権限強化
・段階的かつ高額な行政上の制裁金制度

ホ　第三国への影響

　図表3－5のうち、日本国内で特に注目を集めたのは、適用範囲、十分性、高額な制裁金である。

42　GDPRを解説する書籍、論文、ウェブサイト等は多数公表されているが、入門書としては、小向太郎・石井夏生利『概説GDPR：世界を揺るがす個人情報保護制度』（NTT出版、2019年）参照。
43　EUの立法形式には、すべての加盟国に直接適用される「規則」、達成すべき結果について、これを受領するすべての加盟国を拘束するが、方式および手段については加盟国の機関の権限に任せられる「指令」等がある。

㈠　適用範囲

　GDPR 3条は、域内適用（1項）と域外適用（2項）を定めている[44]。

　まず、GDPRは、EU域内で処理がなされるか否かにかかわらず、EU域内で管理者または処理者の拠点が活動を行う状況での個人データの処理に適用される（3条1項）。EU域内の「拠点」が重要であり、これは、安定的な仕組みを通じた効果的かつ現実の活動行使がなされている場合に該当する（前文㉒項）。支店や子会社なども含まれ、場合によっては、従業員または代理人が1名存在するのみであっても、安定性が十分であれば拠点に含まれる。ただし、事業者のウェブサイトにEU域内からアクセスできるにすぎない場合は、EU内の「拠点」には該当しない[45]。

　域外適用を定める2項は、次に掲げる処理行為に関連する場合、EU域内で設立されていない管理者または処理者による、EU域内にいるデータ主体の個人データの処理に適用される旨を定めている。

　具体的には、(a)データ主体の支払いの有無にかかわらず、EU域内のデータ主体へ商品もしくはサービスを提供する場合、または、(b)EU域内でのデータ主体の活動を監視する場合にGDPRが適用される。一般の事業者には特に(a)が関係しており、適用にあたっては、次のような諸要素が考慮される[46]。なお、(a)の「サービスの提供」には情報社会サービス（通常は、有償の電子的手段による遠隔からのサービスであって、利用者が個別に要請するもの）も含まれる。

　　－商品またはサービスの提供に関連して、EUまたは少なくとも1つの加
　　　盟国が指定されている。

　　－管理者もしくは処理者が、EU内の消費者によるサイトへのアクセスを
　　　容易にする目的で、インターネット参照サービスの対価を検索エンジン
　　　事業者に支払っている、または、管理者もしくは処理者がEU加盟国の

44　3条3項は国際公法に基づく域外適用を定めている。
45　EDPB「地理的範囲に関する指針 3/2018（version2.1）」の6～7頁参照。
46　EDPB・前掲（注45）指針17～18頁。

閲覧者に向けてマーケティングおよび広告キャンペーンを開始した。

- 一定の観光事業など、当該活動の国際的性質。
- 専用アドレスまたは電話番号がEU加盟国内から接続される旨の言及がある。
- たとえば「.de」など、管理者または処理者が設立された第三国以外のトップレベルドメイン名が利用されている、または、「.eu」など、中立のトップレベルドメインが用いられている。
- 1つ以上の他のEU加盟国からサービス提供場所への行き方が案内されている。
- さまざまなEU加盟国に居住する国際的な顧客層への言及、特に、かかる顧客による投稿の表示。
- 取引事業者の国で一般に用いられていない言語または通貨、特に、1つ以上のEU加盟国の言語または通貨が用いられる。
- データ管理者がEU加盟国に商品配達を行っている。

(b)はインターネット事業者や広告事業者に影響する規定である。解釈上、EU域内の個人のデータをオンラインで収集または分析するあらゆる行為が自動的に「監視」とみなされるわけではない。管理者によるデータの処理目的、特に、そのデータにかかわる事後のあらゆる行動分析またはプロファイリング技術を検討することが重要である。たとえば、次のような監視行為が含まれうる[47]。

- 行動ターゲティング広告
- 特にマーケティング目的による位置特定行為
- クッキーまたは指紋など他の追跡技術の利用を通じたオンライン追跡
- オンライン上の、個々人向けの食事および健康分析サービス
- 監視カメラ
- 個人のプロフィールに基づく市場調査および他の行動調査

---

[47]　EDPB・前掲（注45）指針20頁。

－個人の健康状態に基づく監視または定期的報告

　事業者等が域外適用を受ける場合は、書面によりEU域内の代理人を指名する義務を負う（GDPR27条）。代理人に専門性は要求されないが、EU域内に設立されている限りにおいて、法律事務所、コンサルタント、民間企業などの広範な営利・非営利事業者が代理人を引き受けることが認められる[48]。

㋺　十　分　性

　十分性は、EUからデータを域外に移転するための適法化要件の1つである。GDPRは、第三国または国際機関が十分なレベルの保護措置を確保していると欧州委員会が決定した場合に、当該第三国または国際機関へのデータ移転を認めている（45条）。

　この認定を得られるまでの間、事業者は、十分性以外の保護措置などに頼らなければならなかった。標準契約条項（Standard Contract Clauses：SCC）は、欧州委員会の定めた契約条項に従った契約を締結することで、データ移転を適法に行う仕組みである[49]。拘束的企業準則（Binding Corporate Rules：BCRs）は、主に多国籍企業を対象としており、監督機関により法的に執行可能であること、法令遵守を運用するなど実践的であること等に留意したBCRsを策定し、EU内の監督機関が当該ルールを承認した場合には、多国籍企業間でのデータ流通が認められる仕組みである。楽天が2016年12月24日にBCRsを取得したことで知られている。

　日本は、2019年1月23日、十分性認定を受けることができた[50]。そのた

48　EDPB・前掲（注45）指針24頁。

49　European Commission, *Standard Contract Clauses*, https://ec.europa.eu/info/law/law-topic/data-protection/international-dimension-data-protection/standard-contractual-clauses-scc_en. GDPRのもとではStandard Data Protection Clausesとして定められている（46条2項(c)－(d)号）。SCCについてはその有効性が争われていたが、欧州司法裁判所は、2020年7月16日、有効である旨の判断を下している（Case C-311/18, Data Protection Commissioner v. Facebook Ireland Ltd. and Maximillian Schrems, ECLI：EU：C：2020：559（Jul. 16, 2020））。この判決は、いわゆるプライバシー・シールドを無効と判断したことで知られている。

50　個人情報保護委員会「日EU間の相互の円滑な個人データ移転を図る枠組み発効」（https://www.ppc.go.jp/enforcement/cooperation/cooperation/310123/）。

め、EUからデータの移転を受けることについての障壁は取り払われたといえる。ただし、十分性認定を受けていない他の第三国等と情報を共有する場合は、SCCやBCRsなどの別途の措置を要する。特に注意すべきは、十分性はEUからの越境データ移転を適法に行うためのソリューションにすぎないため、GDPRの適用可能性がある場合は、別途遵守体制を構築しなければならない。

(ハ) 制裁金

GDPRの制裁金制度は日本でも注目を集めてきた。GDPR83条は、加盟国の監督機関に対し、2種類の行政上の制裁金権限を与えている。

① 最大1,000万ユーロ、または企業の場合は前会計年度の全世界の年間総売上げの2％までのいずれか高いほう（83条4項）

　　・管理者または処理者の義務違反

② 最大2,000万ユーロ、または企業の場合は前会計年度の全世界の年間総売上げの4％までのいずれか高いほう（83条5～6項）

　　・諸原則違反

　　・データ主体の諸権利の遵守違反

　　・越境データ移転に関する規定違反

　　・加盟国法の義務違反

　　・監督機関の命令違反

制裁金は、「個々の事案において効果的、比例的、抑止的」でなければならず、複数の違反がある場合には最も重大なものに関する総額を超えてはならない（83条1項）。また、制裁金を科す際には、次のような多くの考慮要素に基づき、個別事情に配慮することが求められる（同条2項(a)号～(k)号）。

① 違反の性質、重大さおよび期間

② 違反の性質が故意か過失か

③ データ主体の損害を軽減させるために管理者または処理者がとった行動

④ データの安全性等に基づき管理者または処理者が実施した技術的および組織的措置を考慮した責任の程度

⑤　管理者または処理者による過去の違反

⑥　監督機関との協力

⑦　影響を受けた個人データの種類（センシティブデータ、個人識別性の有無等）

⑧　監督機関が違反を知るに至った態様（管理者または処理者による申告等）

⑨　同じ事項について、過去に監督機関から命じられた是正措置の遵守

⑩　行動規範また認証制度の遵守

⑪　違反から得られた経済的利益または回避した損失など、他のあらゆる悪化または軽減要素

　実例として、2019年1月21日、フランスの監督機関であるCNIL（Commission Nationale de l'Informatique et des Libertes）が、グーグルに対して、2種類の違反行為があったとして、5,000万ユーロ（約60億円）の制裁金の支払いを命じたものがある。第1の違反行為は、情報提供義務が不十分であり、透明性の義務に違反したという点であった。個々人向け広告に使われているデータ処理目的や保存期間等の重要情報に到達するまでに複数回のクリックを必要としたこと、また、グーグルの提供するサービスの数（約20）、処理および統合されるデータの量および性質から、処理業務はきわめて大量かつ侵害的であり、特に、処理目的の説明が非常に一般的かつあいまいな態様で行われていたこと等を理由とする。第2の違反行為は、個々人向け広告を提供するための利用者による同意が有効でなかったという点であった。処理業務に関する情報はいくつかの文書において明確さを欠いており、たとえば、「個々人向け広告」の項目は、複数のサービス、ウェブサイトおよびアプリにかかわっていることの説明になっておらず、ユーザーにおいて処理および統合されるデータ量を把握することができない。また、アカウント作成時の同意取得も不十分である。アカウント作成時に、ユーザーは、「追加オプション」のボタンをクリックすることで個々人向け広告の表示を設定できる。しかし、そのためには「追加オプション」をクリックしなければならず、個々人向け広告の表示について、同意することを意味するチェックが、

チェックボックスにあらかじめ入れられていた。これは「不明瞭でない」の要件に反する。さらに、ユーザーは、アカウント作成前に「私はグーグルの利用条件に同意しました」「私は上記のとおり、さらにプライバシーポリシーに記述されたとおり、私の情報の処理に同意します」と記載されたボックスにチェックを入れるよう求められるが、これは、グーグルが実施する全部の処理業務への同意を与えるものであり、目的ごとに「特定」の同意をとらなければならないというGDPRの要件を満たさない[51]。

英国の情報コミッショナー（Information Commissioner）は、約50万人分の利用者の個人情報を漏えいさせたとされる問題について、2019年7月8日、ブリディッシュ・エアウェイズ社に対し、1億8,339万ポンド（約250億円）の制裁金を科す意図を発表した[52]。同様に、情報コミッショナーは、3億3,900万人の顧客記録（うち3,000万人がEEAに属する31カ国、700万人が英国の居住者に関するもの）を漏えいさせた問題について、マリオット・インターナショナル社に対し、9,920万396ポンド（約135億円）の制裁金を科す意図を発表した[53]。2020年8月、同社は過去の顧客から集団訴訟を提起されている[54]。なお、英国は2020年1月31日にEUを離脱した。

㈡　**解釈上の注意点**

適用範囲、十分性、制裁金は、日本を含む第三国への影響という観点から重要性がある。それ以外にも、GDPRを解釈するうえで誤解を避けるよう注

51　CNIL, The *CNIL's restricted committee imposes a financial penalty of 50 Million euros against GOOGLE LLC*（Jan. 21, 2019）, https://www.cnil.fr/en/cnils-restricted-committee-imposes-financial-penalty-50-million-euros-against-google-llc.

52　Information Commissioner's Office, *Intention to fine British Airways £183.39m under GDPR for data breach*（Jul. 8, 2019）, https://ico.org.uk/about-the-ico/news-and-events/news-and-blogs/2019/07/ico-announces-intention-to-fine-british-airways/.

53　Information Commissioner's Office, *Intention to fine Marriott International, Inc more than £99 million under GDPR for data breach*（Jul. 9, 2019）, https://ico.org.uk/about-the-ico/news-and-events/news-and-blogs/2019/07/statement-intention-to-fine-marriott-international-inc-more-than-99-million-under-gdpr-for-data-breach/.

54　Kirstin Ridley, *Marriott faces London lawsuit over vast data breach*（Aug. 19, 2020）, https://uk.reuters.com/article/us-britain-marriott-dataprotection/marriott-faces-london-lawsuit-over-vast-data-breach-idUKKCN25F0S2.

意すべき規定が存在する。

　第1は、適法な処理の根拠である。GDPRは、①適法、公正かつ透明な処理（適法性、公正性および透明性）、②特定、明示的かつ適法な目的のための収集およびその目的に合致しない処理の制限（目的制限）、③処理目的との関連における適切性、関連性および必要性（データ最小化）、④正確性および必要に応じた最新性（正確性）、⑤処理目的に必要な期間における個人データの保存（保存制限）、⑥個人データの適切なセキュリティ（完全性および機密性）という諸原則を掲げている（5条1項）。管理者はこれらの諸原則を遵守し、証明する責任を負う（説明責任）（同条2項）。

　①の適法性を満たすためには、(i)データ主体の同意、(ii)契約の履行または契約締結前の措置を講じること、(iii)管理者の法的義務の遵守、(iv)データ主体または他者の重大な利益の保護、(v)公益または管理者の公的権限行使、(vi)管理者または第三者が追求する適法な利益のためのいずれかに当てはまる必要があり、個人データの処理はその範囲内でのみ認められる（6条1項）。GDPRは個人データを処理すること自体に適法な根拠を求めている点で、個人情報保護法制の規律とは異なる。

　第2は同意である。日本の個人情報保護法は、個人情報の目的外利用や個人データの第三者提供等を適法化するために、本人の事前同意を求めている（個人情報保護法16条、17条2項、23条、24条）。日本では、公法上の同意と私法上の契約が明確に区別されているわけではないため、事業者は、利用規約に定めを設けることで個人情報保護法に基づく同意を取得するという実務を行ってきた[55]。そのため、GDPRの文脈においてもプライバシーポリシーや利用規約を変更するなどして同意を取得する仕組みを導入すればコンプライアンスを担保できると理解する向きもみられるが、個人情報保護法とGDPRの同意は大きく異なる。

　GDPRの同意は、「自由になされた、特定の、情報を提供された、かつ、

---

[55]　板倉陽一郎「プライバシーに関する契約についての考察(2)」情報法制研究第2号（2017年11月）67頁以下。

不明瞭でないデータ主体の意思表示であって、本人が、言明または明らかに積極的な行動のいずれかによって、自己に関する個人データが取り扱われることへの同意を表明するもの」をいう（4条⑾項）。同意が交渉の余地のない取引条件の一部として拘束されている場合には「自由」の要件を満たさず、公的機関や雇用主と個人の間には「力の不均衡」が存在するため、同様に「自由」の要件を満たさない[56]。GDPR 7条は、さらに同意の条件として、管理者の証明責任（1項）、文書上の同意付与の際に他の事項と区別し、データ主体が理解しやすい態様で同意を要請すること（2項）、データ主体の将来に向けた同意撤回権（3項）、同意の任意性を判断する際に、契約履行に必要のない同意を、契約履行の条件としているか否かを確認すること（4項）を定めている。特に、4項は、同意と契約を混同したりあいまいにしたりすることを認めていない[57]。GDPR上の同意を適法に取得するには、個人データの利用目的に応じた個別の処理について、チェックボックス形式などにより、データ主体から一つひとつ確認を得る必要がある[58]。

(2) カリフォルニア州消費者プライバシー法

イ 制 定

米国では、連邦レベルと州レベルのそれぞれでプライバシー保護に関する法が制定されている。連邦レベルでは、公的部門の1974年プライバシー法がある。民間部門では、原則として自主規制に委ねられているが、金融、情報通信、医療分野など、機密性の高い分野では、分野ごとに個別法が制定されており、これをセクトラル方式という。民間部門では、FTC法（Federal Trade Commission Act）5条の定める「不公正もしくは欺瞞的行為または慣

---

[56] EDPB「規則2016/679に基づく同意に関する指針05/2020」8、9頁。

[57] EDPB・前掲（注55）指針10頁。

[58] プレチェックボックスによる同意では不十分と判断された例に、Case C-673/17, Bundesverband der Verbraucherzentralen und Verbraucherverbände - Verbraucherzentrale Bundesverband eV v. Planet49 GmbH, ECLI:EU:C:2019:801（Oct. 1, 2019）.

行」を違法とする規定が消費者プライバシー保護の観点から重要な役割を果たしてきた[59]。

　州レベルでは、2018年6月28日、カリフォルニア州消費者プライバシー法 (California Consumer Privacy Act of 2018：CCPA)[60]が成立した。CCPAは米国の包括的なプライバシー保護法といわれており、GDPRと比較されることが多い[61]。欧州議会では、CCPAが独自にEUから越境データ移転に関する「十分性」認定を受けることができるか否かも話題にのぼっている[62]。

　カリフォルニア州はプライバシー保護に先進的な州といわれており、前述のセキュリティ侵害通知法のほか、白光法（Shine the Light Act)[63]や、いわゆる消しゴム法[64]などの個性的な法律を制定してきた。CCPAも先進的な州法であり、他州のプライバシー保護立法の提案に影響を及ぼしている[65]。

　CCPAはやや特殊な過程を経て制定された。当初の法案は州民発案（ballot initiatives)[66]で提出されたものの、最終的には州議会によって制定された[67]。

59　拙著『個人情報保護法の理念と現代的課題―プライバシー権の歴史と国際的視点』（勁草書房、2008年）419頁以下、同『新版　個人情報保護法の現在と未来―世界的潮流と日本の将来像』（勁草書房、2017年）381頁以下。

60　Cal. Civ. Code §§ 1798.100-1798.199.

61　たとえば IAPP のウェブサイト（https://iapp.org/media/pdf/resource_center/CCPA_GDPR_Chart_PracticalLaw_2019.pdf）参照。

62　*See, e.g.,* Jennifer Baker, *EU Parliament debates: Could California be considered 'adequate' on its own?, Jan. 9, 2020,* https://iapp.org/news/a/eu-parliament-debates-could-california-be-considered-adequate-on-its-own/.

63　顧客の個人情報を提供した事業者が、第三者においてダイレクトマーケティング目的で用いることを知りながら、前年に提供した個人情報の種類や第三者の名称および住所等について、顧客の請求に応じて、開示する義務を定めた規定（Cal. Civ. Code §1798.83)。

64　同法は、インターネット・ウェブサイト、オンラインサービス、オンライン・アプリケーション、または、モバイル・アプリケーションの運営者であって、児童（州内に居住する18歳未満の自然人）向けのものを提供する者に対し、その児童が投稿したコンテンツの削除を義務づけている（Cal. Bus.& Prof. Code §§22581-22582)。

65　National Conference of State Legislatures, *2019 Consumer Data Privacy Legislation* (Mar. 1, 2020), https://www.ncsl.org/research/telecommunications-and-information-technology/consumer-data-privacy.aspx.

66　State of California Department of Justice, *Ballot Initiatives,* https://oag.ca.gov/initiatives.

具体的には次のような経過をたどった。2017年9月、アレステア・マクタガート（Alastair Mactaggart）氏およびマリー・ロス（Mary Ross）氏は、「2018年カリフォルニア州消費者プライバシー権法」の州民発案を行った。当初は、大規模IT事業者等から大きな反対を受けたが、2018年3月に発生したフェイスブックからの大量情報漏えい事件（ケンブリッジ・アナリティカ事件）によって、議論の風向きが変わった。最終的には、住民投票の後援者と州議員が協定を結び、州民発案（州民発案第17－0039号、2018年消費者プライバシー権法）の取下げと引き換えにカリフォルニア消費者プライバシー保護法が成立した。ケンブリッジ・アナリティカ事件とは、データ分析企業であるケンブリッジ・アナリティカ社において、ケンブリッジ大学のアレクサンドル・コーガン（Aleksandr Kogan）氏の開発した性格診断アプリを通じて収集された個人情報を不正に購入し、2016年の米国大統領選で、ドナルド・トランプ候補のために不正利用したといわれている。不正利用されたフェイスブック利用者の個人情報は、約8,700万件に達すると報じられた。

CCPAは、州議会の上院および下院の修正を経て、2020年1月1日に施行された[68]。司法長官は、CCPAに基づく規則を制定する権限を有しており、2020年8月14日、カリフォルニア州の行政法局は同州司法長官の規則を承認した[69]。

CCPAの正式名称は、「民事法典第3部門第4部に、プライバシーに関する第1.81.5編（1798.100条から開始する）を追加する法律」である。日本の個人情報保護法は主に行政法的性質を有し[70]、GDPRは行政法および私法の混在する法制であるが、CCPAは私法であり、個人情報の販売停止権（オプト

---

67 同法成立の背景は、板倉陽一郎・寺田麻佑「カリフォルニア州消費者プライバシー法（California Consumer Privacy Act of 2018）成立の意義と背景」2018年9月13日情報処理学会研究報告（Vol. 2018-EIP-81-No.2）1－7頁が詳しい。

68 CCPAの邦訳は、修正条文を含めて個人情報保護委員会のウェブサイトで公表されている（https://www.ppc.go.jp/files/pdf/ccpa-provisions-ja-miekeshi.pdf）。

69 Cal. Civ. Code §1798.185. 規則制定手続は、司法長官のウェブサイト（https://oag.ca.gov/privacy/ccpa）参照。

70 個人の権利を定めた部分は私法的性質をもち、罰則を定めた部分は刑事法に属する。

アウト）を中心に、消費者の諸権利、訴訟提起権および司法長官の法執行を
定めている。

ロ　CCPAの概要

㈠　開示請求権

CCPAの開示請求権には3つの種類がある。

第1に、消費者は、自己の個人情報を収集する事業者に対し、その事業者
が収集した個人情報の種類と個別の情報を開示するように請求する権利を有
する（1798.100条(a)号）。

第2に、消費者は、自己の個人情報を収集する事業者に対し、①収集した
個人情報の種類、②情報源の種類、③個人情報を収集または販売する事業目
的または営利目的、④その事業者が個人情報を共有する第三者の種類、⑤そ
の消費者について事業者が収集した個別の個人情報を開示するよう請求する
権利を有する（1798.110条(a)号）。

第3に、消費者は、個人情報を販売しまたは事業目的で提供する事業者に
対し、①収集した個人情報の種類、②販売した個人情報の種類および販売先
第三者の種類、③事業目的で提供した個人情報の種類を開示するよう請求す
る権利を有する（1798.115条(a)項）。

㈡　削除請求権

消費者は事業者に対し、収集された自己の個人情報の削除請求権を有する
（1798.105条(a)項）。請求を受けた事業者は、その消費者の個人情報を自社の
記録から削除し、サービス提供者に対して、その消費者の個人情報を記録か
ら削除するように指示する（同条(c)項）。ただし、①消費者に物品もしくは
サービスを提供し、その他事業者と消費者の間の契約を履行する場合、②セ
キュリティ事故を検出する場合、③エラーを特定し、修復する場合、④言論
の自由を行使する場合、⑤カリフォルニア州電子通信プライバシー法を遵守
する場合、⑥他の倫理およびプライバシー法を遵守し、公益に資するまたは
査読付きの学術的、歴史学的または統計学的研究を行う場合、⑦消費者の合

理的期待に沿う内部使用のみを行う場合、⑧法的義務に従う場合、⑨消費者が情報を与えた状況に即した適法な態様で内部利用する場合は、この限りでない（同条(d)項）。

(ハ) オプトアウト権

消費者は、その個人情報を第三者に販売する事業者に対し、自己の個人情報を販売しないようにいつでも指示する権利（オプトアウト権）を有する（1798.120条(a)項）。オプトアウト後は明示的なオプトインを得られない限り、個人情報の販売が認められない（同条(d)項）。

消費者が16歳未満であることを事業者が実際に知っていた場合には、その消費者（13歳以上16歳未満）または親ないし保護者（13歳未満）が積極的に許可した場合を除き、消費者の個人情報の販売は禁じられる（オプトイン権）（同条(c)項）。

(二) 差別禁止

事業者は、権利行使を理由に消費者を差別してはならない（1798.125条(a)項(1)号）。差別には、①商品またはサービスを提供しない、②値引き、特典の活用またはペナルティの徴収、③商品またはサービスのレベルもしくは品質を変える、④商品もしくはサービスの価格や料金、または、レベルもしくは品質に差異を設ける旨を消費者に示唆する方法がある（同条(a)項）。ただし、消費者のデータが事業者に与える価値と合理的に関連する場合には差異を設けることが認められる（同条(a)項(2)号）。

また、事業者は、個人情報の収集、販売または削除に対し、消費者への補償金支払いなどの経済的インセンティブを提供することができる。価格または差異が消費者のデータによって事業者に与えられる価値に直接関連する場合には、消費者に対し、異なる価格、料金、レベルまたは品質の商品ないしはサービスを提供することができる（同条(b)項(1)号）。事業者は、経済的インセンティブを消費者に通知する（同条(b)項(2)号）。

事業者は、消費者がいつでも取り消すことのできる、経済的インセンティブ制度の重要な条件を明示的に定めた、事前のオプトインの同意を消費者が

事業者に提供した場合に限り、消費者を経済的インセンティブプログラムに参加させることができる（同条(b)項(3)号）。事業者は、不正な、不合理な、威圧的なまたは高利貸し的な性質の経済的インセンティブの慣行を用いてはならない（同条(b)項(4)号）。

　㈭　**目的外利用禁止**

　事業者は、収集時または収集前に、個人情報の種類およびその利用目的について、消費者に通知しなければならず、かかる通知をすることなく、他の種類の個人情報を収集したり、収集した個人情報を他の目的に利用したりしてはならない（1798.100条(b)号）。

　㈬　**透　明　性**

　CCPAは透明性を重視しており、多くの情報提供措置を定めている。

　前記のとおり、事業者は、収集時または収集前に、個人情報の種類および個人情報の利用目的に関して、消費者に伝えなければならない（1798.100条(b)号）。

　個人情報の販売事業者は、情報の販売可能性とオプトアウト権を消費者に通知しなければならない（1798.120条(b)項）。消費者の個人情報を購入した第三者は、消費者が明示的な通知を受け、オプトアウト権行使の機会を与えられている場合を除き、その個人情報を販売してはならない（1798.115条(d)項）。

　事業者は、消費者の権利行使のために、一定の措置を講じなければならない（1798.130条）。

　1798.110条および1798.115条の開示請求権について、事業者は、消費者にとって合理的にアクセス可能な態様で、次に掲げる事項を行わなければならない（1798.130条(a)項(1)号）。

①　1798.110条および1798.115条の開示請求を提出するに際して、少なくともフリーダイヤルを含め、所定の方法を２つ以上利用できるようにする。ただし、オンラインのみで操業し、個人情報の収集先消費者との間で直接の関係をもつ事業者は、開示請求を提出するための電子メールアドレスを提供する義務のみを負う。

② 事業者がインターネット・ウェブサイトを有する場合には、開示請求を当該ウェブサイト上で行えるようにする。

情報開示は、請求を受領してから原則として45日以内に無償で行わなければならない（1798.130条(a)項(2)号）。

事業者は、プライバシーポリシーによる説明義務を負う。事業者は、オンラインプライバシーポリシーを有する場合はそのなか、また、消費者のプライバシー権に関するカリフォルニア州独自の説明のなかで、または、事業者がかかるポリシーを有しない場合にはその事業者のウェブサイト上で、次に掲げる情報を開示し、その情報を少なくとも12カ月に一度は更新しなければならない（1798.130条(a)項(5)号）。

① 開示請求（1798.100条、1798.110条、1798.115条）、削除請求（1798.105条）、差別禁止（1798.125条）に基づく消費者の権利の説明および請求を提出する方法（1798.130条(a)項(5)号(A)）

② 開示請求（1798.110条(c)号）の適用上、過去12カ月間に事業者が収集した消費者に関する個人情報の種類一覧（1798.130条(a)項(5)号(B)）

③ 過去12カ月間に販売した消費者に関する個人情報の種類一覧（1798.130条(a)項(5)号(C)(i)）、過去12カ月間に事業目的のために提供された消費者に関する個人情報の種類一覧（1798.130条(a)項(5)号(C)(ii)）

消費者からの照会対応を行う担当者全員に対し、開示請求権、削除請求権、差別禁止に関する規定および本条（1798.130条）の定めるすべての要件、ならびに消費者の権利行使の案内方法を周知する（1798.130条(a)項(6)号）。

消費者から収集した個人情報は、確認目的に限り利用する（1798.130条(a)項(7)号）。

事業者は、消費者のオプトアウト権行使を保障するため、消費者が合理的にアクセスしやすい形式で、次の事項を行う（1798.135条(a)項)[71]。

① 事業者のインターネットのホームページに、「個人情報の販売お断り」

---

71 消費者は自己の個人情報販売についてのオプトアウト権のみを他者に付与することができる（1798.135条(c)項）。

と題する、明確で目立つリンクを張る。事業者は消費者に対し、オプトアウトのためのアカウント作成を要求してはならない。

② ①とは別のリンク上で、事業者のプライバシーポリシー、カリフォルニア州独自の説明のなかでオプトアウト権を記載する。

③ 消費者からの照会対応を行う担当者全員に対し、オプトアウト権、1798.135条のすべての義務、および消費者の権利行使の案内方法を周知する。

④ オプトアウト権を行使する消費者に関する販売を差し控える。

⑤ すでにオプトアウトした消費者については、販売許可を求めるに先立って、そのオプトアウトの決定を少なくとも12カ月間は尊重する。

⑥ 消費者から収集した個人情報は、オプトアウト請求に従う目的に限り使用する。

(ト) 定 義

CCPAの特徴の1つに、25項目もの定義が置かれている点をあげることができる（1798.140条）。その項目は、①集合消費者情報、②生体情報、③事業者、④事業目的、⑤収集、⑥営利目的、⑦消費者、⑧匿名化、⑨請求提出の所定の方法、⑩装置、⑪医療保険情報、⑫ホームページ、⑬推測、⑭人、⑮個人情報、⑯確率的識別子、⑰処理、⑱仮名化、⑲研究、⑳販売、㉑サービス、㉒サービス提供者、㉓第三者、㉔固有識別子、㉕確認可能な消費者請求である。紙幅の関係上、主要な定義の概要を取り上げることとする[72]。

① 「集合消費者情報」とは、消費者の集団または種類に関係する情報で、個々の消費者の身元が取り除かれ、装置を経由するなどにより、いずれかの消費者または世帯に結びつくことがない、または合理的に結びつきえないものをいう。

③ 「事業者」とは、個人事業主、パートナーシップ、有限責任会社、法人、社団等の法的主体で、消費者の個人情報を収集し、個人情報の処理目

72　詳細な翻訳は個人情報保護委員会のウェブサイト参照。

的および手段を決定し、州内で操業し、(i)年間総収益が2,500万ドルを上
回る、(ii)単独または合算して5万以上の消費者、世帯または装置の個人情
報を、単独または共同で、毎年購入する、事業者の営利目的で受領する、
販売するまたは営利目的で共有する、(iii)年間収益の50%以上を消費者の個
人情報の販売から得ているという基準の1つ以上を満たすものをいう。

④ 「事業目的」とは、事業者もしくはサービス提供者の営業目的または他
の通知された目的のための個人情報の利用をいう。

⑥ 「営利目的」とは、他人が商品またはサービス等を購入、貸借、リー
ス、参加、購読、提供もしくは交換を行うように仕向ける、または直接的
もしくは間接的に、営利取引を可能にするもしくは実行するなどにより、
人の営利的または経済的利益を推進することをいう。「営利目的」には、
政治的言論やジャーナリズムなど、州裁判所または連邦裁判所が非商業的
言論と認めた言論に従事する目的を含まない。

⑦ 「消費者」とは、固有の識別子などによって識別された、カリフォルニ
ア州居住者である自然人をいう。

⑧ 「匿名化」とは、(i)消費者の再識別を阻む技術的防護措置、(ii)情報の再
識別を個別に阻む事業プロセス、(iii)匿名化情報の不注意による流出を防止
する事業プロセスをそれぞれ実施し、(iv)情報の再識別を試みない場合で
あって、特定の消費者を直接的にも間接的にも、識別する、関連づける、
記述する、連想できる、またはリンクすることが合理的に不可能な情報を
いう。

⑮ 「個人情報」とは、直接的または間接的に、特定の消費者または世帯を
識別する、関連づける、記述する、合理的に連想できる、または合理的に
関連づけられる情報をいう。個人情報は、もしそれが直接的または間接的
に、特定の消費者または世帯を識別する、関連づける、記述する、合理的
に連想できる、もしくは合理的に関連づけられる場合には、識別子、顧客
記録、法令に基づく保護分類情報、資産記録、生体情報、インターネット
の閲覧履歴や検索履歴、位置情報、聴覚や臭覚、職業関連情報、教育関連

情報、趣味嗜好情報等が広く含まれる。識別子には、本名、通称、郵便の住所、固有の個人識別子、オンライン識別子、IPアドレス、電子メールアドレス、アカウント名、社会保障番号、運転免許証番号、旅券番号または他の同様の識別子などがあげられる。ただし、個人情報は一般公開されている情報を含まない。「一般公開」されている情報とは、連邦政府または州政府の記録から適法に入手できる情報をいう。「一般公開」は、消費者の知らぬ間に事業者が収集した生体情報を意味しない。「個人情報」は、匿名化情報および集合消費者情報を含まない。

⑰ 「処理」は、自動的手段によるかどうかを問わず、個人データに対して行われる操作をいう。

⑱ 「仮名化」は、追加的な情報を使用しなければ個人情報を特定の消費者に帰属させることができなくなるような方法で個人情報を処理することをいう。ただし、個人情報が、識別された、または識別可能な消費者に帰属させられないことを確保するために、追加的な情報が別に保有され、かつ、技術的および組織的措置の対象となっていることを条件とする。

⑳ 「販売」とは、事業者が金銭または他の有価の報酬と引き換えに、他の事業者または第三者に対し、消費者の個人情報を販売する、貸与する、公開する、提供する、発信する、入手できるようにする、移転する、または、口頭で、書面で、もしくは電子的に、もしくは他の手段により、他のかたちで伝達することをいう。

(チ) 適用除外

CCPAは、法令遵守や政府機関への調査等に協力する場合、法的紛争の場合等に義務を免除するほか（1798.145条(a)項(1)～(4)号）、匿名化された情報または集合消費者情報を収集、利用、保持、販売または開示することを認めている（同条(a)項(5)号）。

営利的行為のあらゆる側面がカリフォルニア州外ですべて行われている場合も、消費者の個人情報の収集または販売は禁じられない。本法の適用上、消費者がカリフォルニア州外にいるときに事業者が情報を収集し、消費者の

個人情報の販売のいかなる部分もカリフォルニア州内で生じておらず、また、消費者がカリフォルニア州内にいる間に収集された個人情報がいっさい販売されていない場合には、営利的行為はすべてカリフォルニア州外で行われたものとする（同条(a)項(6)号）。この規定は、消費者がカリフォルニア州内にいる間に、事業者が消費者に関する個人情報をデバイス上を含めて保存すること、また、事後に、消費者および保存された個人情報がカリフォルニア州外にあるときにその個人情報を収集することを認めていない（同条(a)項(6)号）。

(リ) 違反の責任

消費者には、セキュリティ違反の場合に事業者に対する提訴権が付与されている（1798.150条）。消費者は、暗号化されておらず、かつ編集されていない個人情報について、事業者が個人情報保護のため情報の性質に見合う合理的なセキュリティ手順および方式を実施および維持する義務に違反した結果、無権限のアクセスと流出、盗難または提供に見舞われた場合には、次のいずれかを求めて民事訴訟を起こすことができる（同条(a)項(1)号）。

① 消費者1人、事案1件につき100ドル以上、750ドル以下の金額または実際の損害額のいずれか大きいほうに対する損害賠償

② 差止命令による救済または宣言的救済

③ 裁判所が適切とみなす他の救済

法定損害賠償を求める場合、消費者は、違反を説明した30日間の通告書を事業者に交付し、事業者がそれに応じて是正を行い、違反がこれ以上起きないことを明記した声明書を消費者に交付した場合には、提訴することができない。違反による実損害の賠償を求める場合は、事前の通告を要しない（同条(b)項）。

司法長官は民事罰を科す権限を有する（1798.155条）。

あらゆる事業者または第三者は、本法の規定の遵守方法に関する指針として州司法長官の意見を求めることができる（同条(a)項）。

事業者は、違反を通告されたあと30日以内に、それを是正しない場合、本

法に違反するものとして扱われる。本法に違反する事業者、サービス提供者または他の者は、差止命令に服し、また、違反ごとに2,500ドル以下の民事罰、または、故意の違反ごとに7,500ドル以下の民事罰の責任を負い、それは、州司法長官によりカリフォルニア州民を原告として起こされる民事訴訟で、単独で評価され、回収される（同条(b)項）。本法違反に対して評価されるあらゆる民事罰、および、1798.155条(b)項に基づき提起された訴訟の和解金は、州裁判所および州司法長官が本法に関連して負担した費用を排他的にまかなうため、1798.160条(a)項に基づく一般基金のなかに創設される「消費者プライバシー基金」に預けなければならない（同条(c)項）。

ハ　規　　則

　前記のとおり、カリフォルニア州司法長官はCCPAの規則を策定する権限を有しており、2020年８月14日、同州の行政法局は司法長官の規則を承認した（規則999.300条〜999.337条）[73]。その概要は図表３−６のとおりである。

　CCPAは消費者に開示請求、削除請求、オプトアウト請求等の諸権利を認める一方で、消費者データの示す価値による区別を認めており、その点に特徴を有する。

　「経済的インセンティブ」とは、プログラム、特典その他の申出であって、個人情報の収集、保持または販売に関して消費者に支払うものを含む（規則999.301条(j)項）。「価格またはサービスの違い」とは、①割引、金銭の支払いその他の特典または制裁の利用を通じるものを含め、個人情報の収集、保持または販売に関し、消費者への商品またはサービスの提供に関して課せられる価格もしくは比率の違い、あるいは、②消費者への商品またはサービスの提供拒否を含め、個人情報の収集、保持または販売に関し、消費者に提供される商品またはサービスのレベルもしくは品質の違いをいう（同

---

[73]　2020年８月14日付CCPAの最終規則は、カリフォルニア州司法長官のウェブサイト参照（https://oag.ca.gov/sites/all/files/agweb/pdfs/privacy/oal-sub-final-text-of-regs.pdf?）。

図表 3 － 6　CCPAに基づく規則の概要

```
1条　総則
　999.300条　名称および範囲
　999.301条　定義
2条　消費者への通知
　999.304条　通知義務の概要
　999.305条　個人情報収集時の通知
　999.306条　個人情報販売のオプトアウト権の通知
　999.307条　経済的インセンティブの通知
　999.308条　プライバシーポリシー
3条　消費者請求を処理するための事業実務
　999.312条　開示請求および削除請求の提出方法
　999.313条　開示請求および削除請求への対応
　999.314条　サービス提供者
　999.315条　オプトアウト請求
　999.316条　個人情報販売のオプトアウト後のオプトイン請求
　999.317条　訓練：記録保持
　999.318条　世帯情報への開示または削除請求
4条　請求の確認
　999.323条　確認に関する総則
　999.324条　パスワード保護アカウントの確認
　999.325条　アカウント非保有者への確認
　999.326条　許可を得た代理人
5条　16歳未満の消費者に関する特則
　999.330条　13歳未満の消費者
　999.331条　13歳から15歳の消費者
　999.332条　16歳未満の消費者への通知
6条　非差別
　999.336条　差別的実務
　999.337条　消費者の価値の計算
```

条(o)項)。

　経済的インセンティブを通知する目的は、経済的インセンティブの重要条件または事業者が提供する価格もしくはサービスの違いを説明し、消費者が十分な情報を得て参加の有無を判断できるようにするためである。そこで、

消費者にとって読みやすく理解しやすい態様で策定し、提示すること、平易でわかりやすい言語の利用、技術用語や法律用語を用いないこと等が義務づけられている（規則999.307条(a)項(1)号・(2)号）。

　また、消費者が権利を行使したことを理由に消費者の取扱いを変える行為はCCPA1798.125条に基づいて禁止される（規則999.336条(a)項）。しかし、消費者データの価値と合理的に関連する場合には、事業者は経済的インセンティブまたは異なる価格もしくはサービスを提供することができる。事業者が消費者データの価値を真摯に算出できず、または、上記の合理的関連性を裏付けられない場合、当該事業者は経済的インセンティブを提供し、または、サービスもしくは価格に差を設けてはならない（同条(b)項）。事業者において、消費者の開示請求、削除請求またはオプトアウト請求を拒否する理由がCCPAまたは本規則によって認められる場合、それらは差別的とはみなされない（同条(c)項）。

　以上の規定に関して、規則では4つの例があげられている（同条(d)項(1)号〜(4)号）。

　例1：音楽ストリーミング事業者が無料サービスと月5ドルのプレミアムサービスを提供していたとする。有料の消費者だけが個人情報販売のオプトアウトを認められる場合には、その実務は差別的である。ただし、月5ドルの支払いがその事業者に対して消費者データの示す価値と合理的に関連している場合はこの限りでない。

　例2：服飾事業者がロイヤルティプログラムを提供し、消費者はその事業者に100ドルを支払った後に5ドルの割引クーポンを受けるとする。消費者は自己に関して事業者が収集したすべての個人情報を削除するよう請求したが、ロイヤルティプログラムへの参加継続を希望する旨を事業者に伝えた。事業者は、電子メールアドレスと消費者が費やした総額の削除請求を拒否できる。なぜなら、その情報は事業者が消費者の求めたロイヤルティプログラムを提供するために必要であり、CCPA1798.105条(d)項(1)号に基づく事業者と消費者との継続的関係の文脈内で合理的に予測されるからである。

例3：食料品店がロイヤルティプログラムを提供し、消費者が電話番号を提供するとクーポンおよび特別割引を受けることができるとする。消費者は、個人情報の販売へのオプトアウト請求を提出した。小売業者は請求には応じたものの、消費者のロイヤルティプログラムへの参加を認めなくなった。この実務は差別的であるが、食料品店において、クーポンおよび特別割引の価値が消費者データの事業者への価値と合理的に関連していることを証明できる場合はこの限りでない。

例4：オンライン書店が、電子メールアドレスを含む消費者関連の情報を収集しているとする。事業者は、消費者がその書店のウェブサイトを利用している間に、ブラウザのポップアップウィンドウを通じて消費者に割引を提供する。消費者は、電子メールアドレス、閲覧履歴、購入履歴を含む、書店が収集した個人情報のすべてを削除するよう請求した。書店は要求には応じるが、消費者への定期的なクーポン提供を停止した。書店がクーポンを提供しないことは差別的であるが、クーポンの価値が消費者データの事業者に提供する価値と合理的に関連している場合はこの限りでない。書店は、消費者の電子メールアドレスの削除要求を拒否することはできない。なぜなら、クーポンを提供するために電子メールアドレスを必要とせず、または、消費者と事業者の関係に基づく消費者の期待に合理的に即しているからである。

消費者データの価値を算出するために、CCPA1798.125条に基づく経済的インセンティブを提供し、または、価格もしくはサービスに差異を設ける事業者は、消費者データの価値を算出するための合理的かつ真摯な方法を採用し、文書化しなければならない。事業者は次に掲げる1つ以上の要素を考慮するものとする（規則999.337条(a)項）。

① 消費者データの販売、収集または削除が当該事業者にもたらす限界価値
② 消費者データの販売、収集または削除が当該事業者にもたらす平均価値
③ 消費者データの販売、収集または削除の総価値を総消費者数で割った値
④ 消費者の個人情報の販売、収集または保持により事業者に生じる収入
⑤ 消費者の個人情報の販売、収集または保持に関連する支出

⑥　経済的インセンティブまたは価格もしくはサービスの差異の申出、提供
　　または徴収に関連する支出

⑦　消費者の個人情報の販売、収集または保持から事業者に生じる利益

⑧　その他の実務的かつ合理的に信頼できる、真摯に利用される算出方法

　　消費者データの価値を算出するために、事業者は、単なる消費者に限ら
　ず、米国内の全自然人のデータに関する事業者への価値を考慮に入れること
　ができる（規則999.337条(b)項）。

第 4 章

中国のプライバシーと
個人情報保護

桃尾・松尾・難波法律事務所　パートナー弁護士

松尾　剛行

桃尾・松尾・難波法律事務所　フォーリンアトーニー（中国律師）

胡　　悦

1 はじめに

(1) 新技術に対する態度の日中比較

　中国では、日本と比較して、（プライバシーリスクのある）新しい技術を受け入れやすい社会環境が構築されている。いまでこそ日本でも多くの教育機関でオンライン授業が始まり、筆者（松尾）も非常勤講師を務める慶應義塾大学およびゲスト講義を行った順天堂大学において、オンライン授業を行ったが、新型コロナウイルスの影響で学校に物理的に登校できないという事象が最初に発生した2020年2月頃から3月頃にかけて、日本は初中等教育機関において、春休み開始までの一斉休校を選び、都立学校等も同年4月に休校することを決めたところ、中国では、オンラインで授業を続けたところが目についた。たとえば、筆者（松尾）の義理の妹は、北京で日本語の教師をしていたが、日本帰国後、オンライン上で、毎日8時間のレッスンを続けることができた。もちろん、中国でもオンラインレッスンができるような環境にないところもあるので、「中国はすべて〜である」「日本はすべて〜である」という一般化は適切ではないものの、そのような限界を意識したうえで、「大まかな特徴をつかむ」という意味では、このような比較には一定の意味があるだろう。

(2) 相違の原因

　では、（プライバシーリスクのある）新しい技術を受け入れやすい社会環境に関するこのような日中の相違はどこから生じているのだろうか。筆者がみるに、重要な点として、中国では、①情報通信技術の導入以前において、慎重に議論をしてからというよりは、まずは導入して問題があれば変えようという姿勢であることと、②結果として一般市民がそのような最新の情報通信技術の利便性を享受していることがあげられる。

すなわち、①についてみれば、そもそも、個人情報や情報通信技術以外の分野でも、新技術については、「まずは実地投入し、そこで問題があれば改善する」という発想の政策が多くみられる。たとえば、電動バイクについては、当初の自転車と同様の緩い規制をベースに、徐々に環境規制を入れるという手法をとったことで爆発的に普及したといわれる[1]。また、シェアサイクルについては、中華人民共和国道路交通安全法は当初シェアサイクルについて特別な規定を定めておらず、シェアサイクルが増加した2017年になってはじめて通達[2]を公布した。

このような背景のもと、後述のとおり、電子商取引や信用スコア等について、中国では、実際に利活用されるようになってからはじめて事後的に明確な規制がなされるといった状況が生じている。

次に、②についてみると、たとえば、テンセント系のネットワークについてみると、WeChatというラインのようなSNSのプラットフォーム上で、単にコミュニケーションをするだけではなく、決済サービスの予約等をすることができ、その利活用履歴に基づく信用スコアに基づき、優遇を受けることができる。また、アリババ系のネットワークは、単純な商品売買だけではなく、決済インフラ、クラウド、タクシー、チケット、飲食、ホテル、旅行、そして、有人店舗まで広がる。このようにプラットフォーマーが、いわばエコシステムを形成している。このようなかたちで、多大な利便性を享受している一般市民も多い。

この2つのいずれが卵でいずれが鶏かはわからないが、情報通信技術の利用とプライバシーと個人情報保護の文脈では、この2つが相互作用して、多くの先端情報通信技術が実地で活用され、一般市民によって利用されるとい

1 　高橋大輔「中国の電動自転車の紹介」（https://global.yamaha-motor.com/jp/profile/technical/publish/pdf/browse/41ts_02.pdf）。小嶌正稔「電動スクーター市場の生成と萌芽期―環境適応型ベンチャーの発展基盤としての環境政策と産業政策―」（https://www.toyo.ac.jp/uploaded/attachment/936.pdf）。
2 　インターネット賃貸借自転車の発展奨励および規範化に関する指導意見（交運発〔2017〕109号）。

う状況が中国において生じている。

(3)　伝統的道徳観

　日本等ではプライバシー侵害として警戒される可能性の高い技術が、中国では比較的受け入れられている状況が発生している理由として、上記の2点の相互作用に加え、中国の伝統的な道徳観もあげられるかもしれない。すなわち、中国の伝統的道徳観においては、プライバシーはあまり重視されておらず、むしろ、相互に情報をつまびらかにすることをよしとしていた。

　1990年代そして2000年代以降、中国においてもメディアの発達による有名人のプライバシー侵害事案が発生し、2010年代には後述の人肉捜索といわれる人海戦術によるプライバシー侵害事案等が頻発した。これらをふまえ、このような伝統的道徳観は変容を迫られている。

　しかしながら、プライバシーリスクのある技術を中国が他国に比べて多分に受容しているようにみえるのは、このような伝統的道徳観が影響している可能性がある。

(4)　民間利用と政府利用

　ここで、中国のプライバシー・個人情報保護を理解するうえで重要な視点は、民間利用と政府利用の相違である。すなわち、中国でも民間においては多数の個人情報の流出・不正利用等の事案が存在し、後述のように、そのような不正に対する社会警戒と、（政府の監督下の）消費者保護団体による告発、政府・裁判所等における摘発事例・判決等が存在する。この点は、日本におけるプライバシー・個人情報保護の状況とも類似するところがある。

　これに対し、政府による利用については（法令上は後述の守秘義務規定等一定の規制は存在するものの）、たとえば、スマートグラスや人が集まる場所に設置されたカメラで撮影した映像について、顔認証システムで指名手配犯が検挙されること等が広く行われるであるとか、中国ではすでに不可欠のインフラであるWeChatやアリババの情報が政府に提供され、指名手配犯の

WeChat Pay/Alipayといった電子マネーが使えなくなることで逃亡等を防ぐ等、ある意味では「スマート」な、またある意味では「プライバシーへの侵襲度が高い」政策が実施されている[3]。なお、本稿では個人データを中心とした「データ保護」について検討するものの、国家安全法、反テロリズム法、暗号法およびインターネット安全法のうちの個人情報以外に関する部分（たとえば、近時サイバーセキュリティ審査弁法が制定されているがこの周り等）等、いわゆる国家安全に関するデータの保護等については本稿の射程外として、触れないこととする。

(5) 中国における個人情報とプライバシーの相互関係についての議論

ここで、日本では、個人情報とプライバシーの間には、類似点と相違点の双方が存在するといわれる。中国ではこれらの関係がどのようにとらえられているのだろうか。

中国の学者は、以下のとおり論じている[4]。

個人情報とプライバシーとの類似点は、以下のとおりである。

① 両者の権利主体は、いずれも自然人に限定され、法人が含まれていないこと。

② 両者は、個人によるその私的生活の自主的決定を体現すること。いずれも、人格的尊厳および人格的自由と密接な関係にあること。

③ 両者には客体の面で相互に重複する部分が存在すること。すなわち、未開示の個人情報がプライバシーに該当することがある。また、プライバシーが保護する客体の一部が個人情報に該当する。

④ 侵害結果について、両者間で重複ないし競合する部分が存在すること。

---

3 諸外国における顔認証に対する警戒については、英国控訴院が南ウェールズ警察の顔認証技術の利用を違法とした、たとえば、R（Bridges）v. CC South Wales（https://www.judiciary.uk/judgments/r-bridges-v-cc-south-wales/）を参照。

4 王利民『民商法精論』（商務印書館、2018年）241頁以下。

プライバシーの特徴を有する個人情報を無断で漏えいした場合、同時にプライバシー侵害をも構成することがある。また、個人情報を侵害する方法として、個人情報を無断で第三者に開示する方法が多くとられており、プライバシー侵害の方法とよく似ている。

　これに対し、個人情報とプライバシーとの相違点は、以下のとおりである。

① 　権利の属性からみれば、個人情報に対する権利とプライバシーはいずれも人格権であるものの、両者にはなお相違点がある。第1に、プライバシーは主として精神的人格権である。一方、個人情報に対する権利は、性質上、人格的利益と財産的利益との双方を含む総合的な権利である。第2に、プライバシーは、消極的、防衛的権利であり、当該権利が侵害される以前に本人は積極的に自らかかる権利を行使することができず、侵害された場合に限って他人に対して妨害を排除し、損害を賠償するよう請求することしかできない。一方、個人情報に対する権利は、積極的権利であり、本人は第三者からの侵害を防衛するだけではなく、積極的にかかる権利を行使し、たとえば情報の開示を請求することもできる。

② 　権利の客体からみれば、プライバシーは、主として私的情報または私的活動が客体となる。一方、個人情報は、特定の個人を識別できることに重点を置いている。また、プライバシーは、情報の形態にかかわらず、個人の活動、個人の私生活等の方法によって体現され、かつ、記録する必要がない。一方、個人情報は、記録媒体上に固定化されなければならない[5]。よって、個人情報は、通常は、記録、またはデータとして体現されなければならない。さらに、後述4(3)のインターネット安全法で述べるとおり、プライバシーよりも、個人情報のほうが国家安全とより密接な関係にある。

5　日本では、個人情報の定義に「記録」されていることは含まれていない（個人情報保護法2条1項参照）ものの、単に閲覧するだけの行為については個人情報保護法26条の確認記録義務が適用されない（個人情報の保護に関する法律についてのガイドライン（第三者提供時の確認・記録義務編）2－2－2－2）等、日中で一定の共通性がある。

③　権利の内容からみれば、プライバシーには、主として個人の私的生活の安定、個人の秘密が公開されないこと、私的生活の自主的決定等が含まれる。一方、個人情報は、主として個人情報に対するコントロールと自主的決定を指す。

④　保護方法からみれば、個人情報に対する保護は、予防を重視しており、プライバシーの保護は、事後の救済に重点を置く。また、プライバシーが侵害された場合、主として精神的損害賠償の方法および差止めにより救済される。個人情報の保護について、精神的損害賠償の方法のほか、財産的救済の方法を講じることもできる。さらに、プライバシーの保護は、主として法的保護の手法により行われるが、個人情報保護の方法は、多様性と総合性があり、法的保護に加え、行政的手段により保護を講じることができる。

このような、中国におけるプライバシーと個人情報を比較する議論については、以下の点が特徴としてあげられる。

まず、大まかな議論の方向性は、中国でも日本やその他の諸外国と大きく変わらないことである。中国の学者は、いわゆるOECD 8 原則を個人情報保護の文脈で引用する[6]等、日本等とも類似する発想で個人情報をとらえている。

しかし、たとえば日本ではプライバシーに基づく妨害予防請求（たとえば、プライバシーを含む内容の週刊誌の発売禁止[7]等）が認められるのに対し、中国では少なくとも伝統的には、プライバシーはあくまでも、事後的な妨害の排除の権利だととらえられてきた点で相違がある。なお、今後中国民法典の施行に伴い、プライバシーに基づく妨害予防請求が認められることになっ

6　たとえば、王玥「クロスボーダー電子商務における個人情報保護の法律問題研究」（http://xueshu.baidu.com/usercenter/paper/show?paperid=1g370670gv7q0aw0sp320xy02b285923&site=xueshu_se）。

7　「石に泳ぐ魚」事件（最判平14.9.24判時1802号60頁）では、雑誌版は刊行ずみであったが、単行本を出版する計画であった状況下で、プライバシーを理由に単行本出版を差し止めている。

ている[8]。

　また、個人情報の国家安全との関係の側面や財産的側面が強調されていることは、中国において、国家安全の観点からインターネット安全法に基づき個人情報の国内保存義務が認められている点や、後述の信用スコア等を通じて一種の個人情報の「換金」等が行われているところから興味深い。

　加えて、行政的手法による個人情報の保護というのは、たとえば、後述のインターネット安全法上の国外へのデータ持出し時の安全評価手続に対する行政の関与等、日本よりも行政の関与の度合いが大きいことは、中国の特徴といえるだろう。

2　中国のプライバシー

(1)　中国のプライバシーの歴史

　清朝末期以前において、中国において、プライバシーに関する立法や学説の発展はあまり進んでいなかった。

　清末の「大清民律草案」および中華民国時代の「民国民律草案」においては、いずれもプライバシーについての明文規定が存在しておらず、人格権の保護のみが概括的に規定されていたにすぎない[9]。

　その後、中華民国政府が1929年に制定した「中華民国民法典」は、195条で身体、健康、名誉、自由、信用、貞操に加え、プライバシーの権利を規定した。また、1929年「中華民国刑法」27章は信書開封（233条）、秘密漏えい

8　民法典997条：民事主体は、行為者がその人格権を侵害する違法行為を実施しているまたはまもなく実施しようとしていることを証明する証拠をもって、これをすみやかに差し止めなければ、その適法な権益が、補うことができない損害を受ける場合、法により行為者に関連する行為を差し止めるよう命じる措置をとることを人民裁判所に対して申請することができる。

9　徐顕明『人権研究（第7巻）』（山東人民出版社、2008年）205頁。

（234条、235条）等のプライバシーとも関連する犯罪を定めていた。その意味では、中国におけるプライバシーの歴史は比較的古く、すでに清末・中華民国時代からプライバシーとニュースの自由の対立等の議論がされていた[10]。

　もっとも、その議論が精緻なものであったかというと、たとえば、「中華民国民法典」も、単にプライバシーを保護されるべき権利の1つとして列挙したにすぎず、きわめて簡素であったように[11]、議論が十分に発展するまでは至らなかった。

　第二次世界大戦および国共内戦後、中国共産党は、1949年2月22日に「国民党の六法全書の廃止および解放区の司法原則の確定に関する指示」を出し、上記の「中華民国民法典」等を含む中華民国政府の六法全書を廃止した[12]。そこで、中華民国以前のプライバシーに関する議論の蓄積は、この段階で一度政治的に放棄されたといえるだろう。

　1949年に中華人民共和国が成立してから、長期にわたって、精神的人格権に関する法律は存在しなかった。たとえば、不法行為について、1950年代の学説は当時のソ連法の概念を取り入れて、「損害賠償の債」として議論していたが、そのなかでは明確な精神的人格権に関する議論はされていなかった。なお、このようなソ連法系の不法行為法の立法化も検討されていたが、文化大革命により中断した[13]。刑法においても、1950年代にソ連の学説等を導入し、また、刑法典編纂の動きもあったが、結局単行刑罰法規として「アヘン麻薬厳禁通令」「汚職処罰条例」等が制定されただけであり、実務では

10　付紅安・斉輝「清末および民国時期におけるプライバシーとニュース自由との衝突および調整——ニュース法制の視点から考察」西南政法大学学報2019年4月。
11　徐顕明・前掲（注9）『人権研究（第7巻）』205頁。
12　熊先覚「六法全書の廃棄の原因および影響」（http://www.yhcqw.com/36/1842.html）。
13　李碩「現代中国民法におけるプライバシーの保護—裁判例分析を中心として—」（https://waseda.repo.nii.ac.jp/?action=pages_view_main&active_action=repository_view_main_item_detail&item_id=41910&item_no=1&page_id=13&block_id=21）。
　　楊立新著、小口彦太・坂口一成訳「中国不法行為法の現状およびその主要な学術的観点」（https://www.waseda.jp/folaw/icl/assets/uploads/2014/05/A04408055-00-034010049.pdf）。

行政府の政策に基づき処理をしていた[14]。

　その後、文化大革命により、刑法典編纂作業は中断した。そこで、少なくとも、精神的人格権保護に関する刑事立法は長きにわたって存在しなかった。また、憲法・行政法についても、文化大革命以前は、国家利益が至上とみなされていた年代であり、基本的には私的利益や家庭利益について論じられていなかったため[15]、みるべき精神的人格権保護規定や精神的人格権保護立法は存在しなかった。

　改革開放前である1980年頃までの時期において、中国は、民法や民法典を制定していなかった。もっとも、刑事法や憲法、訴訟法等の分野において、プライバシーに関する規定が若干導入されていた。

　すなわち、刑事法に関して、プライバシーに関する直接な罪名は存在しなかったものの、1979年刑法144条は、不法捜査・不法住宅侵入罪[16]を規定しており、これは、一種のプライバシーに関する犯罪といえる。1979年の刑事訴訟法64条は、被告人は、被疑事件に関係しない質問について、回答を拒否する権利を有するとし、111条は、個人のプライバシーにかかわる事件について、公開審理をしてはならないとしている。これも訴訟法の側面ではあるものの、プライバシーに関する規定である。

　また、1982年に現行中国憲法が制定された。現行中国憲法は、38条で、人格尊厳は侵されないと規定している。さらに、1982年の民事訴訟法（試行）58条は、個人のプライバシーにかかわる証拠について、秘密を保持しなければならず、当事者に提示しなければならないものについても公開の法廷で提示を行ってはならないとし、103条は、個人のプライバシーにかかわる事件

14　孫文「中華人民共和国の犯罪体系の起源」（http://www.ritsumei.ac.jp/acd/cg/law/lex/18-2/003sun.pdf）。

15　馮紅「人格権の法的保護も論じる」（https://www.chinacourt.org/article/detail/2003/11/id/89442.shtml）。

16　1979年刑法144条：不法に他人を管制した場合、または不法に他人の身体、住宅を捜索した場合、または不法に他人の住宅に侵入した場合、3年以下の有期懲役または拘役に処する。

および当事者が公開をしないよう申請した離婚事件について、審理を公開しないまたは審理を公開しないことができる、としている。

　このようなプライバシー保護のためのルールが取り入れられた経緯について、たとえば、憲法についてみると、それ以前の文化大革命における人格に対する尊厳が侵害された時代に対する反省から定められたといわれる[17]。また、民事訴訟法についてみると、中国はマルクス主義法学理論を支持し、欧米資本主義の法律制度および理論を批判していたことから、資本主義である欧米の立法経験を直接に参考することができない一方、ソ連とは政治的対立関係にあった。よって、中国の国情およびこれまでの民事訴訟の経験に基づき、民事訴訟法（試行）の草案を作成したとされている[18]。要するに、この時期においては、中国の学者や実務家が、それまでの実務等における経験をもとに、プライバシー保護を含む立法提案を行い、これが立法に反映されたといえる。

　改革開放開始後、中国は、グローバル標準（世界接軌）の基本的な法律体系の構築を試み、そのなかでも、基本的な私人間の権利義務関係の体系として、民法の基本的枠組みを確立し、人格権[19]分野の立法を推進した。1986年4月12日第6回全国人民代表大会第4回会議は、「民法通則」を採択した。「通則」という表現は、日本法を学んだ者にとって理解が容易ではないものの、要するに、「民法通則」という1つの法律のなかに、日本民法でいう総則・物権・債権の内容がすべて含まれているものである（ただし、その時点では「民法典」と呼べるほどの網羅的なものではなかった）。そのなかで、人格権は、「第5章　民事権利」のうちの1つの節として、その他の基本的な民事上の権利と並んで規定された。

　もっとも民法通則では、保護されるべき精神的人格権の具体的内容とし

17　劉輝「『憲法』における人格尊厳条項と人権条項との関係の分析」（https://www.pkulaw.com/experts/65b7a3d27956239ca97fc895b2ace924bdfb.html）。

18　王徳新『訴訟文化衝突と民事訴訟制度の変革』（知識産権出版社、2017年）142頁以下。

19　中国では「人身権」という表現が多いことに留意が必要である。

て、氏名権、肖像権、名誉権が列挙されたものの、プライバシーについては明文規定が存在しなかった。民法通則でプライバシーが規定されなかった理由について、当初、プライバシーは、個人が他人に知られたくない不正な、恥ずかしい生活上の秘密を指すと考えられたところ、社会主義国家において、そのようなものを権利として認めるべきではないと考えられたと指摘され[20]、また、上記のとおり、中国の伝統的な道徳観念においてプライバシーの保護に反対する傾向が強かったことや、中国独自のプライバシーに関する理論的研究がほぼ存在しなかったこと等もあげられる[21]。

このような理由で、民法通則の段階ではプライバシーが同法の明文上定められなかったものの、当時からすでに学者はこれを批判しており、立法上のミスであると評した学者も存在したほどである[22]。裁判所は民事紛争のなかで、プライバシー侵害がされた事案をどのように取り扱うべきかという現実的問題にも直面していた[23]。このような状況をふまえ、最高人民裁判所は、一連の司法解釈を制定し、プライバシー侵害の実態のある事実関係を、名誉権の侵害と解釈することを通じて、プライバシーを保護した。

たとえば、最高人民裁判所が1988年1月26日に制定した「民法通則」の全面的執行過程における若干の問題に関する意見（試行）（1988年4月2日に公布、同日施行）140条、1993年8月7日付「名誉権事件の審理にかかわる若干問題の解答」7問、1998年8月31日付「名誉権事件の審理に関する若干問題の解釈」8問があげられる（具体的な内容について後述(2)参照）。なお、その

20　王利民『人格権法研究』（中国人民大学出版社、2005年）588頁。
21　張新宝『プライバシーの法的保護』（群衆出版社、2004年）75〜77頁。なお、民法通則制定時の目下の問題意識は、改革開放による商品経済の発展にいかに法律の観点から対応するかであって、人格関係の整理や人権保護の観点がおろそかにされた、という指摘もあるが、上記のとおり氏名権、肖像権、名誉権は保護されていたことから、この理由はそこまで重要ではないだろう。
22　張新宝・前掲（注21）『プライバシーの法的保護』75頁、楊立新「プライバシーおよびその法的保護に関するいくつかの問題」人民検察2000年1期。
23　最高人民裁判所韓玫「『名誉権事件の審理にかかわる若干問題の最高人民裁判所の解答』の理解と適用」（http://www.npc.gov.cn/zgrdw/huiyi/lfzt/qqzrfca/2008-12/21/content_1462861.htm）。

後2001年の民事権利侵害による精神的損害賠償責任の確定にかかる若干問題に関する解釈では、プライバシーに関する損害について、直接的に精神的損害の賠償を認める解釈が示されたものの、その時点ではまだ法律レベルでの明文規定は存在しなかった。

1990年代以降、行政法においても、プライバシーの保護に関する特別な規定が設けられるようになった。たとえば、1998年開業医法22条、1997年弁護士法23条、2002年保険法32条等があげられる（具体的な内容について後述(2)参照）。特に注目すべきなのは、法律のレベルで初めて「プライバシー」を明記したのが、民法典や権利侵害責任法（不法行為法）ではなく、2005年女性権益保障法42条（「女性の名誉権、栄誉権、プライバシー、肖像権などの人格権は、法律の保護を受ける」）であったことである。さらに、1997年の刑法およびその修正案においても、プライバシーの保護に関する規定[24]が設けられた。

2010年3月1日、権利侵害責任法（いわゆる不法行為法）が採択され、プライバシーは民法上、初めて独立した人格権として明記された。権利侵害責任法は民事法の分野で初めて法令のレベルでプライバシーを確立したものといえ、中国のプライバシーの歴史上重要な意味をもつ。

2010年代前後から、インターネットの普及に伴って、猫虐待事件[25]、銅須門[26]等人肉捜索[27]事件、タレント等有名人のプライバシーに対する侵害事件が発生し、社会問題となった。このような状況下、プライバシーの保護を強

---

24 たとえば、不法捜査罪、不法住宅侵入罪、通信自由侵害罪、郵便物電報開封隠匿破棄罪等が規定されている。後述(2)参照。
25 2006年に発生した病院に勤務する女性が猫を虐待して殺す姿のビデオがアップロードされ、多くのネットユーザがその個人情報を公表し、病院が女性を解雇した等という事案であり、人肉捜索の嚆矢とされる（https://docs.google.com/file/d/0B9wAIxR3agMKdmZzRm9WVG1ERFE/edit）。
26 詳細について、https://docs.google.com/file/d/0B9wAIxR3agMKdmZzRm9WVG1ERFE/editを参照。
27 多数の匿名人物間でやりとりを行いながら、検索エンジンによる検索と、人手による公開情報の検索との両者を駆使し、ある人物の名前や所属を特定したり、事件の真相を解明したりする活動を指す。https://ja.wikipedia.org/wiki/%E4%BA%BA%E8%82%89%E6%A4%9C%E7%B4%A2を参照。

化する立法がなされ、たとえば、2012年のネットワーク情報保護の強化に関する決定や2016年の民法総則も、プライバシーの保護を強調している。ただし、長きにわたり、法律においてプライバシー（またはプライバシー権）を具体的に定義したものはなく、単純にプライバシー（またはプライバシー権）が一定の保護を受ける旨が規定されるにとどまっていた。

2020年5月28日に公布され、2021年1月1日から施行される中国初の民法典は、民法通則や民法総則等の以前の民法規定を廃止し、民法の分野を統一的に規律する民法典として制定されたところ、そこでは、プライバシーと個人情報は、人格権に関する第4編の第6章として規定されている。同法1032条でプライバシーとは、自然人の私人生活の平穏、および他人に知られたくない私的空間、私的な活動、私的な情報を指す、と定義されており、法律レベルではじめてプライバシー（またはプライバシー権）が定義された。この民法典もまた、中国のプライバシーの歴史上重要な意味をもつ。

(2) 中国のプライバシーに関する法令

イ 公　　法

中国の憲法上、人格の尊厳は侵されないと定められている（38条）。プライバシーは、人格の1つであり、同条で保障される「人格」には、プライバシーが含まれると解されている[28]。また、行政法の分野では、治安管理処罰法が幅広く国民のプライバシーの保護を求めている。すなわち、同法42条において、他人のプライバシーを盗み見、盗撮、盗聴し、これを拡散した場合、行政処罰を受けることになっている（図表4−1）。

そのほかに、多くの法律において、プライバシーの保護に関する内容が定められている。以下、3つの種類に分けて説明する。

28　張蘭・許中縁・項波『民法典型事例評析』（中南大学出版社、2018年）92頁。

図表4－1　憲法・行政法上のプライバシー保護規定

番号	法令名	内　　容
①	憲法（1982年制定。2018年3月11日改正、同日施行）	38条　公民の人格尊厳は侵されない。いかなる方法によっても、公民を侮辱、誹謗または誣告して陥れることを禁止する。
②	治安管理処罰法（2012年10月26日改正、2013年1月1日施行）	42条　次の各号に掲げるいずれかの事由がある場合は、5日以下の拘留または500元以下の過料に処する。情状が重い場合は、5日以上10日以下の拘留に処し、あわせて500元以下の過料に処することができる。 (6)　他人の**プライバシー**を盗み見、盗撮、盗聴し、これを拡散した場合 80条　公安機関およびその人民警察の治安事件を処理する際、国家秘密、営業秘密または個人の**プライバシー**に関わるものについて、秘密を保持しなければならない。

(イ)　国家機関およびその職員のプライバシーの保護義務

　中国の監察法[29]、反テロ法、反スパイ法、銀行業監督管理法等の関連規定により、監察機関、反テロ機関、反スパイ機関、銀行監督機関等の国家機関、および検察官、裁判官等の公務員は、その業務の遂行により知りえた個人のプライバシーについて、その秘密を保護しなければならないとされている。さらに、今後、民法典の施行により、上記の主体は、国家機関、行政機能を引き受ける法定機関[30]およびその職員全般に拡大されるようになる[31]。

　これらの機関や公務員は、法令の執行の過程で、さまざまな秘密情報等に触れることから、そのような情報に関する秘密の保持を命じる規定が設けら

29　監察法とは、2018年憲法改正により汚職を取り締まる「監察委員会」が国家機構として追加されたことにより、監察委員会の権限や責任等を定める法令である。

30　具体的には慈善団体、工会（日本の労働組合に近いが公的に組織されている）のほか、証券監督管理委員会、知的財産局、都市の企画局、植物・動物の検査検疫所等を指す。屈茂輝「機関法人制度解釈論」（http://www.iolaw.org.cn/showNews.aspx?id=60522）参照。

れ、そのなかで、秘密を保持すべき情報の一類型としてプライバシーがあげられているということである。

　ここで重要なのは、日本であれば、行政機関のプライバシー情報の取得の側面、プライバシー情報の活用の側面、そして、プライバシー情報の公開の側面について、それぞれ、情報の対象（特定の情報はそもそも取得してはならない）、取得手続、利用目的、公開範囲等の制約をかけるところ、中国においては、プライバシー情報の漏えいの禁止という規律があるものの、このような取得や利用そのものを制約する規定がほとんどみられないということである（なお、刑事訴訟法において一定の取得規制が存在することは上記のとおりである）。現在、中国においては、行政手続法が存在せず、一部の学者はその立法を提案しているところである。行政手続法が制定されれば、そのなかで、プライバシーに関する情報の取得に関する規制等が入ることが期待される（図表4－2）。

図表4－2　国家機関およびその職員にプライバシー保護義務を課す法令

番号	法令名	内　容
①	反テロ法 （2018年4月 27日改正、同 日施行）	48条　反テロリズム業務指導機関、関係部門および組織体、個人は、反テロリズム業務職責、義務の履行中に知りえた国家秘密、営業秘密および個人の**プライバシー**について秘密を保持しなければならない。 2　規定に違反して国家秘密、営業秘密および個人の**プライバシー**を漏えいした場合、法により法的責任を追及しなければならない。
②	反スパイ法 （2014年11月 1日施行）	17条2項　国家安全機関およびその従業員は、法により反スパイ業務職責を履行することによって取得した組織および個人の情報、材料について、反スパイ業務以外に使

31　これが行政法ではなく民法典に入っているという意味は、国家機関および行政機能を引き受ける法定機関も民事法律関係に参加することができる（民法97条）ことから、これらの機関の秘密漏えいが不法行為（権利侵害行為）になるということを意味する。なお、この場合、国家賠償法を適用すべきか、民法を適用すべきかという競合の問題は別途生じうる。

		用してはならない。国家秘密、営業秘密および個人の**プライバシー**に該当するものについて、秘密を保持しなければならない。
③	監察法（2018年3月20日施行）	18条2項　監察機関およびその従業員は、監督、調査過程中に知りえた国家秘密、営業秘密、個人の**プライバシー**について、秘密を保持しなければならない。
④	暗号法（2020年1月1日施行）	31条2項　暗号管理部門および関係部門ならびにその従業員は、商業用暗号業者および商業用の暗号検測、認証機関に対し原始コード等暗号関連専用情報を開示するよう要請してはならず、かつ、職責の履行中に知りえた営業秘密および個人の**プライバシー**について、厳格に秘密を保持しなければならず、これらを漏えいしまたは不法に他人に提供してはならない。
⑤	銀行業監督管理法（2006年10月31日改正、2007年1月1日施行）	43条2項　銀行業監督管理機関の監督管理業務担当者の汚職、収賄、国家秘密、営業秘密および個人**プライバシー**の漏えいが、犯罪を構成する場合は、法に従い刑事責任を追及する。犯罪を構成するに至らない場合は、法に従い行政処分を与える。
⑥	検察官法（2019年4月23日改正、2019年10月1日施行）	10条　検察官は、次の各号に掲げる義務を履行しなければならない。 (5)　国家秘密および検察業務秘密を保持し、職責の履行中に知りえた営業秘密および個人の**プライバシー**について、秘密を保持しなければならない。 47条　検察官は、次に掲げる行為のいずれかに該当する場合、処分を与えられなければならない。犯罪を構成する場合、法により刑事責任を追及する。 (3)　国家秘密、検察業務秘密、営業秘密または個人の**プライバシー**を漏えいした場合。
⑦	裁判官法（2019年4月23日改正、2019年10月1日施行）	10条　裁判官は、次の各号に掲げる義務を履行しなければならない。 (5)　国家秘密および審理業務秘密を保持し、職責の履行中に知りえた営業秘密および個人の**プライバシー**について、秘密を保持しなければならない。 46条　裁判官は、次に掲げる行為のいずれかに該当する場合、処分を与えられなければならない。犯罪を構成する

		場合、法により刑事責任を追及する。
		(3) 国家秘密、審理業務秘密、営業秘密または個人の**プライバシー**を漏えいした場合。
⑧	民法典（2021年1月1日施行）	1039条　国家機関、行政機能を引き受ける法定機関およびその職員は、職責を履行する過程で知りえた自然人の**プライバシー**と個人情報について、秘密を保持しなければならず、他人に漏えいしまたは不法に提供してはならない。

㈪　専門分野におけるプライバシーの保護義務

　公証法、弁護士法、慈善法、資産評価法等の法律により、公証機関、慈善機関、資産評価機関、図書館等の専門機関、および弁護士、医師、心理カウンセラー、広告業者等は、業務を遂行する際、プライバシーに関する秘密を保持しなければならないとされている。

　これらの専門家は公務員ではないものの、専門職の職責から、依頼者等が安心してプライバシーに関する情報等を伝達できるよう、法令上の秘密保持義務を負っており、当該秘密保持義務の対象にプライバシーも含まれている（図表4－3）。

図表4－3　専門機関・専門職にプライバシー保護義務を課す法令

番号	法令名	内　　容
①	公証法（2017年9月1日改正、2018年1月1日施行）	13条　公証機構は、次の各号に掲げる行為を行ってはならない。 (4) 業務執行活動で知りえた国家秘密、営業秘密または個人の**プライバシー**を漏えいすること。 23条　公証員は、次の各号に掲げる行為を行ってはならない。 (8) 業務執行活動で知りえた国家秘密、営業秘密または個人の**プライバシー**を漏えいすること。
②	弁 護 士 法（2017 年 9 月	38条1項　弁護士は、職務執行の過程で知りえた国家秘密および営業秘密を保持しなければならず、当事者の**プラ**

	1 日 改 正、 2018年1月1 日施行)	イバシーを漏えいしてはならない。
③	慈善法（2016 年9月1日施 行）	62条　慈善サービスを展開する際、受益人、ボランティア の人格尊厳を尊重し、受益者、ボランティアの**プライバ** **シー**を侵害してはならない。 76条　国家秘密、営業秘密、個人の**プライバシー**にかかわ る情報、および寄付者、慈善信託の委託者が公開を同意 しない氏名、名称、住所、通信方法等の情報について、 開示してはならない。
④	資 産 評 価 法 （2016年12月 1日施行）	13条　評価専門職員は、次の各号に掲げる義務を履行しな ければならない。 ⑸　評価活動で知りえた国家秘密、営業秘密および個人の **プライバシー**について、秘密を保持しなければならな い。
⑤	公共図書館法 （2018年10月 26日施行）	43条　公共図書館は適切に読者の個人情報、借覧情報およ びその他読者の**プライバシー**にかかわりうる情報を保護 しなければならず、売却しまたはその他の方法により他 人に提供してはならない。
⑥	伝染病予防治 療法（2013年 6月29日改正、 同日施行）	12条1項　国内におけるすべての組織体および個人は、疾 病予防コントロール機関、医療機関による伝染病の調 査、検査、サンプル採集、隔離治療等の予防、コント ロール措置を受け入れ、事実のとおり関連情報を提供し なければならない。疾病予防コントロール機関、医療機 関は個人の**プライバシー**に関する情報、資料を漏えいし てはならない。
⑦	精 神 衛 生 法 （2018年4月 27日改正、同 日施行）	23条4項　心理カウンセラーは、コンサルティングを受け る者の**プライバシー**を尊重し、その者のために秘密を保 持しなければならない。
⑧	開 業 医 法 （2009年8月 27日改正、同 日施行）	22条　医師は、開業活動において次の各号に掲げる義務を 履行する。 ⑶　患者に心を配り、大切にし、尊重し、患者の**プライバ** **シー**を保護する。
⑨	広告法（2018	9条　広告には次の各号に掲げる状況があってはならな

	年10月26日施行）	い。 (6)　人身、財産の安全を脅かし、個人の**プライバシー**を漏えいすること。
⑩	ネットワーク情報保護の強化に関する決定（2012年12月28日施行）	1条　国家は公民個人の身分を識別できる電子情報、および公民個人の**プライバシー**にかかわる電子情報を保護する。 8条　公民が、個人の身分の漏えい、個人の**プライバシー**の散布等、その適法な権利利益を侵害するネットワーク情報を発見し、または商業性電子情報による迷惑を被った場合、情報サービス提供者に対して、関連情報の削除、またはその他の必要な措置をとって制止することを求めることができる。

(ハ)　女性、未成年者、DVのプライバシーの保護

　上記2類型は、主体（公務員／専門家）をベースにした規制をしていた。これに対し、主体について特段の要件を設けず（もしくは「いかなる組織または個人も」遵守すべき義務としたうえで）一定の客体に対する特別なプライバシーの保護を行う一連の法令が存在する。女性権益保障法、未成年者保護法等の法律では、女性、未成年者、DV被害者のプライバシーの保護が強調されている。

　これらの法令の対象となる客体は、特に脆弱であって手厚い保護が必要と理解されており、そのような保護の一環として、公務員や専門家のように主体を限定せず、一般市民も含む広い範囲の主体が当該客体のプライバシーを保護することを命じている（図表4－4）。

図表4－4　女性・未成年者・DV被害者のプライバシー保護を目的とする法令

番号	法令名	内　容
①	未成年者保護法（2012年10	39条　いかなる組織または個人も未成年者の個人**プライバシー**を開示してはならない。

	月26日改正、2013年1月1日施行）	2　未成年者の手紙、日記、電子メールについて、いかなる組織または個人も、隠蔽し、毀損してはならない。犯罪捜査の必要に応じ、公安機関または人民検察院が法により検査を行う場合、または無行為能力の未成年者の手紙、日記、電子メールについてその父母またはその他後見人がそのかわりに開封し、閲覧する場合を除き、いかなる組織または個人も開封し、閲覧してはならない。 69条　未成年者の**プライバシー**を侵害し、治安管理に違反する行為を構成する場合、公安機関は、法により行政処罰を与える。
②	女性権益保障法（2018年10月26日改正、同日施行）	42条　女性の名誉権、栄誉権、**プライバシー**、肖像権などの人格権は、法律の保護を受ける。 2　侮辱、誹謗等の方法で、女性の人格の尊厳を損なうことを禁止する。マス・メディアまたはその他の方法で女性の人格に損害を与えることを禁止する。 3　本人の同意を得ず、営利目的で広告、商標、ショー・ウィンドー、新聞、定期刊行物、書籍、録音製品、電子出版物、ネットワーク等の形で女性の肖像を使ってはならない。
③	反家庭暴力法（2016年3月1日施行）	5条2項　反家庭暴力業務は、被害者の真の意志を尊重し、当事者の**プライバシー**を保護しなければならない。

　上記の法律以外にも、国務院が法律に基づいて制定した条例、部門規則等において、プライバシーの保護が定められている。

ロ　私　法

㈡　実　体　法

　私法の分野では、上記のとおり、権利侵害責任法（民法典施行と同時に廃止される）は、初めてプライバシーを独立した人格権として規定した。また、2017年に施行された民法総則[32]でも、プライバシーは人格権の一種とし

32　民法典編纂準備にあたり、その総則編に対応する内容を先に切り出して制定したもの。なお、民法典施行と同時に廃止される。

て定められている。2020年に公布され、2021年1月から施行される予定の民法典においては、プライバシーは、民法総則と同じく、人格権の一種として定められており、それに加えて、プライバシーの定義、死者のプライバシー保護方法、プライバシーの侵害行為等が規定されている（図表4−5）。

図表4−5　プライバシー保護を規定する民事実体法

番号	法令名	内　容
①	権利侵害責任法（2010年7月1日施行）	2条　民事権益を侵害した場合は、本法に従い権利侵害責任を負わなければならない。 2　本法にいう民事権益は、生命権、健康権、氏名権、名誉権、栄誉権、肖像権、**プライバシー**、婚姻自主権、後見権、所有権、用益物権、担保物権、著作権、特許権、商業専用権、発見権、持分、相続権等の人身および財産上の権益を含む。 62条　医療機関およびその医療関係者は、患者の**プライバシー**を守らなければならない。患者の**プライバシー**を漏えいし、または患者の同意を得ずにそのカルテを公開し、患者に損害を与えた場合は、権利侵害責任を負わなければならない。
②	民法総則（2017年10月1日施行）	110条1項　自然人は、生命権、身体権、健康権、氏名権、肖像権、名誉権、栄誉権、**プライバシー**、婚姻自主権等の権利を享有する。
③	民法典（2021年1月1日施行）	110条1項　自然人は、生命権、身体権、健康権、氏名権、肖像権、名誉権、栄誉権、**プライバシー**、婚姻自主権等の権利を享有する。 990条1項　人格権は、民事主体が享有する生命権、身体権、健康権、氏名権、名称権、肖像権、名誉権、栄誉権、**プライバシー**等の権利である。 994条　死者の氏名、肖像、名誉、栄誉、**プライバシー**、遺体等が侵害された場合、その配偶者、子女、父母は法により行為者に民事責任を負うよう請求することができる。死者に配偶者、子女がなく、かつ父母がすでに死亡した場合、その他近親者は法により行為者に民事責任を負うよう請求することができる。

		1032条　自然人は、**プライバシー**を享有する。いかなる組織または個人も、他人の**プライバシー**を探り、侵し、漏えいし、開示する等の方法により侵害してはならない。
		2　**プライバシー**とは、自然人の私人生活の平穏、および他人に知られたくない私的空間、私的な活動、私的な情報を指す。
		1033条　法律に別途の規定がある場合または権利者が明確に同意した場合を除き、いかなる組織または個人も、次の各号に掲げる行為を実施してはならない。
		⑴　電話、ショートメッセージ、即時の通信ツール、電子メール、チラシ等の方法により他人の私人生活の平穏を侵すこと。
		⑵　他人の住宅、ホテル部屋等の私的空間を侵入し、撮影し、うかがうこと。
		⑶　他人の私的な活動を撮影し、うかがい、盗聴し、開示すること。
		⑷　他人の身体のプライベートな部分を撮影し、うかがうこと。
		⑸　他人の私的な情報を取り扱うこと。
		⑹　その他の方法により他人の**プライバシー**を侵害すること。
		1039条　国家機関、行政機能を引き受ける法定機関およびその職員は、職責を履行する過程で知りえた自然人の**プライバシー**と個人情報について、秘密を保持しなければならず、他人に漏えいしまたは不法に提供してはならない。
		1226条　医療機関およびその医療従事者は、患者の**プライバシー**および個人情報について、秘密を保持しなければならない。患者の**プライバシー**および個人情報を漏えいした場合、または患者の同意を得ずにそのカルテ資料を開示した場合、権利侵害責任を負わなければならない。

　また、最高人民裁判所が公布した司法解釈においても、プライバシーに関連する内容が定められている。上記のとおり、権利侵害責任法施行以前においても、名誉権の侵害という構成で、実質的にプライバシー侵害に対する保

護を行っていた。なお、2001年の民事権利侵害による精神的損害賠償責任の確定にかかわる若干問題に関する解釈では、プライバシーにかかる損害について、直接的に精神的損害の賠償が認められるようになった（図表4－6）。

図表4－6　プライバシー保護に関する最高人民裁判所の司法解釈

番号	法令名	内　容
①	「民法通則」の全面的執行過程における若干の問題に関する意見（試行）（1988年4月2日施行）	140条　書面または口頭の形式により、他人の**プライバシー**を広め、または事実を捏造して他人の人格を公然と貶し、侮辱、誹謗等によって他人の名誉を傷つけて一定の影響を及ぼした場合には、**公民の名誉権を侵害する**行為と認定しなければならない。 2　書面または口頭等の形式により、法人の名誉を毀損し、または誹謗して、法人に損害をもたらした場合には、法人名誉を侵害する行為と認定しなければならない。
②	名誉権事件の審理にかかわる若干問題に関する解釈（1993年8月7日施行）	7問3項　他人の同意を得ずに、無断で他人の**プライバシー**資料を開示し、または書面、口頭の形式により他人の**プライバシー**を広め、他人の名誉に損害をもたらした場合、**他人の名誉権を侵害する**ことに従って処理する。
③	名誉権事件の審理に関する若干問題に関する解釈（1998年9月15日施行）	問題8　医療衛生組織体は、患者がりん病、梅毒、ハンセン病、エイズ等の病気にかかることを開示することにより生じた名誉権紛争について、権利侵害の可否をどのように認定するか。 回答：医療衛生組織体の従業員が無断で患者がりん病、ハンセン病、梅毒、エイズ等の病気にかかっていることを開示することにより、患者の名誉に損害が生じた場合、**患者の名誉権を侵害した**と認定しなければならない。 2　医療衛生組織体が患者またはその親族に病状を告知することは、患者の名誉権を侵害したと認定してはならない。
④	民事権利侵害による精神的損害賠償責任	第1条　自然人が次に掲げる人格権利を不法に侵害され、裁判所に対して提訴し、精神的損害賠償を請求する場合、裁判所は法により受理しなければならない。

の確定にかかわる若干問題に関する解釈（2001年3月10日施行）	(2)　氏名権、肖像権、名誉権、栄誉権 　2　社会の公共利益、社会公徳に違反し他人の**プライバシー**およびその他の人格利益を侵害する行為があった場合において、被害者が、権利が侵害されたことを理由として裁判所に訴訟を提起し、**精神的損害賠償**を請求する場合、裁判所は、法律により受理しなければならない。 第3条　自然人の死亡後、その近親族が次に掲げる権利侵害行為により精神的苦痛を被り、裁判所に対して提訴し、精神的損害賠償を請求する場合、裁判所は、法律により受理しなければならない。 (2)　不法に死者の**プライバシー**を開示、利用し、または社会的公共利益、社会公徳に違反するその他の方式をもって、死者の**プライバシー**を侵害する場合。	

㈡　手 続 法

　さらに、民事訴訟法等により、プライバシーにかかわる証拠、審理、判決や裁定等は、原則として公開しまたは開示してはならないとされている[33]（図表4－7）。

図表4－7　プライバシー保護を規定する民事手続法

番号	法令名	内　　容
①	民 事 訴 訟 法（2017年6月27日改正、2017年7月1日施行）	68条　証拠は、法廷において提示しなければならず、かつ当事者が相互に証拠に関する質疑をしなければならない。国家秘密、営業秘密および個人の**プライバシー**にかかわる証拠については、秘密を保持しなければならず、法廷において提示しなければならない場合には、公開の

---

[33]　なお、中国では電子裁判（インターネット法廷）が進んでいるが、インターネット法廷の場合においても、これらの規定に従わなければならず、インターネットを通じて個人のプライバシーを公開することは許されない。インターネットを通じた人民裁判所の審判プロセス情報公開に関する規定（法釈［2018］7号）12条では、国家秘密にかかわる審判プロセス情報、および法律、司法解釈の規定により機密を保持すべきであり、またはそのアクセスが制限される審判プロセス情報は、インターネットを通じて当事者およびその法定代理人、訴訟代理人、弁護人に公開してはならない、と規定されている。

		法廷で提示してはならない。
		134条1項　人民裁判所は、民事事件を審理する場合には、国家秘密、個人の**プライバシー**にかかわる事件または法律に別途の規定がある事件を除き、公開して行わなければならない。
		156条　公衆は公的効力の生じた判決書、裁定書を調査閲覧することができる。ただし、国家秘密、営業秘密および個人の**プライバシー**にかかわる内容を除く。
②	労働紛争調停仲裁法（2008年5月1日施行）	26条　労働紛争仲裁は公開で行う。ただし、当事者が公開しないと合意した場合、または国家秘密、営業秘密および個人**プライバシー**にかかわる場合を除く。

ハ　刑　　法

　刑法上、国民のプライバシーを直接に保護する規定は存在しないが、不法捜査罪、不法住宅侵入罪、通信自由侵害罪、郵便物電報開封隠匿破棄罪等により、間接的にプライバシーを保護している。

　さらに、刑事訴訟法では、プライバシーにかかわる証拠や捜査官が知りえたプライバシー等について、秘密を保持しなければならない、とされている（図表4－8）。

図表4－8　プライバシー保護を規定する刑事法

番号	法令名	内　　容
①	刑法（1997年制定）	245条　不法に人の身体もしくは住居を捜索し、または人の住居に侵入した者は、3年以下の有期懲役または拘留に処する。
		2　司法職員が職権を濫用し、前項の罪を犯した場合、重く処罰する。
		252条　他人の信書を隠匿し、破棄し、または不法に開封し、公民の通信の自由の権利を侵害した者は、情状が重いときは、1年以下の有期懲役または拘留に処する。

		253条の1　郵政業の職員が、郵便物または電報を密かに開封し、隠匿し、または破棄したときは、2年以下の有期懲役または拘留に処する。
②	刑事訴訟法 （2018年10月26日改正、同日施行）	54条3項　国家秘密、営業秘密、個人**プライバシー**にかかわる証拠について、秘密を保持しなければならない。 152条2項　捜査官は、技術捜査措置の実施過程において知りえた国家秘密、営業秘密および個人**プライバシー**について秘密を保持しなければならない。

(3)　裁判例・行政処罰事例

イ　民事裁判例

　中国新聞紙、新京報の2015年の報道によると、中国において発生した10件の人肉捜索事例のうち、わずか2例について当事者の責任が追及されたにすぎないとのことであった[34]。そのうち、中国人肉捜索第1号事件と呼ばれる、最初期の頃に民事裁判となった事例を以下のとおり紹介する[35]。

　2007年12月29日、ビジネスパーソンであった姜氏（女性）は、北京にあるマンションから飛び降り自殺をした。自殺直前に、姜氏は、ブログ上に遺書を書き込んでおり、そのなかで、夫である王氏が不倫したことから自殺をすると記載し、そのブログ記事には王氏と不倫相手の写真を掲載した。姜氏が自殺した後、当該ブログが話題になり、ネット上で、王氏に関する情報を人海戦術で収集する、いわゆる人肉捜索が行われた。あるウェブサイト（その経営者[36]は張氏であった）が、当該人肉捜索の結果として、王氏の住所、勤務先等の情報を開示した。当該事件は、世間から注目を浴びており、ほかの

---

[34]　新京報「全国10件の人肉捜索事件のうち2件のみ責任を追及」（http://www.bjnews.com.cn/feature/2015/05/07/362617.html）。

[35]　（2008）朝民初字第10930号およびhttps://www.chinacourt.org/article/detail/2009/12/id/387546.shtmlを参照。

ウェブサイトに転載されて拡散し、王氏および両親の氏名、住所等詳細な個人情報がネットにさらされた。また、王氏は、迷惑電話やネット上の誹謗中傷を受けた。そこで、王氏は、ウェブサイト経営者である張氏を相手として訴訟を提起した。

　裁判所は、張氏が王氏の名誉権およびプライバシーを侵害したと判断し、張氏がウェブサイトに掲載された権利侵害の内容を削除し、同ウェブサイトで王氏に謝罪し、かつ、王氏の精神損害に対する慰謝料等5,684元（本章において人民元を意味する）を支払うよう言い渡した。

　ここで、裁判所が以下のとおり指摘したことに留意が必要である。すなわち、裁判所は、まず、「公民は法により名誉権を享有し、公民の人格尊厳は法律の保護を受ける。王氏は、姜氏との婚姻関係の存続期間において他人と不正な男女関係をもち、その行為は、中国の法律規定に違反し、社会の公序良俗と道徳基準に違反し、これによって姜氏に重大な精神的な苦痛を与えており、姜氏が自殺に追い込まれた要素の1つである。王氏の上記の行為は非難を受けるべきである」と指摘した。裁判所は、その後に、以下のとおり付言した。すなわち、王氏に対する非難は法律で認められる範囲で行わなければならず、そのプライバシーを開示し、拡散してはならない。そのような行為をすれば、権利侵害を構成する、と指摘したのである。張氏がウェブサイト経営者として管理責任を履行せず、王氏の個人情報を漏えいした行為は、王氏の名誉権、プライバシーを侵害し、張氏は、これについて民事責任を負わなければならない、と判断した。

ロ　刑事裁判例

　被害者である顧氏は、人民代表（日本の国会議員のようなもの）であった。被告人李氏は、その仕事の関係で顧氏らに不満をもったことから、劉氏と共

36　日本語では「運営」という表現をすることが多いが、中国語ではICP（Internet Content Provider）の経営許可を得て経営している者という意味で「経営者」という表現を用いることが多い。

謀し、私立探偵を雇用し、尾行、盗撮等の方法により、公費による飲食等の顧氏らの不正行為を確認させ、人事異動や顧氏の人民代表選挙に支障を与えようとした。

裁判所は、以下のとおり判断した。中国憲法では、公民の人格尊厳は侵害されないと規定されており、その人格尊厳には、他人に尾行、監視をされないプライバシーが含まれている。李氏らの行為は、他人のプライバシーを侵害し、公民個人情報侵害罪[37]を構成する[38]。

ハ　行政処罰例

馬氏は、2012年3月初め、北京市にあるマンションで、パソコンを利用してQQと呼ばれるSNSを通じて劉氏のヌード写真を配信し、劉氏のプライバシーを侵害したことから、北京市西城公安分局は、証拠に基づき、馬氏に対して、治安管理処罰法42条(6)号により行政拘留10日間の処罰を与える旨の京公（西）決字［2012］第651号「公安行政処罰決定書」を発行した。

⑷　ま　と　め

中国のプライバシー保護は、精神的人格権すら明確に保護されない時期から、名誉権を通じて間接的に保護される時期を経て、プライバシーが独立して保護されるに至るまでの発展を遂げた。

ここで、1990年代頃までは、実務上の必要性や発生した問題に対する反省を受けて学者や実務家が立法提案を行い、かかる立法提案に基づきプライバシー立法がされるというかたちで、学者や実務家の提案がプライバシー保護をけん引した側面がみられた。

その後、2010年前後以降、インターネットが広く利用され、人肉捜索等の

37　前述した個人情報とプライバシーの区別からいうと、本件で侵害されたものは一般的には個人情報というよりはむしろプライバシーであるので、ここではプライバシーに関する裁判例としてあげている。しかし、プライバシーを保護する典型的な各犯罪の構成要件に該当しなかったため、間接的な公民個人情報侵害罪が利用されたと理解される。

38　（2017）魯02刑終713号。

プライバシー侵害事件等が発生するようになると、日常的なプライバシー侵害のリスクという問題意識が一般市民にも共有されるようになり、これもまたプライバシー保護のけん引力となった。

もっとも、上記のとおり、重大な人肉捜索事案であっても、事件化する割合は必ずしも高くない。すなわち、法令上プライバシーが保護されているとしても、被害者がプライバシー侵害を理由に加害者を訴えて司法的救済を受ける事例は多くない。この点は、匿名のインターネット上のプライバシー侵害の場合における犯人の発見の実務的困難性や、中国の司法アクセスの状況（比較的少額の請求に関して弁護士に依頼して権利を実現してもらうことが容易ではないこと）等、プライバシーそのものとは直接関係のない中国特有の事情とも関係している。とりわけ、行政がプライバシーを侵害したとして違法とされた事例がほとんど見つからない点は、上記**1**(4)で述べた民間利用と政府利用の相違の観点から興味深い[39]。

---

[39] なお、例外的に行政によるプライバシー侵害が問題とされた事例として、延安夫妻AV鑑賞事件を、李碩・前掲（注11）「現代中国民法におけるプライバシーの保護—裁判例分析を中心として—」を参考に説明したい。

2002年8月18日深夜、陝西省延安市にある交番は、管轄区内のある者が猥褻ビデオを観ているという通報の電話を受け、4人の警察官をXの住所に派遣した。ドアが閉まっており、屋内の者がAVビデオを観ているか否か確認できなかったため、警察は、窓の隙間から屋内を覗き、猥褻ビデオが放映されていることを確認した。警察は、病気に対する対処だという嘘の理由で家屋捜査書類を提示せず夫婦の寝室に突入し、また、猥褻行為の証拠を確保するため、猥褻ビデオ、テレビ、ビデオプレーヤーを差し押さえようとして、Xと揉めた。そこで、猥褻伝播物品罪と公務妨害罪の嫌疑でXを交番まで連行し、また、同時に、猥褻伝播物品の証拠品として、寝室内で見つかった3枚の猥褻ビデオ、テレビ、ビデオプレーヤーを差し押さえた。その後、Xを公務妨害罪の疑いで刑事拘留し、検察院によるXの逮捕申請手続を進めた。しかし、11月4日、検察院は警察の逮捕許可申請について、事実が不明瞭で、証拠も不十分と判断して、逮捕許可申請を認めなかった。Xは11月5日から16日間の刑事拘留を経て、事件審査待ちのかたちで釈放された。釈放されたXには精神不安定や自傷行為等の症状が現れ、延安大学医学部附属病院で精神障害と診断された。12月25日、Xは警察を相手にして国家賠償を請求し、また、名誉回復、謝罪陳述、ならびに事件関係者を処分するよう求めた。

2002年12月31日、Xは延安警察と和解し、警察側はXに謝罪し、2万9,137元の補償金を支払った。2003年1月14日、陝西省延安市公安局は事件の主な責任者であった交番所長を免職に処し、警視巡査長を職務待機処分、また、関係警察官1名を免職処分とした。

3 中国の個人情報・データ保護

　以下では、中国の個人情報・データ保護について紹介する。ただし、**1**のとおり、ここでいう「データ」は個人データのことであり、国家安全のための国家秘密データの保護等は論じない。

(1) 個人情報保護・データ保護に関する歴史

　中国では、2001年に周健の「加拿大『隠私権』与個人情報の保護（カナダにおけるプライバシー法と個人情報の保護）」が公刊され、はじめて個人情報の概念や公開等の用語に関する説明がされた[40]。中国では2000年以降に初めて学者が個人情報保護を論じるようになり、また、そのような初期の議論はプライバシーの文脈における議論であった。

　このようななか、立法において個人情報を保護しようと、「個人情報保護法」（専門家意見稿）が2005年に国務院に対して提出され審議が開始されたが、2020年7月現在、いまだに採択されておらず、中国は個人情報保護に関する総合的な法典をいまだに制定することができていない。

　もっとも、情報漏えい事件等が報道され、また、怪しいSMSやDM等が届くなかで、国民の個人情報の安全は、中国の一般市民にとって重要な関心事である。特に不動産売買・賃貸、装飾・内装、教育分野等における個人情報の漏えいが注目を集めている[41]。そこで、国民の個人情報の保護を強化するために、中国政府は、相次いで関連法律を制定し、改正している。現状において、多くの個人情報保護に関する関連規定は、各種法令（居民身分証明書法、消費者権益保護法、民法総則、インターネット安全法等）に散在しているほ

40　周小稚「中国における個人情報保護の立法の動向─個人の尊厳と公共性との協調の視点から─」Journal of East Asian Studies No.17, 2019.3　89～105頁。

41　「消費を見守り」消費者個人情報を侵害する違法行為を取り締まる特別な法律執行行動に関する専門的ニュースリリースを市場監管総局が主催（http://www.samr.gov.cn/xw/xwfbt/201911/t20191118_308613.html）。

か、一定の専門分野（配達業者など）に関する個人情報保護の法律規定が制定されている。

また、刑法に関して、インターネットが発達する以前においては、中国では個人情報に対する侵害行為自体が少なかった。そのため、中国の1979年刑法典と1997年の刑法典が制定された時点においては、112頁で上述したプライバシーに関する犯罪が規定されていたものの、個人情報を保護する構成要件が存在しなかった。2005年の刑法修正案㈤において初めて個人情報を保護する構成要件が規定されたが、あくまでもクレジットカード情報に対する保護に限定された。

個人情報をよりよく保護するため、2009年の刑法修正案㈦は、郵便物の破棄隠匿等に関する犯罪を規定する253条の後に新しい条文を253条の1として設け、公民個人情報売却・不法提供罪および公民個人情報不法取得罪を創設した（旧刑法253条の1）。

その後、2015年の刑法修正案㈨は、253条の1を改正して、①犯罪主体の範囲を拡大すること、②職責の履行またはサービス提供の過程で情報を取得した者を重く処罰すること、③法定刑を加重すること、④公民個人情報売却・不法提供罪と公民個人情報不法取得罪を公民個人情報侵害罪に統合することにより、さらに個人情報の保護範囲を拡大した。それに加えて、刑法修正案㈨では、情報インターネット安全管理義務拒否罪（286条の1）が追加された。

このような改正過程は、個人情報の中国社会における重要性に応じて、構成要件の対象となる（法益として保護されるべき）情報の範囲を拡大し、主体の範囲を拡張する、法定刑を重くする等の対応がなされていく過程と評価することができる。

上述のとおり、個人情報保護に関する総合的な専門的法令である個人情報保護法典は未制定であることから、保護の対象となる「個人情報」の範囲についても統一的な定義はないものの、2016年11月7日に、全人代常委員第24回会議が採択した中国人民共和国インターネット安全法（後述 **4** (3)参照）

は、法律のレベルで初めて個人情報の定義を明らかにした。同法76条5号によれば、「個人情報」とは、電子的またはその他の方式により記録され、単独またはその他の情報と組み合わせて自然人の個人身分を識別することができる各種情報をいう、とされている（下線筆者）。ここでは、自然人の氏名、生年月日、身分証番号、個人の生物識別情報、住所、電話番号等が含まれるが、これらに限られない。

　2020年5月28日に公布された民法典も、個人情報を定義しており、そのなかでは、中国人民共和国インターネット安全法における個人情報の定義とほぼ同様な内容が定められている。すなわち、同法1034条2項では、「個人情報」とは、電子的またはその他の方式により記録され、単独またはその他の情報と組み合わせて特定の自然人を識別することができる各種情報をいう、とされている（下線筆者）。そして、これには、自然人の氏名、生年月日、身分証番号、個人の生物識別情報、住所、電話番号、電子メール、追跡情報等を含むが、これらに限らない、ともされている[42]。

(2)　中国の個人情報・データ保護に関する法令

イ　公　　法

　中国憲法上の人格尊厳、通信の自由および通信の秘密は、個人情報保護の憲法上の法源といわれる[43]。ネットワーク情報保護の強化に関する決定や行政法規である「電信およびインターネットユーザ個人情報保護規定」は、比較的全面的に個人情報の保護措置を規定するものである。同規定は、ユーザ

---

[42]　ここで、中国法上、クッキー（Cookie）等といわれるインターネットユーザ（正確にはブラウザ）を追跡する情報が、「追跡情報」として、民法典1034条2項において個人情報の定義に含まれていることが重要である。ただし、あくまでも、単独またはその他の情報と組み合わせて特定の自然人を識別することができることが必要であるから、このような特定の自然人に対する識別可能性がない限りクッキーは個人情報に該当しないと解される。

[43]　騰笛・林琳『ネットワーク経済法律問題研究』（中国鉄道出版社、2016年）124頁。

個人情報を定義し、その情報の収集・使用の原則および関連規定を明らかにするという内容を特徴とする。

その後、インターネットまたはネットワークにかかわる個人情報の立法活動が活発になり、関連規定が相次いで制定されている。たとえば、2018年5月1日付「情報セキュリティ技術　個人情報安全規範（GB/T 35273-2017）」、2019年1月23日付「アプリによる個人情報の違法・不正な収集・利用に関する特殊ガバナンスについての公告」、2019年3月付「アプリによる個人情報の違法・不正な収集・利用に関する自己評価ガイドライン」、2019年4月10日付「インターネット個人情報安全保護ガイドライン」、2019年10月1日付「児童個人情報ネットワーク保護規定」、そして、2020年の「情報セキュリティ技術　個人情報安全規範（GB/T 35273-2020）」等があげられる。

そのほか図書館、旅行業、測量製図、速達業、信用調査等の専門分野においても、個人情報の保護義務が定められている。

このように、民間企業や民間人であっても、個人情報と密接に関係する業務を行っている場合には、行政法によって個人情報の保護のための体制やルールの整備、収集・利用・公開等に関する制限等がかけられており、これらは、日本の「個人情報保護法」のような包括的な個人情報保護法典が存在しないなかで、実務上重要な意味を有する（図表4-9）。

図表4-9　憲法・行政法上の個人情報保護規定

番号	法令名	内　容
①	憲法（2018年3月11日改正、同日施行）	38条　公民の人格尊厳は侵されない。いかなる方法によっても、公民を侮辱、誹謗または誣告して陥れることを禁止する。 40条　公民の通信の自由および通信の秘密は、法律の保護を受ける。国家の安全または刑事犯罪捜査の必要により、公安機関または検察機関が法律の定める手続に従って通信の検査を行なう場合を除き、いかなる組織または個人も、その理由を問わず、公民の通信の自由および通信の秘密を侵してはならない。

| ② | ネットワーク情報保護の強化に関する決定（2012年12月28日施行） | 1条　国家は公民個人の身分を識別できる電子情報、および公民個人のプライバシーにかかわる電子情報を保護する。

2　いかなる組織および個人も、公民の**個人電子情報**を窃取、またはその他の不法な方法で取得してはならず、また、公民の電子個人情報の販売、または他者に対する不法提供をしてはならない。

2条　ネットワークサービス提供者およびその他の企業・事業組織は、業務活動において公民の**個人情報**を収集、使用するにあたり、合法、正当、必要の原則に従い、情報の収集、使用の目的、方法および範囲を明らかにし、かつ、被収集者の同意を得なければならず、法令の規定および双方の約定に違反して情報を収集、使用してはならない。

2　ネットワークサービス提供者およびその他の企業・事業組織は、中国公民の**個人電子情報**を収集、使用するにあたり、その収集、使用のルールを公開しなければならない。

3条　ネットワークサービス提供者およびその他の企業・事業組織ならびにそれらの従業員は、業務活動において収集した公民の**個人電子情報**につき、厳格に秘密を保持しなければならず、漏えい、改ざん、毀損してはならず、また、販売または他者に対する不法提供をしてはならない。

4条　ネットワークサービス提供者およびその他の企業・事業組織は、技術措置およびその他の必要な措置をとり、情報の安全を確保し、業務活動において収集した公民の**個人電子情報**の漏えい、毀損、紛失を防止しなければならない。情報の漏えい、毀損、紛失が生じた場合、またはそのおそれがある場合は、直ちに補充救済措置を講じなければならない。 |
| ③ | 電信およびインターネットユーザ個人情報保護規定（2013年9月 | 10条　電信業務の事業者、インターネット情報サービスの提供者およびその従業員は、サービスを提供するにあたって、収集または使用したユーザの**個人情報**を厳格に秘密保持しなければならず、漏えい、改ざんまたは毀損してはならず、また、販売または他者への不法提供をして |

	1日施行)	はならない。 11条　電信業務の事業者、ネットワーク情報サービスの提供者が販売、技術サービス等の、ユーザと直接かかわるサービス業務を他者に委託する場合、これがユーザ**個人情報**の収集、使用にかかわるときは、受託者によるユーザ**個人情報**の保護業務につき監督および管理を行わなければならず、かつ、本規定のユーザ個人情報の保護に関する要求を満たさない代理人に関連サービスを委託してはならない。
④	公共図書館法 （2018年10月26日施行）	43条　公共図書館は適切に読者の**個人情報**、借覧情報およびその他読者のプライバシーにかかわりうる情報を保護しなければならず、売却しまたはその他の方法により他人に提供してはならない。
⑤	測量製図法 （2017年4月27日改正、2017年7月1日施行）	47条3項　地理情報生産、利用組織体とインターネット地図サービス提供者がユーザ個人情報を収集、使用する場合、法律、行政法規における**個人情報保護**の関連規定を遵守しなければならない。
⑥	旅行法（2018年10月26日改正、同日施行）	52条　旅行業者は、その経営活動で知りえた旅行者の**個人情報**について、秘密を保持しなければならない。
⑦	速達サービスユーザの個人情報にかかわる安全管理の規定（2014年3月26日施行）	第14条　郵政企業、速達企業が第三者に**ユーザ情報**の入力、送付を委託する場合、委託先が情報安全保障能力を有することを確認したうえ、情報安全保障条項を締結し、双方の責任を明確に分けなければならない。第三者において情報安全事故が発生し、**ユーザ情報**を漏えい、紛失した場合、郵政企業、速達企業は法により相応の責任を負わなければならない。
⑧	信用調査業管理条例（2013年3月15日施行）	13条　**個人の情報**を収集するには、情報主体である本人の同意を得なければならず、情報主体である本人の同意を得ずに収集してはならない。 2　企業の董事、監事、高級管理職およびその職務履行に関する情報は、**個人情報**とされない。 14条　信用調査機構が個人の宗教信仰、遺伝子、指紋、血液型、疾病および病気履歴に関する情報および法律、行

		政法規が収集の禁止を定めるその他の**個人情報**を収集することを禁止する。
		2　信用調査機構は、個人の収入、預金、有価証券、商業保険、不動産の情報および納税金額に関する情報を収集してはならない。ただし、信用調査機構が情報主体に対して、当該情報の提供により生じる可能性のある不利な結果を明確に通知し、かつ、その書面による同意を得た場合を除く。
		15条　情報提供者が信用調査機構に個人不良情報を提供する場合、事前に情報主体である本人に告知しなければならない。ただし、法律、行政法規により開示された不良情報を除く。
		17条　情報主体は、信用調査機構で自身の情報を調べることができる。個人は、毎年2回、無償で本人の信用報告を取得する権利を有する。
		19条　信用調査機構で個人の情報を調べる場合、情報主体である本人の書面による授権を取得し、かつ、使途を約定しなければならない。ただし、法律の規定により授権を経ずに調べることができる場合を除く。
		2　信用調査機構は、前項の規定に違反して個人情報を提供してはならない。
		20条　情報使用者は、個人情報主体と約定した使途に従い個人情報を使用しなければならず、約定以外の用途に使用してはならず、情報主体の同意を得ずに第三者に提供してはならない。

　また、社会保険法、統計法、出国・入国管理法等の法律により、社会保険行政部門、統計部門、出国・入国管理部門等の国家機関およびその職員について、個人情報の保護義務が求められている。上記のとおり、2020年に採択された民法典は、その主体を国家機関、行政機能を引き受ける法定機関およびその職員に拡大した。また、居民身分証書法等の法律でも、個人情報の保護に言及されている。すなわち、中国では、居民身分証書（身分証明書）によって市民を管理しており、このような重要な情報である居民身分証書番号等を関連する公務員が保護しなければならないとされている（図表4－10）。

図表4－10　国家機関およびその職員に個人情報保護義務を課す法令

番号	法令名	内　　容
①	社会保険法（2018年12月29日改正、同日施行）	92条　社会保険行政部門およびその他の行政部門、社会保険取扱機構、社会保険料徴収機構およびその職員が**使用者と個人の情報**を漏えいした場合、直接に責任を負う主管者およびその他の直接責任を負う者に対して処分を与える。被処分者は使用者または個人に損失を与える場合、賠償責任を負わなければならない。
②	統計法（2009年6月27改正、2010年1月1日施行）	9条　統計機関と統計職員は、統計業務で知りえた国家秘密、営業秘密と**個人情報**について、秘密を保持しなければならない。 39条　県レベル以上の人民政府統計機関または関連部門に次の各号に掲げる行為のいずれかがあった場合、任免機関または監察機関は法により、直接責任を負う主管者およびその他の直接責任者に対して処分を与える。 ⑵　統計調査対象の営業秘密、**個人情報**を漏えいし、または統計調査で取得した個別統計調査対象の身分を識別できる、または推測できる資料を提供し、漏えいした場合。
③	核安全法（2018年1月1日施行）	69条　国家秘密、営業秘密と**個人情報**にかかわる政府情報の公開は、国家の関連規定に従う。 74条3項　核安全監督検査職員は、監督検査任務を執行する際、有効な証明書を提示し、知りえた国家秘密、営業秘密と**個人情報**について、法により秘密を保持しなければならない。
④	国家情報法（2018年4月27日改正、同日施行）	19条　国家情報業務機関およびその職員は、厳格に法により取扱いを行わなければならず、職権の超越、職権の濫用を行ってはならず、公民と組織の合法的な権益を侵害し、職務の便宜を利用して自分または他人のために私利を図り、国家秘密、営業秘密と**個人情報**等を漏えいしてはならない。 31条　国家情報機関およびその職員が、職権の超越、職権の濫用をし、公民と組織の合法的な権益を侵害し、職務の便宜を利用して自分または他人のために私利を図り、国家秘密、営業秘密と**個人情報**を漏えいした等の法律・

		紀律違反行為を行った場合、法により処分を与え、犯罪を構成した場合、法により刑事責任を追及する。
⑤	パスポート法（2007年7月1日施行）	12条3項　パスポート発行機関およびその職員は、パスポートの作成、発行により知りえた**公民個人情報**について、秘密を保持しなければならない。 20条　パスポート発行機関の職員が、パスポートの取扱いの際、次の各号に掲げる行為のいずれかに該当する行為を行った場合、法により行政処分を与え、犯罪を構成する場合、法により刑事責任を追及する。 (5)　パスポートの作成、発行により知りえた公民の**個人情報**を漏えいし、公民の合法的な権益を侵害した場合。
⑥	出国・入国管理法（2013年7月1日施行）	85条　出国・入国管理職責を履行する職員に次の各項に掲げるいずれかの行為があった場合は、法に従い処分する。 (3)　出国・入国管理業務において知りえた**個人情報**を漏えいし、当事者の合法的な権益を侵害した場合。
⑦	国際刑事司法協力法（2018年10月26日施行）	17条2項　事件取扱機関は、請求を執行する過程において、当事者およびその他の関係者の合法的な権益を維持し、**個人情報**を保護しなければならない。
⑧	居民身分証明書法（2011年10月29日改正、2012年1月1日施行）	13条　関連組織体およびその従業員は、職務を履行し、またはサービスを提供する過程において獲得した身分証明書に記載される公民の**個人情報**について、秘密を保持しなければならない。 19条　国家機関または金融、電信、交通、教育、医療等の組織体の従業員が、その職務履行、またはサービス提供の過程において獲得した身分証明書に記載される公民の**個人情報**を漏えいし、犯罪を構成する場合、法に基づき刑事責任を追及する。犯罪を構成しない場合、公安機関が10日以上15日以下の拘留に処し、5,000元の罰金を併課し、違法所得がある場合、その所得を没収する。 2　組織体が前項行為を行い、犯罪を構成する場合、法律に基づき刑事責任を追及する。犯罪を構成しない場合、公安機関がその直接の責任を負う管理者およびその他の直接的な責任者を10日以上15日以下の拘留に処し、10万

		元以上50万元以下の罰金を併課し、違法所得がある場合、その所得を没収する。 3　前2項の行為を行い、他者に損害を与えた者は、法により民事責任を負う。
⑨	民法典（2021年1月1日施行）	1039条　国家機関、行政機能を引き受ける法定機関およびその職員は、職責を履行する過程に知りえた自然人のプライバシーと**個人情報**について、秘密を保持しなければならず、他人に漏えいしまたは不法に提供してはならない。

ロ　私　　法

　インターネットは、人々が行為をする方法および場所に大きな影響を与えるとともに、ある意味で、個人情報等の人格権の侵害を容易にしたという側面も存在する。インターネット上の私人間の新しい権利侵害類型、とりわけ個人情報に関する権利侵害をどのように規律するべきかについては、当該権利侵害の方法や類型に新規性があり、現行の規定が不十分であり、少なくとも初期においては適切な法律は存在しなかった。そこで、これらの問題を解決するために[44]、最高人民裁判所は、2014年に情報ネットワークを利用し人身権益を侵害する民事紛争事件を審理する際の法律適用の若干問題に関する規定を公布し、はじめて司法解釈のレベルで、個人情報の法的内容、権利侵害の責任負担方法を明らかにした。その後、民法総則は、初めて民事基本法のレベルで個人情報に対する権利を確立した。

　なお、消費者権益保護法のような消費者保護法においても、個人情報に関連する規定が定められている。2013年に消費者権益保護法が改正されるとともに、消費者はその個人情報が法により保護される権利を享受すると強調されており、かつ、個人情報の収集・使用にあたり、適法性、正当性、必要性

---

[44]　人民裁判所報第2版「情報ネットワークを利用し人身権益を侵害する民事紛争事件を審理する際の法律適用の若干問題に関する規定」（https://www.chinacourt.org/article/detail/2015/01/id/1530018.shtml?&from=androidqq）。

の原則を尊重し、収集・使用の目的、方式および範囲を明示し、消費者の同意を得なければならないと規定されている。これは、ネットワーク上の私人間の個人情報の侵害類型のなかで、とりわけ、インターネットを利用するBtoC企業が、個人情報を勝手に売る等のトラブルを起こしていたことから、消費者を保護するため、特別の保護を図ったことにある。このような手厚い保護は上記**1**(4)の私人間の個人情報の保護が（政府との関係と比較して）相対的に手厚いという特徴をよく表している。

さらに、近時可決された民法典では、個人情報の概念、個人情報の取扱過程における本人の権利（たとえば、閲覧、コピー、異議の提出等）および個人情報取扱業者の義務（適法・正当・必要という原則の遵守、本人同意の取得、取扱ルール・目的・方法・範囲の提示、適切な保管義務等）をさらに明確にした（図表4－11）。

図表4－11　個人情報保護を規定する民事法

番号	法令名	内　容
①	民 法 総 則（2017年10月1日施行）	111条（個人情報の保護）　自然人の**個人情報**は、法律の保護を受ける。いかなる組織および個人も他人の**個人情報**を取得する必要があるとき、それを法に基づき取得し、かつ情報の安全を確保すべきである。違法に他人の**個人情報**を収集し、利用し、加工し、伝達してはならない。違法に他人の**個人情報**を売買し、提供しまたは公開してはならない。
②	民法典（2021年1月1日施行）	111条　自然人の**個人情報**は、法律の保護を受ける。いかなる組織および個人も他人の**個人情報**を取得する必要があるとき、それを法に基づき取得し、かつ情報の安全を確保すべきである。違法に他人の**個人情報**を収集し、利用し、加工し、伝達してはならない。違法に他人の**個人情報**を売買し、提供しまたは公開してはならない。 999条　公共利益のためにニュース報道、世論監督[45]等の

45　民衆が世論によって行政を監督すること。

行為を実施する場合、民事主体の氏名、名称、肖像、**個人情報**等を合理的に使用することができる。使用が合理でなく、民事主体の人格権を侵害する場合、法により民事責任を負担しなければならない。

1030条　民事主体と信用調査機関等の信用情報取扱者との間の関係には、本編における**個人情報**の保護に関する規定およびその他法律、行政法規の関連規定を適用する。

1034条　自然人の**個人情報**は、法律の保護を受ける。

2　**個人情報**とは、電子的またはその他の方式により記録され、単独またはその他の情報と組み合わせて特定の自然人を識別することができる各種情報をいう。これには、自然人の氏名、生年月日、身分証番号、生物識別情報、住所、電話番号、電子メール、健康情報、追跡情報等が含まれる。

3　**個人情報**における私的な情報には、プライバシーの関連規定を適用する。規定がない場合、個人情報の保護に関する規定を適用する。

1035条　**個人情報**を取り扱う場合、適法、正当、必要という原則に従わなければならず、過度に取り扱ってはならず、かつ、次の各号に掲げる条件を満たさなければならない。

⑴　当該自然人またはその他後見人の同意を取得すること。ただし、法律、行政法規に別途の規定がある場合を除く。

⑵　情報取扱のルールを開示すること。

⑶　情報取扱の目的、方法および範囲を明示すること。

⑷　法律、行政法規の規定および双方の約定に違反しないこと。

2　**個人情報**の取扱いには**個人情報**の収集、保管、使用、加工、伝送、提供、開示等が含まれる。

1036条　**個人情報**を取り扱う場合、次の各号に掲げる状況のいずれかに該当するとき、行為者は民事責任を負わない。

⑴　当該自然人またはその後見人の同意した範囲で合理的に実施した行為。

⑵　当該自然人が自ら開示しまたはその他すでに適法に開示された情報を適法に処理した場合。ただし、当該自然

人が明確に拒否し、または当該情報の取扱がその重大な利益を侵害する場合を除く。

(3) 公共利益または当該自然人の適法な権益を維持するために、その他合理に実施した行為。

1037条　自然人は、法により情報取扱者に対してその**個人情報**の閲覧またはコピーを求めることができる。情報に間違いがあると発見した場合、異議を提出しかつすみやかに是正する等必要な措置を講じるよう請求することができる。

2　自然人は、情報取扱者が法律、行政法規の規定または双方の約定に違反してその**個人情報**を取り扱っていることを発見した場合、情報取扱者に対してすみやかに削除するよう請求することができる。

1038条　情報取扱者は、その収集し保管した**個人情報**を漏えいしまたは改ざんしてはならない。自然人の同意を得ずに、その個人情報を不法に他人に提供してはならない。ただし、加工により特定の個人を識別できず、かつ回復できないようにした場合を除く。

2　情報取扱者は、技術措置その他必要な措置を講じて、その収集し保管した**個人情報**の安全を確保し、情報の漏えい、改ざん、紛失を防止しなければならない。**個人情報**の漏えい、改ざん、紛失が発生しまたはそのおそれがある場合、すみやかに救済措置を講じ、規定に従って自然人に通知し、かつ関連主管部門に報告しなければならない。

1039条　国家機関、行政機能を引き受ける法定機関およびその職員は、職責を履行する過程で知りえた自然人のプライバシーと**個人情報**について、秘密を保持しなければならず、他人に漏えいしまたは不法に提供してはならない。

1226条　医療機関およびその医療従事者は、患者のプライバシーおよび**個人情報**について、秘密を保持しなければならない。患者のプライバシーおよび**個人情報**を漏えいした場合、または患者の同意を得ずにそのカルテ資料を開示した場合、権利侵害責任を負わなければならない。

③	情報ネット	12条　ネットワークユーザまたはネットワークサービス提

	ワークを利用し人身権益を侵害する民事紛争事件を審理する際の法律適用の若干問題に関する規定（2014年10月10日施行）	供者がネットワークを利用して自然人の遺伝的情報、患者のカルテ情報、健康診査資料、犯罪記録、住所、プライベート活動等の個人プライバシーおよびその他の**個人情報**を公開することにより、他人に損害をもたらし、被権利侵害者が権利侵害の責任を追及する場合、裁判所は当該請求を支持しなければならない。ただし、以下の状況に該当するときを除く。 (1)　自然人の書面による同意を得、かつ約定の範囲内で公開する場合 (2)　社会公共利益を促進するため、かつ必要な範囲内である場合 (3)　学校、研究機関が公共利益に基づき学術研究または統計の目的のために、自然人の書面同意を得、かつ公開方式をもって特定の自然人を識別することができない場合 (4)　自然人が自らネットワーク上で公開した情報またはその他の合法的に公開された個人の情報である場合 (5)　合法的なルートを通じて獲得した個人の情報である場合 (6)　法律または行政法規の別途規定がある場合 ２　ネットワークユーザまたはネットワークサービスの提供者が社会公共利益、社会公徳に違反する方式をもって前項4号、5号に定める**個人情報**を公開するとき、または当該情報を公開することが権利者の保護する必要のある重大利益を侵害し、権利者がネットワークユーザまたはネットワークサービスの提供者に対して権利侵害の責任を追及する場合、裁判所はこれを支持する。 ３　国家機関が職権を行使し、**個人の情報**を公開する場合、本条の規定を適用しない。 17条　ネットワークユーザおよびネットワークサービス提供者が、他人の人身上の権益を侵害し、財産上の損失または甚大な精神的損害をもたらし、被権利侵害者が、侵害責任法第20条および第22条の規定に基づき賠償責任を追及する場合、裁判所は、当該請求を支持しなければならない。
④	消費者権益保護法（2013年	14条　消費者は商品を購入、使用する場合およびサービスを受ける場合、人格の尊厳、民族の風俗習慣が尊重され

<table>
<tr><td>10月25日改正、
2014年3月15
日施行）</td><td>る権利、**個人情報**が法により保護される権利を享受する。

29条　事業者が消費者の**個人情報**を収集、使用する場合、合法、正当、必要の原則を遵守するものとし、情報の収集、使用の目的、方法および範囲を明示し、かつ消費者の同意を得なければならない。事業者が消費者の**個人情報**を収集、使用する場合、その収集、使用に関する規則を公開するものとし、法律法規の規定および双方の合意に違反して情報を収集、使用してはならない。

2　事業者およびその従業員は、収集した消費者の**個人情報**につき、厳格に秘密を保持しなければならず、漏えい、販売、他者への不法提供をしてはならない。事業者は技術上の措置およびその他の必要な措置をとり、また、情報のセキュリティを確保し、消費者の**個人情報**の漏えい、紛失を防止するものとする。情報の漏えい、紛失が生じ、またはそのおそれがある場合、直ちに補充救済措置を講じるものとする。

50条　事業者が消費者の人格の尊厳、人身の自由または**個人情報**の法により保護される権利を侵害する場合、侵害の停止、名誉の回復、影響の除去、謝罪を行わなければならず、かつ損失を賠償しなければならない。

56条　事業者は次の各号のいずれかに該当する場合、相応の民事責任を負うほか、処罰機関および処罰方式に関してその他関連法律法規の規定がある場合、法律法規の規定に従い執行する。法律法規に定められていない場合、工商行政管理部門またはその他関連行政部門が、是正を命じ、状況に基づき、警告、違法所得の没収、違法所得の2倍以上10倍以下の過料を併科または単科し、違法所得がない場合、50万元以下の過料を科す。情状が重い場合、営業停止、会社整理を命じ、営業許可証を没収する。

⑼　消費者の人格の尊厳、人身の自由または**個人情報**の法により保護される権利を侵害する場合</td></tr>
</table>

ハ　刑　法

　個人情報に関する刑法の規定については、上記(1)で改正経緯を詳説したとおりであり、具体的規定は、主として図表4 −12のとおりである。

図表4 −12　個人情報の保護を規定する刑事法

番号	法令名	内　　容
①	刑法（2009年 2 月28日改正が「旧刑法」、2015年 8 月29日改正が「新刑法」）	177条　次の各号に掲げる事由のいずれかに該当し、クレジットカードの管理を妨害した者は、 3 年以下の有期懲役または拘留に処し、 1 万元以上10万元以下の罰金を併科または単科する。数量が膨大である場合、またはその他の重い情状がある場合には、 3 年以上10年以下の有期懲役に処し、 2 万元以上20万元以下の罰金を併科する。（各号略） 2 　**他人のクレジットカードの情報データ**を窃取し、買収し、または不法に提供した者は前項の規定により処罰する。 旧刑法253条の 1 　国家機関、または金融、電信、交通、教育、医療等の組織体の従業員が、国家規定に違反し職務履行またはサービス提供の過程において獲得した公民の**個人情報**を、他人に対して販売、または不法に提供し、情状が重い場合、 3 年以下の有期懲役または拘留に処し、罰金を併科または単科する。 2 　窃取またはその他の方法をもって前述の情報を違法取得し、情状が重い場合、前項の規定に基づき処罰する。 3 　組織体が前 2 項の罪を犯した場合、組織体に罰金を科し、あわせて直接の責任を負う管理者およびその他の直接的な責任者に対しては、各項の規定に基づき処罰する。 新刑法253条の 1 　国の関連規定に違反し、公民の**個人情報**を他人へ販売しまたは提供し、情状が重い場合、 3 年以下の有期懲役または拘留に処し、罰金を併科または単科する。情状が著しく重大である場合、 3 年以上 7 年以下の有期懲役に処し、罰金を併科する。 2 　国の関連規定に違反し、職責の履行またはサービスの

		提供の過程で取得した公民の**個人情報**を、他人に売却または提供した場合、前項の規定に従って重く処罰する。 3　窃取またはその他の方法をもって公民の**個人情報**を違法取得した場合、第1項の規定に基づき処罰する。 4　組織体が前3項の罪を犯した場合、組織体に罰金を科し、あわせて直接の責任を負う管理者およびその他の直接的な責任者に対しては、各項の規定に基づき処罰する。 新刑法286条の1　ネットワークサービス提供者は、法律と行政法規で規定された情報インターネット安全管理義務を履行せず、監督管理部門から是正措置を行うよう命じられたにもかかわらず、是正せず、次に掲げるいずれかの状況があるときは、3年以下の有期懲役、拘留または管制に処し、罰金を併科または単科する。 ⑴　違法な情報を大量に拡散したとき ⑵　インターネット使用者の情報の漏えいにより、重い結果を生じさせたとき ⑶　刑事事件の証拠が消滅し、情状が重いとき ⑷　その他の重い情状があるとき 2　組織体が前項の罪を犯した場合、組織体に対して罰金を科するほか、その直接責任を負う主管者およびその他の直接責任者も、前項と同様に処罰する。 3　前2項に規定する行為を行い、同時にほかの犯罪を構成するときは、その処罰が重い規定により罪を認定し処罰する。

　さらに、最高人民裁判所および最高人民検察院は、2017年5月8日に「公民個人情報侵害刑事案件の処理に適用する法律にかかわる若干の問題に関する解釈」を公布した。同解釈では、公民個人情報の範囲、不法な公民個人情報の提供および取得行為、公民個人情報侵害罪の確定基準等を明らかにした。

(3) 裁判例・行政処罰事例

イ 民事裁判例[46]

2013年11月5日、林氏は、成都発昆明行きの航空券を予約し、予約の際、その携帯番号を四川航空社に通知した。同日、林氏は、四川航空社から発券済情報およびフライト情報を受信した。11月9日、林氏の携帯電話に、①林氏の氏名およびフライトの詳細情報を記載し、かつ、②林氏の予約したフライトが都合によりキャンセルされると提示し、かつ、③ほかの電話番号で払戻しまたは変更手続を行うよう請求するメッセージが届いた。これは、何者かが四川航空社になりすまして送ったメッセージであったが、その内容は四川航空社でなければ知りえないほど詳細であり、林氏は、本物の四川航空社からのメッセージだと理解した。そこで、林氏は、やむなく、雲南祥鵬航空社の成都発昆明行きの航空券を予約した。ところが、その後、林氏が2013年11月5日に予約したフライトは実際にはキャンセルされていないことが判明した。よって、林氏は、四川航空社を被告として提訴し、謝罪および関連費用等の損失の賠償を求めた。

一審の人民裁判所は、林氏は、四川航空社がその取引情報を把握し、知りうること、および当該情報がどこかから漏えいし、メッセージを送付した「なりすまし」犯に伝わったという事実を証明したものの、当該情報を漏えいしたのが確実に四川航空社であったことを証明できなかったとし、証明責任の観点から、林氏の請求を棄却した。

しかし、二審[47]の人民裁判所は、以下のとおり論じた。林氏は、証拠からの距離が遠く、証拠収集に必要な条件および手段を欠いている普通の消費者であって、四川航空社の証拠収集能力は明らかに林氏より強力であり、立証において有利な地位に立っている。林氏が自分のできる限りのことを尽く

---

46 （2015）成民終字第1634号。
47 中国は2審制であるから、控訴審であり、最終審でもある。

し、客観的に収集できる証拠を提示し、チケット販売に関連してその情報が漏えいされたという事実を証明した以上、林氏にさらに「漏えいが四川航空社で生じたこと」についてまでの立証責任を求めることは、明らかにその立証能力を超えていて、公平の原則に反すると判断した。このように判断し、二審の人民裁判所は謝罪、損失賠償等、林氏の主たる請求を認容した[48]。

ロ　刑法に関する裁判例

「公民個人情報侵害刑事案件の処理に適用する法律にかかわる若干の問題に関する解釈」の公布に伴い、最高人民検察院は、2017年5月16日に個人情報を侵害する典型的な事例を6つ発表した[49]。ここでは、その事例1を紹介する。

2014年から2016年7月にわたって、上海市疾病統制センターの職員である韓氏は、職務上の便宜を利用し、上海市疾病統制センターが毎月アップデートした上海市新生児の情報（毎月約1万件）を窃盗し、かつ、これらの情報を、黄浦区疾病統制センターの職員である張氏に販売し、張氏は、これらの情報をさらに範氏に転売した。このような新生児の情報は、乳幼児用健康食品を販売する企業に提供された。事件が発覚した際、3人が不正に取得した新生児の情報は合計30万件以上にのぼった。

2017年2月8日、上海市浦東新区裁判所は、公民個人情報侵害罪により、韓氏らをそれぞれ7カ月から2年3カ月までの有期自由刑に処した。

ハ　行政罰

市場監督管理総局は、2019年3月に、同年4月1日から9月30日までの6カ月間で、消費を見守り、消費者の個人情報を侵害する違法行為を取り締ま

48　日本では、個人情報の不正利用について謝罪広告（日本民法723条参照）が原則として認められないが、中国では権利侵害責任法15条1項7号により謝罪広告が認められている。

49　最高検が6つの公民個人情報侵害犯罪の典型的事件を公布（https://www.spp.gov.cn/xwfbh/wsfbt/201705/t20170516_190645.shtml#1）。

るという特別なキャンペーンを行うことを決定した。全国市場監督管理部門は、計1,474件にのぼる各種の事件を立件して処理した。これらの事案において関係する個人情報は369.2万件であり、罰金・過料の合計は1,946.4万元である[50]。

また、市場監督管理総局は、当該キャンペーン期間に摘発した10件の典型的事例を公布した。その1つを以下に紹介する。

2019年1月、浙江省諸暨市市場監督管理局は、ある不動産デベロッパーが物件を販売した際、所有者の個人情報を漏えいし、販売したことを発見した。当該デベロッパーが所有者の氏名、住所、連絡先等の個人情報を取得した後、適切に保管しておらず、所有者の個人情報がデベロッパーの従業員によって、1,200元の価格で他人に販売され、所有者の個人情報の漏えいが発生した。2019年5月24日、諸暨市市場監督管理局は、消費者権益保護法により、当該デベロッパーに対して行政罰を与えた。

(4) ま と め

中国では、個人情報に関する議論は、2000年代になってはじめて開始されており、清末・中華民国時代からすでに議論が開始されていたプライバシーと比べれば、議論が開始されるまでにきわめて長い時間がかかっている、と評することができる。

しかしながら、インターネット時代においては個人情報がますます重要視され、流通するようになり、それに対応して中国でも活発な立法がなされている。いまだに「個人情報保護法典」といえるような包括的法典は存在しないが、分野ごとにさまざまな法令が個人情報を保護している。

そのなかでも、たとえば消費者権益保護法について実際に処罰事例が存在するように、民間においては比較的活発な個人情報保護が行われており、政府や消費者保護団体がBtoC企業に対し、消費者の個人情報の保護を比較的

50　前掲（注41）。

厳しく求め、実際に個人情報保護に関する法令の規定が活用されることもある。また、インターネット関連企業に対しても業界に特化した行政法等により、さまざまなかたちで個人情報の保護が求められている。

　後述のとおり、個人情報保護法典の制定が計画されており、より完全なかたちの個人情報保護に関する法体系が完成することが期待されている。

４　最近のトピック

(1)　電子商取引法

　オンライン、オフラインを問わず、消費者との関係でBtoC企業が個人情報保護の責任を含むどのような責任を負うかを定める消費者権益保護法はすでに存在していたが、インターネット上の商取引が活発化することに伴い、インターネット上の商取引に特化した個人情報保護を含む事業者の責任を定める法令の必要性が認識された。

　2018年8月31日に、中国全人代常務委員会により、電子商取引法が採択され、2019年1月1日から施行された。電子商取引法23条では、電子商取引経営者はそのユーザの個人情報を収集、使用するにあたって、法律、行政法規の個人情報保護に関する規定を遵守しなければならないと規定されている。

　また、同法24条は、ユーザによるユーザ情報の閲覧、訂正、削除および登録抹消の手続および方法を明らかにし、本人が個人情報を有効にコントロールすることを保証する[51]。消費者権益保護法における個人情報の保護をさらに具体化し、かつ、インターネット安全法48条8項に定めるユーザーの権利である削除権および訂正権に加えて、ユーザによる個人情報の閲覧および登録抹消の権利を追加した。

　さらに、電子商取引法25条によれば、関係主管部門は必要な措置を講じて電子商取引経営者が提供したデータ情報の安全を保護し、そのなかの個人情

報、プライバシーおよび営業秘密について厳格に秘密を保持しなければならず、これを漏えい、売却または不法に他人に提供してはならないとされている。つまり、電子商取引経営者だけではなく、関係主管部門に対しても、プライバシーや個人情報について、その秘密を保持する義務が定められている。

　中国の電子商取引は盛んであるが、そのなかで個人情報の漏えいや目的外利用等、さまざまな個人情報の取扱いに関する問題が生じていることから、電子商取引法は、消費者保護のために個人情報の保護を強化したものといえる。また、多数のインターネット上の取引はプラットフォームを通じたものであるところ、個々の電子商取引経営者が本当に法令を遵守するかについては疑問があるため、プラットフォーム事業者にその責任を果たさせることで、実効性を高めようとしている。

　電子商取引法の解釈にはいまだに明確でないところがあるが、消費者の権益を保護することを強調している一方、経営者の利益にも配慮し、経営者の責任を画定しており、電子商取引業界に存在した各種の問題を解決するための法的整理を提供するという重大な意義を有している。

(2)　プロファイリング

　中国では、信用スコア等のプロファイリング技術が広く活用されている。

　強制的効力のあるデータ収集・処理に関する法令で、プロファイリングの定義は定められていない。しかし、国家基準である情報セキュリティ技術個人情報安全規範（GB/T 35273-2017）では、それを、個人情報を収集、取

51　電子商取引法24条：電子商取引経営者はユーザ情報の閲覧、訂正、削除およびユーザ登録抹消の方式、手続を明示しなければならず、ユーザ情報の閲覧、訂正、削除およびユーザ登録抹消について不合理な条件を設定してはならない。電子商取引経営者はユーザ情報の閲覧または訂正、削除申請を受け取った場合、本人確認をした後に直ちにユーザ情報の閲覧の提供または訂正、削除を行わなければならない。ユーザが登録抹消を行った場合、電子商取引経営者は直ちに当該ユーザの情報を削除しなければならない。ただし、法律、行政法規の規定または双方の取決めに従い保存する場合、その規定に従う。

りまとめ、分析することにより、ある特定の自然人の個人的特徴（たとえば、その職業、経済、健康、教育、好み、信用、行為等）に関して分析または予測を行い、その個人的特徴を形成する過程を指す、と定義している。情報セキュリティ技術個人情報安全規範は推奨的国家基準であり、国家が適用を推奨するものであり、強制的効力を有しないものの、いわばベストプラクティスとして、実務上、企業の対応や主管部門の指導において参照されるという意義をもっていると考えられる。

　ここで、情報セキュリティ技術　個人情報安全規範は、ユーザプロファイリングを直接ユーザプロファイリングと間接ユーザプロファイリングに分類している。直接ユーザプロファイリングとは、直接に特定の自然人の個人情報を使用して当該自然人の特徴のモデルを構成することを指す。間接ユーザプロファイリングとは、特定自然人以外（たとえば、その者が所在する集団）の情報を使用して当該自然人の特徴モデルを構成することを指す。たとえば、目的達成に必要な場合を除き、個人情報の処理者は、個人情報を使用する際、特定の個人を確定することを回避するために、個人を識別する情報を削除すべきである。ここでいう目的達成というのは、情報セキュリティ技術個人情報安全規範7.3条(a)号によれば、たとえば、個人の信用状況を正確に評価する目的の場合、直接ユーザプロファイリングを使用することができるが、商業広告を配信する目的なのであれば、間接ユーザプロファイリングを使用したほうがよいとされている。

　さらに、2020年3月6日、国家市場監督管理総局国家基準管理委員会は、正式に国家基準GB/T 35273-2020「情報セキュリティ技術　個人情報安全規範」を公布し、2020年10月1日より上記の旧来からの情報セキュリティ技術個人情報安全規範（GB/T 35273-2017）にかえて施行することになっている。プロファイリングについて、GB/T 35273-2020「情報セキュリティ技術　個人情報安全規範」の7.4条は新たな使用制限を設けた[52]。

　信用スコアについてみると、上記のとおり、プロファイリングは、「個人情報を収集、取りまとめ、分析することにより、ある特定自然人の個人的特

徴（たとえば、その職業、経済、健康、教育、好み、信用、行為等）に関して分析または予測を行い、その個人的特徴を形成する過程を指す」とされており、信用についての分析・予測を含む。そして、中国では、実際に、アリババやテンセント等が信用スコアによるプロファイリングを実施しており、これは上記の各通達等が出される前にすでに開始されている[53]。たとえば、当該プラットフォームにおけるさまざまな取引履歴を信用スコアに利用することを同意すると、信用スコアが算定され、当該信用スコアが一定以上であれば、シェアリングサービスにおける保証金が免除される等、一定のベネフィットが得られる（これは、自分の個人情報を「換金」する側面があると指摘されている）。

　上記のとおり、情報セキュリティ技術　個人情報安全規範7.3条(a)号は、個人の信用状況を正確に評価する場合、直接ユーザプロファイリングを使用することができるとしていることから、信用スコア目的によるプロファイリングは是認されている。ただし、無制限に可能なのではなく、インターネッ

52　情報セキュリティ技術　個人情報安全規範7.4条　プロファイリング：個人情報管理者に対する要求は、以下のとおりとする。
　(a)　ユーザプロファイリングにおける個人情報本人の特徴描写について、次の各号に掲げることを行ってはならない。
　　1)　猥褻、エロチック、賭博、迷信、テロ、暴力が含まれる内容。
　　2)　民族、人種、宗教、障害、疾病について差別を表す内容。
　(b)　業務運営または対外業務提携においてユーザプロファイリングを使用する場合、次の各号に掲げることを行ってはならない。
　　1)　公民、法人またはその他組織の適法な権益を侵害すること。
　　2)　国家安全、栄誉および利益を侵害し、国家政権の転覆、社会主義制度の転覆を扇動し、国家の分裂を扇動し、国家の統一を破壊し、テロリズム、過激主義を宣伝し、民族の恨み、民族差別を宣伝し、暴力、猥褻・エロチックな情報を宣伝し、偽りの情報を捏造して広めて経済秩序と社会秩序を乱すこと。
　(c)　個人情報本人が授権して同意した使用目的を実現する必要がある場合を除き、個人情報を使用した際、特定の個人を正確に測位することを回避するために、明確な身分指向性を削除しなければならない。たとえば、個人の信用状況を正確に評価するために、直接ユーザプロファイリングを使用することができる。商業広告を配信する目的に使用される場合、間接ユーザプロファイリングを使用することが望ましい。
53　日本語の解説として、「平成30年版　情報通信白書　第1部」（https://www.soumu.go.jp/johotsusintokei/whitepaper/ja/h30/pdf/n2700000.pdf）および高口康太「中国の社会信用システムについて」CISTECジャーナル2020年1月号（No.185）232頁参照。

ト個人情報安全保護ガイドライン6.3条(c)号によれば、完全に自動化により処理したユーザプロファイリング技術を信用評価サービス等、ユーザに法的結果をもたらしうる可能性のある付加価値の利用に適用する場合[54]、事前にユーザの明確な承認を得てからそのデータを使用することができる、とされている。したがって、信用スコアによるプロファイリングを行う場合、本人の承認を得なければならない。

　従来はアリババとテンセントを中心とする個別のプラットフォーマーが信用スコアサービスを競って開始していたが、2018年に「百行征信有限公司」（バイハン・クレジット）が運用を開始した。将来的には、個別の信用スコアサービスがバイハン・クレジットに統合されることが構想されている。これは、まさに中国における政府対個人の関係での個人情報が、政府によって強く管理・統制される側面を象徴しているものの、日本等外国の論者の警戒感にもかかわらず、中国では、中国社会に存在するさまざまな信用問題を解決することにより、経済活動がスムーズに行われ、犯罪の少ない安定した社会が実現することを国民は望んでいるとも指摘されていることには留意が必要である[55]。

(3)　インターネット安全法

　中国の情報法で最も注目されるものの１つがインターネット安全法（2017年６月１日施行）である。インターネット安全法は、インターネットに関係する主体、たとえばネットワーク運営者[56]に対する義務を定めることで、ネットワーク運用の安全、ネットワーク情報の安全、監視、事前警告および緊急対応処理等を具体的に規定し、サイバー空間の安全を保障し、サイバー

---

[54]　たとえば、検索結果の順位、個性化したニュースの配信等という付加価値の利用は、法的結果が生じない。一方、信用評価サービス、行政司法決定等は、法的結果を生じさせる可能性がある。この場合、ユーザに法的結果をもたらしうる可能性のある付加価値の利用に該当する。

[55]　西村友作「アリババ、テンセントも集約。中国の信用スコア国家管理に若者たちの本音」（https://www.businessinsider.jp/post-191019）。

空間における主権および国の安全、社会の利益を保護し、公民および法人の合法的権益を保護し、経済社会の情報化の健全な発展を促進することを目指す法令である。同法はプライバシーと個人情報の双方について規定している。

　まず、プライバシーについて、インターネット安全法12条2項は、いかなる個人および組織も、ネットワークを使用するにあたり、他人の名誉、プライバシー、知的財産権その他の適法な権益を侵害する等の活動に従事してはならないと規定している。

　また、個人情報について、インターネット安全法40条から44条は、ネットワーク運営者は、主に次に掲げる措置を講じなければならないと規定している。

① 　ネットワーク運営者は、自らが収集した使用者の情報について厳格に秘密を保持し、なおかつ使用者情報の保護制度を確立して健全化しなければならないこと。

② 　ネットワーク運営者は、個人情報を収集、使用するにあたり、適法、正当および必要の原則を遵守し、収集および使用の規則を公開し、情報収集および使用の目的、方法および範囲を明示し、なおかつ提供者の同意を得なければならないこと。

③ 　ネットワーク運営者は、自らが提供するサービスと関係のない個人情報を収集してはならず、法律および行政法規の規定ならびに双方の約定に違反して個人情報を収集、使用してはならず、なおかつ法律および行政法規の規定ならびに使用者との約定により、自らが保存する個人情報を取り扱わなければならないこと。

56　なお、インターネット安全法の適用の是非について、インターネット安全法76条3号によれば、上記のネットワーク運営者とは、ネットワークの所有者、管理者およびネットワークサービスの提供者のことをいうとされている。その定義は広範かつあいまいであるが、ネットワーク（社内のネットワークを含む）を利用して単に従業員の個人情報等の管理を行う企業についても、前記のネットワーク運営者に該当しうるので、インターネット安全法が適用されると解される可能性はある、と考えられる。

④　ネットワーク運営者は、自らが収集した個人情報を漏えい、改ざん、毀損してはならない。提供者の同意を得ずに、他人に対し個人情報を提供してはならない（ただし、処理を経て特定の個人を識別するすべがなく、なおかつ復元不能である場合を除く）こと。

⑤　いかなる個人および組織も、個人情報を窃取するか、その他の不法な方式により、これを取得してはならず、個人情報を不法に販売するか、他人に対し不法に提供してはならないこと。

そして、インターネット安全法31条は、公共通信および情報サービス、エネルギー、交通、水利、金融、公共サービス、電子行政サービス等の重要業界および分野や、いったん機能の破壊もしくは喪失またはデータ漏えいに遭遇すると、国の安全、国民の経済・生活および公共の利益に重大な危害を及ぼすおそれのある重要な情報インフラの運営者を重要情報インフラ運営者と規定し、その下位規範である「インターネット個人情報安全保護ガイドライン」「アプリによる個人情報の違法・不正な収集・利用に関する特殊ガバナンスについての公告」「アプリによる個人情報の違法・不正な収集・利用に関する自己評価ガイドライン」「情報セキュリティ技術　個人情報安全規範」を規定する等というかたちで、重要情報インフラ運営者に対して個人情報の国内保存義務および外国へ持ち出す場合の安全評価義務を課した。さらに、これに関して、データセキュリティ管理弁法、個人情報国外移転安全評価弁法、ネットワークセキュリティ等級保護条例、個人情報および重要データ国外移転安全評価弁法等のパブリックコメント募集案も公布された。

要するに、インターネット安全法は、重要な情報の国内保存義務および外国へ持ち出す場合の安全評価義務を課したところ、その重要情報には（いわゆる国家安全に関する情報に加え）個人情報も含まれるということである。このような規制の目的としては、ネットワークの安全を保障し、ネットワーク空間の主権ならびに国の安全および社会公共の利益を保ち、公民、法人その他の組織の適法な権益を保護し、なおかつ経済・社会の情報化の健全な発展を促進するためには、いわゆる国家機密や技術情報等だけではなく、個人情

報もこのような保護の対象とする必要があると考えられている。個人情報に対する規制の根拠として「国の安全および社会公共の利益」を強調するところは、中国の個人情報に関する法政策の重要な特徴といえる。そして、これが国家と密接に結びついているからこそ、個人情報国外移転安全評価弁法3条のパブリックコメント募集案によれば、個人情報を外国へ持ち出す場合等の国外移転安全評価の際には所在地の省レベルのネットワーク情報管理当局に個人情報国外移転安全評価を申し出るとしており、行政ないしは政府が個人情報に対し国家安全の観点から強い関心を有しているからこそ、このような行政の強い関与が認められるといえよう。

なお、インターネット安全法上、プライバシーは、ネットワークを利用する者に対する禁止行為のなかで、その被侵害利益としてあげられているところ、個人情報は、ネットワーク運営者に対する適切な取扱いの義務という文脈であげられている。このようにインターネット安全法は、プライバシーという概念と個人情報という概念を、消極的・防衛的な権利はプライバシー、積極的な権利は個人情報というかたちで使い分けていると評価することも可能だろう。

(4) 個人情報の第三者への共有・譲渡

繰り返しになるが、「個人情報保護法典」といわれるような法令は中国には存在しない。そこで、上記のとおりさまざまな法令に個人情報の保護に関する規定が含まれている。ここで、日本の個人情報保護法23条が定める、個人情報（個人データ）の第三者への共有・譲渡について、中国法がどのように規定するかを、いくつかの重要な法令の規定に基づき説明したい。

たとえば、消費者権益保護法29条2項が「事業者およびその従業員は、収集した消費者の個人情報につき、厳格に秘密を保持しなければならず、漏えい、販売、他者への不法提供をしてはならない」としているが、これは、個人情報を無断で漏えい・販売、不法提供するといった行為を禁止することで、間接的に、第三者への共有・譲渡を規制しているものといえる。このよ

うな「漏えい、販売、他者への不法提供」の禁止は、上記のさまざまな法令においてみられるものであるが、これを裏返せば、おおむね第三者への提供や共有について、本人の同意を得ることが原則となる（さもなくば無断販売や不法販売等として違法になる）ことが規定されているといえる。

同意が「原則」ということは、「例外」も存在するということである。たとえば、上記の民法典999条（図表4−11の②）によれば、公共利益のためにニュース報道、世論監督などの行為を実施する場合、民事主体の氏名、名称、肖像、個人情報等を合理的に使用することができる、とされていることから、本人の同意を得る必要がないと解されている。また、上記の情報ネットワークを利用し人身権益を侵害する民事紛争事件を審理する際の法律適用の若干問題に関する規定第12条（図表4−11の③）によれば、次の各号に掲げる場合、本人の同意を得る必要がないとされている。

⑴　自然人の書面による同意を得、かつ約定の範囲内で公開する場合

⑵　社会公共利益を促進するため、かつ必要な範囲内である場合

⑶　学校、研究機関が公共利益に基づき学術研究または統計の目的のために、自然人の書面同意を得、かつ公開方式をもって特定の自然人を識別することができない場合

⑷　自然人が自らネットワーク上で公開した情報またはその他の合法的に公開された個人の情報である場合

⑸　合法的なルートを通じて獲得した個人の情報である場合

⑹　法律または行政法規の別途規定がある場合

このように、中国の個人情報保護に関する法令の規定を概観すると、本人同意を原則としながら、例外的に本人同意を得なくてよい場合が認められているという意味で、日本の法制とも類似する大枠となっていることがわかる。

法令レベルよりも、さらに下位の国家基準レベルに目を向けると、より明確かつ詳細に個人情報の第三者への共有・譲渡について規定したものが、存在する。それはGB/T 35273-2020「情報セキュリティ技術　個人情報安全規範」である。同規範9.2条では、個人情報の第三者への共有・譲渡につい

て、リスクを十分に重視しなければならず、第三者に共有・譲渡をする場合には、事前に安全影響評価を行い、個人情報本人に対して共有・譲渡の目的、共有先・譲渡先の性質、および生じうる結果を告知し、かつ事前の同意[57]を取得しなければならないとされている。個人センシティブ情報[58]については、さらに詳細な説明および明示的な同意の取得が必要とされている。個人生物識別情報[59]については、原則として共有、譲渡をしてはならず、たしかに共有、譲渡する必要がある場合、個人情報本人に対してその点のみについてのさらに詳細な説明および明示的な同意の取得が必要とされている。また、同規範によれば、個人情報の共有・譲渡にあたっては、共有・譲渡の状況を正確に記録・保存する必要があり、個人情報の共有・譲渡により個人情報本人に損害を生じた場合は責任を負うとされている。

　繰り返しになるが、この「情報セキュリティ技術　個人情報安全規範」に強制的な効力は存在せず、あくまでも国家として推奨する基準にすぎない。そこで、一種のベストプラクティスとして、多くの企業が目指すべき姿と理解されている（図表4−13）。ただし、実際に多くの企業がこの水準の対応をしているかは疑問であり、たとえば、安全影響評価を行わずに本人同意だけで譲渡をしていることも実務では少なくないようである（つまり、「情報セキュリティ技術　個人情報安全規範」のより高い水準を満たさなくても、たとえば消費者との取引を行う企業なら最低限、消費者権益保護法29条2項の基準を満

57　上記の同意取得を不要とする例外事由は、国家や公共の安全等の目的や個人情報本人が自ら公開している情報等に限られている。

58　GB/T 35273-2020「情報セキュリティ技術　個人情報安全規範」3.2条によれば、個人センシティブ情報とは、いったん漏えい、不法に提供または濫用されると、人身や財産の安全を害するおそれがあり、さらには個人の名誉・心身の健康が害されたり、偏った待遇等をもたらすおそれがある個人情報を指す、とされている。
　　個人センシティブ情報には、身分証明書番号、個人生物識別情報、銀行口座番号、通信記録および内容、財産情報、信用情報、行動履歴、所在情報、健康生理情報、取引情報、14歳以下の児童の個人情報等が含まれるとされる。

59　GB/T 35273-2020「情報セキュリティ技術　個人情報安全規範」5.4条(c)号註によれば、個人生物識別情報には、個人遺伝子、指紋、声紋、手紋、耳殻、虹彩、顔認識特徴等が含まれている。

たす限り、「違法」ではないことから、そのような最低限度の「違法ではない」ラインで実務を進める中国企業も存在するということである。とはいえ、コンプライアンスを重視する日系企業であれば、まずはベストプラクティスを志向し、具体的な状況の下ベストプラクティスの推進が困難な場合に、専門家の助言を受けながら具体的な対応を検討すべきであろう）。

図表4−13 個人情報の第三者への共有・譲渡に関するベストプラクティス

番号	法令名	内　容
①	情報セキュリティ技術　個人情報安全規範（GB／T 35273-2020）（2020年10月1日施行）	9.2条　個人情報共有・譲渡 　　個人情報管理者は、個人情報の共有、譲渡にあたって、リスクを十分に重視しなければならない。個人情報の共有、譲渡について、買収、合併、再編、破産によらない場合、次の各号に掲げる要求を満たさなければならない。 (a)　事前に個人情報安全影響評価を行い、かつ、評価結果により個人情報本人を有効に保護する措置を講じること。 (b)　個人情報本人に対して、個人情報の共有・譲渡の目的、データ受領者の類型および生じうる結果を告知し、かつ、事前に個人情報本人の授権同意を取得すること。仮名化により処理された個人情報を共有し譲渡し、かつ、データ受領者があらためて個人情報本人を識別しまたは関連づけることができないことを確保する場合を除く。 (c)　個人センシティブ情報を共有、譲渡する前に、(b)に告知される内容のほか、個人情報本人に対して、関係する個人センシティブ情報の類型、データ受領者の身分とデータ安全能力を告知し、かつ、事前に個人情報本人の明示的同意を取得すること。 (d)　契約等の形式により、データ受領者の責任および義務を規定すること。 (e)　個人情報の共有、譲渡の状況（共有・譲渡の日付、規模、目的およびデータ受領者の基本情報等）を正確に記録し保存すること。

(f)　個人情報管理者は、データ受領者が法令上の要求または双方の約定に違反して個人情報を処理していることを発見した場合、データ受領者に対して関連行為を中止するよう直ちに要請し、かつ、有効な救済措置（たとえば、暗証番号の変更、権限の回収、インターネット接続の切断等）を自らまたはデータ受領者をしてとらせるよう要求し、個人情報の安全リスクを制御しまたは除去しなければならない。必要な場合、個人情報管理者は、データ受領者との業務関係を解除し、かつ、データ受領者に対して個人情報管理者から取得した個人情報をすみやかに削除するよう要求すること。

(g)　個人情報の共有、譲渡により安全事件が発生し、個人情報本人の適法な権利に損害を生じさせた場合、個人情報管理者は相応の責任を負わなければならないこと。

(h)　データ受領者による個人情報の保存、使用等の状況、および個人情報の権利（たとえば、アクセス、訂正、削除、アカウントの抹消等）を個人情報本人が知るよう協力すること。

(i)　個人生物識別情報は、原則として共有、譲渡をしてはならない。業務の必要により確かに共有、譲渡する必要がある場合、単独にて個人情報本人に対して目的、関係する個人生物識別情報の類型、データ受領者の具体的な身分およびデータ安全能力等を告知し、かつ、個人情報本人の明示的同意を得なければならないこと。

9.5条　個人情報を共有し、譲渡し、公開的に開示する際の事前授権同意の取得の例外

　　次の各号に掲げる状況では、個人情報管理者は、個人情報を共有・譲渡・公開的に開示するにあたり、事前に個人情報本人の授権同意を取得する必要がない。

(a)　個人情報管理者が法令に規定される義務を履行することにかかわる場合。

(b)　国家安全、国防安全に直接にかかわる場合。

(c)　公共安全、公共衛生、重大な公共利益に直接にかかわる場合。

(d)　刑事捜査、起訴、審判および判決の執行に直接にかかわる場合。

(e)　個人情報本人またはその他の個人の命、財産等の重大

	な適法権利を保護するためであり、本人の授権同意を得ることがとてもむずかしい場合。
	(f) 個人情報本人が自ら社会公衆に対して開示した個人情報の場合。
	(g) 適法に公開的に開示された情報から個人情報を収集する場合（たとえば、適法なニュース報道、政府情報開示等のルートから）。

(5)　データ安全法

イ　データ安全法とは何か

(イ)　はじめに

　中国の（プライバシーに関するデータや個人情報を含む）「データ」に関する法体系を変容させる可能性がある、新たな動きが2020年7月に生じた。それは、中華人民共和国データ安全法（草案）（一部では「データセキュリティ法」との呼称もあるが、以下、「データ安全法案」という）の公表である。第13期全国人大常委会第20回会議の審議を経て、データ安全法案が2020年7月3日に公表され、同年8月16日にパブリックコメントの募集が終了した。本書校正段階の出来事であり、また、パブリックコメントを経て、正式に制定されるまでの過程でさらに内容の変動の可能性はあるものの、重要性が高く、かつ、読者の関心事であると思われるので、以下で詳しく紹介したい。

(ロ)　体系上の位置づけ

　これまで、中国におけるデータに関する法令の体系は曖昧であり、現行の、そして（個人情報保護法等の）今後制定されるといわれているデータ関連法令がお互いにどのように位置づけられるかは明確ではなかった。

　中国民法典127条は、法律にデータ、ネットワーク仮想財産の保護について規定がある場合、その規定に従うと規定している。そのようななか、データ安全法案は1条で「データ安全の保障、データの開発および利用の促進、および公民、組織の合法的権益を保護し、国家の主権、安全および発展に関

図表4－14　データ安全法の体系上の位置づけ

国家秘密保持法	個人情報保護法	その他個別分野の特別法
データ安全法（基本法）		

する利益を維持するため、本法を制定する」としており、同法が民法典の規定を受け、狭義のデータの「安全」に限らず、データの開発や利活用一般の促進、そしてその保護について規定する一般法であるという趣旨が明らかにされている。また、データ安全の保障は、データの開発および利用のための基礎的な保障を提供し、一方、データの開発および利用は、データ安全を技術的側面から支持し、革新を提供することから、同法はデータの保護とデータの利用を両立させることを目指している。

　そして、データ安全法案49条では、国家秘密、個人情報等の特殊な類型のデータについて、国家秘密保持法[60]または個人情報の保護に関する法令の特別な規定を適用すると定められている。このようにデータ安全法はデータ分野の基本法であり、特別の保護が必要な特定の分野については、すでに制定済みの国家秘密保持法や今後制定される個人情報保法がデータ安全法の特別法として上乗せ規制を定めるという体系が構築されると理解される（図表4－14参照）。なお、インターネット安全法とデータ安全法の関係は法文からは明確ではないが、インターネット安全法も、国家秘密保持法や個人情報保護法に並ぶ個別分野の特別法として、重要情報インフラに関するデータ、重要データ、個人情報をめぐって、ネットワーク運営者に規制をかけているものと理解される。

(ハ)　重要概念

　データ安全法はいくつかの重要な概念を定義している。

---

[60]　国家秘密保持法（2010年4月29日公布、2010年10月1日施行）は、国家秘密の範囲および機密レベル、秘密保持制度、監督管理、罰則等を規定している。

まず、データの概念に関しては、上記の中国民法典127条が民法典唯一のデータに関する規定であり、民法典上では「データ」の範囲について定義がされていなかった。データ安全法案３条は「本法にいうデータとは、電子または非電子等あらゆる形式による情報的記録を指す」として、（もしこのまま制定されれば）中国民法典127条の最初の法律レベルの具体化としてデータを定義することになる[61]。従前、電子的データのみを「データ」として扱う方向性が志向されていたものの、データ安全法は電子的データだけでなく非電子的データも「データ」の範囲に入れている。非電子的データをデータの範囲に含めた理由としては、たとえば紙のカルテに記載された健康医療情報等、重要性の高い非電子的データも存在するため、データに関する基本法として非電子的データも保護の対象にしたのではないかと推測されるものの、現時点では立法担当者の説明等は明らかになっていない。

　このようにデータを定義したうえで、データ安全法案は、「データ活動」と「データ安全」という２つのキーワードをもって、その適用範囲を画している。すなわち、データ安全法案３条によれば、「データ活動」とは、データの収集、保存、加工、使用、提供、取引、公開等の行為を指す。また、同条で、「データ安全」とは、必要な措置が講じられることにより、データが有効な保護を受け、適法に利用されることを保障し、かつ引き続き安全な状態に置かれることを指す、とされている。

　「データ活動」「データ安全」と並んで、データ安全法における重要概念に「重要データ」がある。重要データを利用するデータ活動については、データ安全上の義務が加重される。この重要データの概念について、データ安全法案19条２項は、各地域、各部門は、国の関連規定に基づき、当該地域、当該部門、当該業界の重要データ保護目録を確定し、目録に列挙されるデータ

61　なお、ガイドラインレベルでは、2017年５月27日付情報セキュリティ技術データ国外移転セキュリティ評価ガイドライン（草案）3.2条が、ネットワーク運営者が中華人民共和国国内において収集しおよび発生させた電子形式による個人情報および重要データとして「データ」を定義し、電子的データのみを念頭に置いていた。

について重点を置いて保護するとしているものの、執筆時点において、具体的な重要データの定義や範囲については、定められていない。

　データ安全法の下位規範と目される、データ安全管理弁法の草案（パブリックコメント募集案）が2019年5月28日に公表されており、同弁法38条5号は「重要データとは、いったん漏えいされると、国家安全、経済安全、社会安定、公共健康と安全に直接に影響を与えうるデータを指し、たとえば、未開示の政府情報、人口、遺伝子、健康、地理、鉱物資源等に関する広範なデータがあげられる。重要データには一般的に企業生産経営および内部管理情報、個人情報等が含まれない」としている。

　インターネット安全法21条および37条は「重要データ」を取り扱うところ、データ安全法案と同じく、同法上重要データは定義されていなかった。しかし、個人情報と重要データ国外移転安全評価弁法（パブリックコメント募集案）17条4項は「重要データは、国の安全、経済の発展、および社会公共利益に緊密に関わるデータを指す。その具体的な範囲は、国の関連基準および重要データ識別ガイドラインを参考する」とし、また、情報セキュリティ技術データ国外移転安全評価ガイドライン草案（2017年8月30日公表）は、その別紙Aで「重要データ識別ガイドライン」を設けており、そのなかで「重要データ識別ガイドライン」における重要データとは、関連組織、機構および個人が、中国国内において収集し、生じさせた、国家秘密にかかわらないが、国家安全、経済発展および公共利益に緊密にかかわるデータ（原始データおよび派生データを含む）であって、いったん授権を経ずに開示、紛失、濫用、改ざんもしくは毀損、または集合、整合、分析をされた場合、次に掲げる結果が生じうるものを指すとされている。

① 国家安全、国防利益を危害し、国際関係を破壊する。

② 国家財産、社会公共利益と個人適法利益を損害する。

③ 国が経済と軍事スパイ、政治浸透、組織的犯罪等を予防し取り締まることに影響を及ぼす。

④ 行政機関が法により法律違反、涜職または法律違反、涜職の嫌疑がある

行為を調査し処理することに影響を及ぼす。

⑤　政府部門が法により監督、管理、検査、監査等の行政活動を行うことに影響を及ぼし、政府部門が職責を履行することを妨害する。

⑥　国の重要基礎施設、重要情報基礎施設、政府システム、情報システムの安全に危害を与える。

⑦　国家経済秩序および金融安全に影響または危害を与える。

⑧　国家秘密またはセンシティブ情報を分析して得ることができる。

⑨　国家政治、国土、軍事、経済、文化、社会、科学技術、情報、生態、資源、核施設等その他国家安全事項に影響または危害を与える。

　上記の定義および業界（分野）主管部門の関連規定に基づき、重要データ識別ガイドラインは各業界（分野）の重要データの範囲を提示した。また、各業界（分野）主管部門は、実情を踏まえ、本業界（分野）の重要データの定義、範囲または判定根拠を明確化し、かつ、業界（分野）の発展変化に基づき、本ガイドラインの関連内容を遅滞なく更新しまたは入れ替えるべきであるとした。

　これはインターネット安全法の下位にある国家基準（ただし強制的基準ではなく、推奨的基準にすぎない）のパブリックコメント募集案であるが、データ安全法の重要データの定義を推察するうえで有用と思われる。もっとも、この重要データの定義とデータ安全法の重要データの定義がまったく同一とは限らない。今後、データ安全管理弁法等の下位規範により、インターネット安全法およびデータ安全法に定める重要データが具体化されることが予測されるので、これを注視する必要がある。

　加えて、データに関する専門機関として、データ仲介サービス機構およびオンラインデータ取扱経営者について、新たな業規制を定めた。データ仲介サービス機構（データ安全法案30条）は、データの譲渡・共有等に関するいわゆるプラットフォーム事業者等がこれに該当すると思われる。現在、中国では貴陽、上海、武漢等において国営ビッグデータ取引所が存在している。オンラインデータ取扱経営者については、電信業務分類目録（2015年版）B

21条によれば、オンラインデータ取扱業務とは、公共通信ネットまたはインターネットに接続する各種データ取扱いプラットフォームを利用して、公共通信ネットまたはインターネットを通じてユーザにオンラインデータ取扱いを提供する業務を指すとされている。データ安全法上のオンラインデータ取扱業務が電信業務分類目録（2015年版）B21条に定める内容と一致するか否か、どのような認可承認手続が必要になるかについては、今後、電信主管部門がこれを明確にすると思われる。

(二) **適用範囲**

データ安全法案 2 条では、中国国内においてデータ活動を行う場合、本法を適用すると規定されている一方、域外適用も規定されている。

刑法、独占禁止法、インターネット安全法等、すでに域外適用を定めた法令は存在するが、データ安全法案も、中国国外組織、個人がデータ活動を行うに際して、中国の国家安全、公共利益または公民、組織の適法な権益に損害を与える場合には、法律に基づいて責任を追及するとして、域外適用を定めた。

ここで、データ活動が中国国内で行われるというのは属地主義であり、中国の国家安全、公共利益または公民、組織の適法な権益に損害を与えるというのは保護主義である。すなわち、データ安全法は、その適用範囲について属地主義と保護主義の両方を採用し、かつ、取り扱うデータの数量や頻度を問わず域外適用がありうることを規定しており、広範な適用範囲をもつといえる。

なお、インターネット安全法75条は、「国外の機関、組織および個人が攻撃、侵入、妨害、破壊等の中華人民共和国の重要情報インフラストラクチャーを脅かす活動に従事し、重大な結果をもたらした場合、法律に基づいて責任を追及する」としており、適用範囲が基本的に重要情報インフラストラクチャーの破壊等に限定されているのに対し、データ安全法案では上記のとおり「中国の国家安全、公共利益または公民、組織の合法権益に損害を与える場合」とされており、インターネット安全法と比較してもデータ安全法

の適用範囲は広範である。

ロ　データ安全法案の内容

㈠　いくつかの重要な制度の確立

① データのランクづけ・分類制度

　国は、経済社会発展におけるデータの重要度や、いったん改ざん、破壊、漏えいまたは不法取得、不法利用された場合に国の安全、公共利益または公民、組織の適法な権益を脅かす危険の度合いによって、データのランクづけ・分類管理を行う。各地域、各部門は、国の関連規定に基づき、本地域、本部門、本業界の重要データ保護目録を確定し、目録に列挙されるデータについては重点的に保護する（データ安全法案19条）。

　インターネット安全法は21条で「国は、ネットワークの安全のランク保護制度を実施する。ネットワーク運営者は、ネットワークの安全のランク保護制度の要求に従い、次に掲げる安全保護義務を履行し、ネットワークが妨害、破壊されたり、授権されていないアクセスを受けたりすることがないよう保障し、ネットワークデータが漏えい、窃取、改ざんされることを防止しなければならない。⑴内部安全管理制度および操作規程を制定し、ネットワークの安全責任者を確定し、ネットワークの安全にかかる保護責任の確実な履行をはかる。⑵コンピューターウイルスおよびサイバー攻撃、ネットワーク侵入等のネットワークの安全を脅かす行為を防止する技術的な措置を講じる。⑶ネットワークの運行状態およびネットワークの安全にかかる事件のモニタリングおよび記録にかかる技術措置を講じ、なおかつ規定に従い関連するネットワークのブログを少なくとも 6 カ月間は保存する。⑷データ分類ならびに重要データのバックアップおよび暗号化等の措置を講じる。⑸その他法律および行政法規に定める義務」と定め、その下位規範であるネットワークセキュリティ等級保護条例（パブリックコメント募集案）、情報セキュリティ技術ネットワーク安全等級保護実施ガイドライン（パブリックコメント募集案）および情報セキュリティ技術ネットワーク安全等級保護評価測定

ガイドライン（パブリックコメント募集案）等においてインターネット安全等級管理を定めている。

このように、すでにインターネット安全法において、ランクづけによる分類管理制度が規定されていたところ、データについてデータ安全法案で等級管理制度が導入されたことから、今後ともIT規制の分野において中国が同様のランクづけや分類を行う可能性が高いといえるだろう。

もっとも、データ安全法案自体には具体的なランクづけや分類の基準は明確にされていないし、重要なデータの定義やその取扱いルールについても明確にされていない。今後、各地域、各部門、各業界が制定するリストにおけるランクづけや分類の状況を見守る必要がある。

② 中央政府のデータ安全リスク管理制度とデータ安全緊急処理制度

中央政府において、データ安全リスクに関する評価、報告、情報共有、モニタリング・早期警戒メカニズムを設立し、かつ、データ安全事件に対応する緊急処理制度を設立する（データ安全法案20条、21条）。政府におけるデータに関する制度を設立する際、地方政府レベルにとどめず中央政府レベルで制度を設立していることは、中国のデータ重視の姿勢を表しているのかもしれない。ただし、実際に制度の運用が始まってみないと、中央政府が重要な役割を果たすのか、それとも地方政府への委託・委任等を行ったうえで、受託・受任した地方政府が重要な役割を果たすのかはみえてこない。

③ データ安全審査制度

国家レベルでデータ安全審査制度を構築し、国家安全に影響を与えるまたは与える可能性があるデータ活動に対して国家安全審査を実施する（データ安全法案22条1項）。

ここで、安全審査については、たとえばインターネット安全法がデータの国外移転等について安全審査制度を設けており（同法37条）、また、外商投資法も外商投資安全審査制度を設けている（同法35条）。このように、一定以上の国家安全に対するリスクが存在する場合に、当該リスクを生じさせる活動について安全審査制度を設けるというのは近時のトレンドということが

できる。

　ここで、データ安全法案では、データ安全審査制度の審査範囲や審査制度の具体的な内容が規定されていない。また、上記の他の法令の安全審査制度との関係についても明確にされていない。よって、今後下位規範や通達等で具体化および類似制度との関係が整理されると期待される。

④　データ輸出管理制度

　国は、国際義務の履行と国家安全の維持に関連するデータについて、法に基づく輸出管理制度を運用する（データ安全法案23条）。上記のデータ安全審査制度は、輸出入を問わず、データ活動が国家安全に影響を及ぼす場合一般に関するものであるところ、データ輸出管理制度は、データが国境（なお、香港、マカオ、台湾との関係では「地域」の境界）を超えることについて管理するものである。

　中国は輸出管制法（輸出管理法）を制定している最中であり、2020年7月20日に公布された輸出管制法（草案第二次審議案）では貨物、技術、サービス等の輸出管制要求が定められ、輸出管制が定義されている。また、インターネット安全法、個人情報国外移転セキュリティ評価弁法（パブリックコメント募集案）では、重要情報インフラ運営者、ネットワーク運営者による重要データおよび個人情報のデータ国外移転の安全評価義務が定められているものの、具体的な手続がまだ明確になっていない。データの輸出管理制度が上記の制度とどのように整合性をとるかが、今後立法の課題になると考えられる。

⑤　国際間データ監督管理対等原則

　ある国家または地区がデータやデータ開発利用の技術等に関する投資や貿易面で中国に対して差別的な禁止や制限その他類似の措置をとる場合、中国は実際の状況に基づき当該国家または地区に対して相当の措置を実施することができる（データ安全法案24条）。

　従来から、米中対立を背景に、ファーウェイを米国が規制するのに対し中国が対抗するであるとか、インドや米国がTikTok、WeChat等を規制する

ことに対し、中国が対抗するといった出来事が多く発生してきたが、本条はこのような中国による対抗を法制化するものといえ、今後は法律に基づく対抗措置が講じられると理解される。

(ロ) 日系企業を念頭に置いた、企業への影響

A はじめに

データ安全法案は企業、とりわけ中国でデータ関係の活動を行う日系企業に対してどのような影響を与えるのであろうか。上記の新たな制度の構築により、その運用が開始されれば、その後は各企業のデータに関する諸活動が上記の具体的な制度のもとで実施されることになるものの、制度の具体的内容が不明であり、影響を現段階で推し量ることは困難である。もっとも、データ安全法案はデータに関する企業の義務を定めているので、以下ではこれを検討していきたい。

B データに関する企業の一般的な義務

(A) 法的義務とはいえないもの

データ安全法案上、企業はデータ活動および研究開発を適切に行うべきとされている。具体的には、データ活動の展開およびデータ新技術の研究開発は、経済社会発展を促進し、国民の福祉を増進することに有利なものとし、社会公徳と倫理に適合するものとしなければならない（データ安全法案26条）。

これはいわば精神条項であり、違反に対する是正、過料等の措置（データ安全法案42条参照）が規定されていない。その意味では、企業に対し直接に影響はしないと思われるが、他の条項の解釈の際に参照される可能性はあると思われる。

(B) 法的義務

① データ安全管理制度

企業はデータ安全管理制度を設立し、技術および必要な措置を講じてデータ安全を保障しなければならない。企業がデータ活動を展開する際、法律、行政法規の規定および国家基準の強行的要求に基づき、すべてのプロセスにわたるデータ安全管理制度を設立、健全化し、データ教育研修を組織して展

開し、相応の技術措置およびその他必要な措置を講じ、データの安全を保障しなければならない（データ安全法案25条1項）。

　ここでデータ、とりわけ個人情報の安全管理については、すでにベストプラクティスとして、「情報セキュリティ技術個人情報安全規範（GB/T 35273-2017）」が存在していたものの、上記のとおりこれは非強制的なものであった。データ安全法案25条1項はこれに対する違反に対し同法案42条の行政処分や行政罰が課されるという意味で、法的義務となっていることが重要であろう。

② 　データ安全事件発生時の報告

　企業はデータ活動を展開する際にリスクの監視、モニタリングを強化し、データ安全に欠陥、脆弱性等のリスクを発見した場合、直ちに救済措置を講じる必要がある。そして、データ安全事件が発生したとき、規定により遅滞なくユーザと関連主管部門に報告しなければならない（データ安全法案27条）。

　インターネット安全法42条では、個人情報の漏えい、毀損または紛失が発生するか、発生するおそれのある状況においては、直ちに救済措置を講じ、規定に従い遅滞なく使用者に告知し、なおかつ関係所管機関に対し報告しなければならないとされている。つまり、「個人情報の漏えい、毀損または紛失が発生するか、発生するおそれのある状況」における関係所管機関に対する報告義務は、データ安全法案以前から、すでに存在していた。これに対し、データ安全法案27条の報告義務のトリガーは「データ安全事件」であるところ、データ安全事件の定義が同法上明確ではなく、今後下位規範や通達にて明確化されるのを待つ必要があるだろう。

③ 　データ収集の適法性、正当性および必要性の確保

　（企業を含むがこれに限られない）いかなる組織、個人もデータを収集する際、適法、正当な方法によらなければならず、窃盗またはその他不法方法によりデータを取得してはならない。法令に定める目的、範囲内においてデータを収集し使用しなければならない（データ安全法案29条）。

　これはGDPR[62]に類似するデータ利用に関する原則の規定であり、違反に

対し同法案42条の行政処分や行政罰が課されるものの、たとえば、GDPRに
規定される適法に個人データを取り扱うことができる根拠[63]等について、現
時点でデータ安全法案上定められていないことから、「適法」というのは法
令上の禁止規定に反しないということと理解され、その意味で、GDPRより
は結果的に義務は軽いといえるだろう。

④　中国国内の法律執行に協力すること

　公安機関、国家安全機関が国家安全を維持しまたは犯罪を捜査するために
データを調査し取得することが必要とされる場合、国の関連規定に従って厳
格な承認手続を経て法により行わなければならず、企業を含む関連する組
織、個人はこれに協力しなければならない（データ安全法案32条）。つまり、
公安機関、国家安全機関の法律執行について、企業の協力義務を明確にし
た。

　データ安全法案では、同法案32条に定める協力義務に違反する場合の罰則
について、明確な行政罰は定められていないが、同法案48条2項では、本法
の規定に違反し、治安管理に違反する処罰行為を構成する場合、法により治
安管理処罰を与え、犯罪を構成する場合、刑事責任を法により追及するとさ
れていることから、データ安全法案32条違反に対しても、この規定が適用さ
れる可能性がある。また、治安管理処罰法50条によれば、国家機関職員が法
により職務を執行することを阻害する場合、警告または200元以下の過料を
科し、情状が重い場合、5日以上10日以下の拘留に処し、かつ、500元以下
の過料を併科することができ、また、人民警察が法により職務を執行するこ
とを阻害する場合、重く処罰するとされている。したがって、データ安全法
案32条に定める協力義務は、単なる任意の捜査協力ではなく、これを拒否す
る場合、行政罰を受ける可能性がある、と考えられる。

62　GDPR 5条1項(a)個人データはそのデータ主体との関係において、適法であり、公正
　であり、かつ、透明性のある態様で取り扱われなければならない。（「適法性、公正性お
　よび透明性」）。
63　GDPR 6条1項柱書「取扱いは、以下の少なくとも一つが適用される場合においての
　み、その範囲内で、適法である」（各号の引用省略）。

日本では、たとえば大量のデータを取り扱うデータベースマーケティング等を行っていた企業による捜査関係事項照会書に対する回答方針が注目を集め、一般財団法人情報法政研究所は2020年4月に捜査関係事項照会対応ガイドラインを公表しているところであるが[64]、このような問題について中国らしい立場が表明されたと評することもできるかもしれない。

⑤　域外の法律執行を受けた場合、まず報告を行うこと

　国外法律執行機関が中国国内に保存するデータについて調査をし、これを提出するよう要求する場合、関連する組織および個人は、主管機関に報告し、承認を得てはじめて提供することができる（データ安全法案33条）。たとえば、中国企業がヨーロッパ諸国に対して商品を販売する際、GDPRの適用を受けるが、ヨーロッパのデータ保護機関が当該企業に対して調査を行い、関連データを提供するよう求める場合、当該企業は、ヨーロッパのデータ保護機関に対して直接にデータを提出することができず、まず、中国の主管機関に報告して承認を得なければならないことになっている。

　問題は、中国でビジネスを行う日本企業（日系企業）が中国国内にデータを保存していた場合において、日本法に基づいて個人情報保護委員会等から調査が入り提出が要求された場合である。この場合に、中国の主管機関の承認が必要だとすると、迅速な対応が必要な個人情報保護委員会の調査について、対応の遅れが生じるのではないか、という懸念がある。ただし、単に外国政府の調査が入った場合ではなく、①データ安全法の適用を受ける企業が、②中国国内に保存するデータについて調査および提出要求があった場合であることから、たとえば、日本企業が日本に保存する日本人のデータの調査および提出要求があった場合にはこのような報告義務は課せられないと考えられる。それ以上の実務的課題については、今後本法の下位規範や通達の整備をふまえてさらに検討が必要であろう。

64　捜査関係事項照会対応ガイドライン（https://jilis.org/proposal/data/sousa_guideline/sousa_guideline_v1.pdf）を参照。

C 重要データに関する保護義務

上記のとおり、そもそも「重要データ」概念については、その定義が不明確であるものの、「重要データ」に該当するデータについては義務が加重される。具体的には以下のとおりである。

① データ安全責任者および管理機構を設立すること

重要データの取扱者は、データ安全責任者と管理機構を設立し、データ安全保護責任を実行する（データ安全法案25条2項）。

② 定期的にリスク評価を行うこと

重要データの取扱者は、そのデータ活動について、規定により定期的にリスク評価を行い、かつ関連主管部門に対してリスク評価報告書を報告して送付する（データ安全法案28条）。

③ その他

重要データに上記のデータ安全審査制度、輸出管理制度が適用される可能性がある。その場合、かかる手続を履行しなければならない。

D データ仲介サービス機構の義務

データ仲介サービス機構は、取引主体および取引の適法性を確認する義務を負う。すなわちデータ取引仲介サービスに従事する機構が取引仲介サービスを提供する際、データ提供者に対してデータの源を説明するよう要求し、取引当事者双方の身分を審査し、審査・取引記録を保存する必要がある（データ安全法案30条）。

E オンラインデータ取扱経営者の義務

オンラインデータ取扱経営者は許可を取得しまたは届出を行う義務を負う。専門的にオンラインデータ取扱等のサービスに従事する経営者は、法により経営業務許可を取得しまたは届出を行う（データ安全法案31条）。

ハ まとめ

データ安全法案は、データ安全分野の基本法として規制対象が広範であることから、企業活動に広範な影響を与える可能性がある。もっとも、上記の

とおり、少なくとも法律のレベルでは抽象的な内容が多いことから、今後、下位規範や通達を通じてさらに具体化されるのを待つ必要がある。その内容により、日本企業を含む一般的な企業の活動に対する具体的影響およびその程度が判明することであろう。また、ネットワーク安全法と現在制定中の個人情報保護法等の法律や関連規定の関係をどのように整理するかも、重要な課題になるであろう。いずれにせよ、データ安全法の公表は、中国の個人情報・プライバシーに関する法制度が大変動のさなかにあることを象徴しており、引き続き注視が必要である。

5 おわりに

　コロナウイルスのため2020年3月の両会（全国人民代表大会（全人代）、政治協商会議）が2020年5月に延期された。報道によると、2020年3月の時点では、両会では、プライバシーに関する法案として民法典が、個人情報との関係で民法典および個人情報保護法が審理されることが想定されていたそうであるが、個人情報保護法は審理されなかった。

　なお、中国の全人代常務委員会法工委のスポークスマンによれば、中国は2020年中に個人情報保護法および上記のデータ安全法を制定する予定である、とのことであり、両会後も全人代常委において法律を制定することは可能である[65]。なお、全国人大委員会業務報告によれば、個人情報保護法制定が予定されており、すでに個人情報保護法の草案ができあがっている[66]ことから、全人代常務委員会の動向に注目すべきである。

　本稿の作成にあたっては、共著者のうちとりわけ胡悦律師がきわめて重要

---

[65] 中国青年報「中国2020年個人情報保護法、データ安全法を制定」（https://baijiahao.baidu.com/s?id=1653489251325332814&wfr=spider&for=pc）。

[66] 新浪財経「全国人大委員会法工委：個人情報保護法のドラフト案が制定済み」（https://baijiahao.baidu.com/s?id=1667715487058274711&wfr=spider&for=pc）。

な役割を果たした。また、桃尾・松尾・難波法律事務所の中国チーム、とりわけ楊燦燦様および杜雪雯様には、資料収集などで大変お世話になった。ここに心より感謝の意を表したい。

　なお、本稿は、2020年9月11日に最終校正を行った。

第 5 章

パーソナルデータの利活用を
めぐる個人情報保護法の
改正と実務の動向

弁護士法人片岡総合法律事務所　パートナー弁護士
伊藤　亜紀

弁護士法人片岡総合法律事務所　パートナー弁護士
高松　志直

弁護士法人片岡総合法律事務所　アソシエイト弁護士
土肥　里香

弁護士法人片岡総合法律事務所　アソシエイト弁護士
山根　祐輔

(1) 2015年の個人情報保護法改正の背景

　個人情報の保護に関する法律（平成15年法律第57号）（以下、「個人情報保護法」）は、2003年の制定からほぼ改正がなされず、十余年が経過した。この間、情報通信技術の飛躍的な進展によって、多種多様かつ大量の情報（いわゆる「ビッグデータ」）の収集、分析が可能になり、その利活用による新たなビジネスや経済の発展、イノベーションに期待が集まった[1]。特にスマートフォンやタブレット等の携帯端末の普及により、位置情報や行動履歴、購買履歴など、これまでよりいっそう精緻な個人に関する情報（いわゆる「パーソナルデータ」）の収集、分析が可能になり、これらの情報は、ビジネスへの利用のほか、医療や災害など公益的な分野での利用価値も高いとされている。

　もっとも、精緻なパーソナルデータの収集や分析、利活用は、個人のプライバシーへの影響が大きいと考えられる一方で、個人情報保護法の制定当時は想定していなかった利用方法であったことから、どのような情報が個人情報保護法の適用対象なのか、また、どのような範囲で利活用が可能なのかといったルールがあいまいであり[2]、データを利活用する事業者と、データの対象である本人の双方が不安を抱えるなか、情報の利活用とプライバシー保護とのバランスのとれた制度整備が課題となっていた。

　また、諸外国でも同時期に活発な議論が行われており、OECDが2013年7月にプライバシーガイドラインを改正したほか、EUでもGDPR（General

---

1　高度情報通信ネットワーク社会推進戦略本部「パーソナルデータの利活用に関する制度改正大綱」（2014年6月24日）参照。
2　パーソナルデータに関する検討会　第1回資料3−2「パーソナルデータの取扱いルール整備に向けて検討すべき論点」2頁。

Data Protection Regulation　2016年4月に制定）の制定に向けた議論が進んでいた。

　このような状況において、2013年9月、内閣に設置された高度情報通信ネットワーク社会推進戦略本部（IT総合戦略本部）が開催する「パーソナルデータに関する検討会」において、パーソナルデータに関する利活用ルールの明確化等に関する調査および検討に関する議論がスタートし、同検討会における議論を経て2014年6月に「パーソナルデータの利活用に関する制度改正大綱」が公表され、2015年5月、「個人情報の保護に関する法律および行政手続における特定の個人を識別するための番号の利用等に関する法律の一部を改正する法律」（平成27年法律第65号）による個人情報保護法の改正（以下、本章において「2015年改正」）がなされた。

　以下、本項では、2015年改正の主な項目と実務における動きを概観する。

(2)　個人情報の定義の明確化等

イ　個人情報の定義の明確化

(イ)　改正の内容

　2015年改正において、「個人情報」の定義は主要な論点として多くの議論がなされた。なぜなら、「個人情報」の定義は、実務上、判断が分かれるケースがあったからである。

　2015年改正前の個人情報保護法において、「個人情報」とは、「生存する個人に関する情報であって、当該情報に含まれる氏名、生年月日その他の記述等により特定の個人を識別することができるもの（他の情報と容易に照合することができ、それにより特定の個人を識別することができることとなるものを含む）をいう」（2015年改正前の個人情報保護法2条1項）とされていた。

　この「個人を識別できる」とは、誰か1人の情報であることがわかることをいい、「特定の個人を識別できる」とは、識別される個人が誰かわかることを意味すると解されている[3]。

しかし、特定の個人を識別できるかは、他の情報と容易に照合できるかも考慮して判断する必要があるが、この判断は、各事業者の情報管理体制、技術等を総合的に考慮して行われるため、同種の情報であっても、事業者によって個人情報該当性の判断が異なることがありうる[4]のである。実務上も、システム上照合が可能であるときは個人情報として取り扱う場合もあれば、各部署で取得された情報を他の部署が通常の業務における一般的な方法で照合することができない場合は「容易照合性なし」[5]として個人情報として取り扱わない場合もあり、実務上はさまざまなケースが存在した。

また、情報技術の進展により、特定の個人を識別することなく、1人の人間を識別する識別子を用いて膨大なパーソナルデータを収集して利用することが可能となったところ、このようなデータは、ある時点では特定の個人を識別できなくても、他のデータと容易に結合して特定の個人が識別される蓋然性が高い[6]ことから、こうしたデータの取扱いも含め、個人情報の定義の明確化の議論がなされていった。

以上のような議論を経て、2015年改正では、個人を特定しない識別子のような情報は個人情報に含まれないこととされたものの、「個人情報」の定義の明確化のため、「個人識別符号」(個人情報保護法2条1項2号・2項)として、情報の性質上、単体で特定の個人を識別できるものを政令で定めること

---

3 宇賀克也『個人情報保護法の逐条解説(第6版)』(有斐閣、2018年)37頁。
4 宇賀・前掲(注3)『個人情報保護法の逐条解説(第6版)』40頁。
5 個人情報保護委員会「「個人情報の保護に関する法律についてのガイドライン」および「個人データの漏えい等の事案が発生した場合等の対応について」に関するQ&A」(2017年2月16日、2019年11月12日更新)Q1−15では、事業者の各取扱部門が独自に取得した個人情報を取扱部門ごとに設置されているデータベースにそれぞれ別々に保管している場合において、双方の取扱部門やこれらを統括すべき立場の者等が、規程上・運用上、双方のデータベースを取り扱うことが厳格に禁止されていて、特別の費用や手間をかけることなく、通常の業務における一般的な方法で双方のデータベース上の情報を照合することができない状態である場合は、「容易に照合することができ」ない、としている。
6 宇賀・前掲(注3)『個人情報保護法の逐条解説(第6版)』40頁、パーソナルデータに関する検討会第7回資料1−2「個人情報」等の定義と「個人情報取扱事業者」等の義務について(事務局案)〈詳細編〉参照。

によって、単体で個人情報に該当する番号や符号等が明らかにされた[7]。具体的には、①特定の個人の身体の一部の特徴をデジタルデータに変換したものとして、DNAの塩基配列、指紋や顔の特徴のデータ等があげられ、②個人に提供されるサービスの利用や商品の購入または個人に発行されるカード等に記録された符号等として、マイナンバー、旅券・運転免許証の番号等が定められた（個人情報の保護に関する法律施行令（平成15年政令第507号）（以下、「個人情報保護法施行令」）1条参照）。

議論の過程では、携帯電話番号や銀行の口座番号、クレジットカード番号なども「個人識別符号」に含めるべきではないかという方向の意見もあったものの、これらは特定の個人に割り当てられる番号とはいえ、サービス解約により当該個人が使用できなくなったり、1人が複数の番号を使用できたりすることもあり、「個人識別符号」とされるには至らなかった（ただし、これらの情報も氏名等と一体となって特定の個人に結びついて利用・管理されている場合は、個人情報保護法2条1項1号に定める「個人情報」となる）。

一方、「容易照合性」の部分の改正はなく、解釈の余地が残ったままである。

結果として、「個人情報」に該当する範囲は、2015年改正により広がったのではなく、対象が明確化されたものと解されている[8]。

㈹ 改正後の実務の動き

上記のとおり、「個人情報」の範囲は変わらないものの、「顔識別データ」が「個人識別符号」として列挙されたことから、たとえば、防犯カメラの映像は、これまでも個人情報に含まれることが明確であった、顔がはっきりと判別できるもののほか、特定の個人の身体的特徴を示すものではあるものの、相当に抽象化した情報についても、個人情報に含まれうることとなった。このため、事業者においては、当該情報を取得する旨（たとえば、カメラが作動中であること等）を掲示して個人情報の取得を本人が容易に認識す

7　瓜生和久『一問一答　平成27年改正個人情報保護法』（商事法務、2015年）Q6。
8　宇賀・前掲（注3）『個人情報保護法の逐条解説』40頁。

ることが可能となる措置を講じるなどの対応の要否につき検討がなされた[9]。

「個人識別符号」として政令に指定されるか否かが論点となった情報として、上記のクレジットカード番号や、携帯電話番号のほか、氏名や生年月日等の情報を含まないメールアドレスなどがある[10]。

これらの情報は、「個人識別符号」には該当しないものとされたことから、氏名や生年月日等の申告を求めずに、携帯電話番号やメールアドレスのみを登録するようなサービスにおいては、個人情報として取り扱わないといった整理が可能な場合もあるものと思われる。もっとも、メールアドレスに氏名等が含まれる場合や、氏名等とあわせて保有する場合など、他の情報との「容易照合性」によって個人の識別が可能であれば、「個人情報」となる点は、従前からの取扱いと同様であり、それを取り扱う事業者やサービスによって、個人情報該当性が異なると考えられる。特に、最近のSNSやスマートフォンアプリの普及により、ネットやアプリ上で複数のサービスを提供したり、SNSの情報をサービスに取り込んだりすることで、氏名が含まれていなくても顔写真、行動履歴等により特定の個人が識別されるケースが増えていると考えられ、結びつく情報の性質や特性をふまえ、個別に検討していく必要があると思われる。

ロ　要配慮個人情報

(イ)　改正の内容

2015年改正前においては、個人情報に当たる情報は、その内容や性質にかかわらず、一律に同じルールが適用されていた。しかし、国内の多くの条例や各省が定めるガイドラインにおいては、一定の個人情報には特別の取扱いが定められており、また、EUをはじめとする諸外国においても、センシ

9　IoT推進コンソーシアム、総務省、経済産業省「カメラ画像利活用ガイドブック」（2018年３月）参照。

10　パーソナルデータに関する検討会第９回資料２－２「(仮称)準個人情報」および（仮称）個人特定性低減データ」に関する技術的観点からの考察について（中間報告）【詳細版】18頁。

ティブデータとして特別の規律を設けている例が多く、日本において特別の規律が法律上設けられていないことは、EUから、日本の個人情報に係る制度が十分な水準であるという認定（いわゆる十分性認定）を得るにあたって、障壁の1つになるものと考えられていた[11]。

そこで、国際的にも整合性のとれた規律とし、諸外国から日本への個人情報の円滑な移転を可能とするため、人種、信条、社会的身分、病歴等、その取扱いによっては差別や偏見を生じるおそれがある個人情報を「要配慮個人情報」として類型化し、法律のほか、「本人に対する不当な差別、偏見その他の不利益が生じないようにその取扱いに特に配慮を要する」ものとして政令で定められるものがこれに該当するものとするとともに、その取得および提供につき、原則として、あらかじめ本人の同意を得なければならないものとされた（個人情報保護法2条3項、17条2項）。なお、これらの情報は、オプトアウトの対象からも除外される（同法23条2項）。

㈡　改正後の実務の動き

この点、宗教に関する書籍や特定の政党が発行する新聞の購買履歴の情報など、当該情報だけでは、個人的な信条であるのか、単に情報の収集や教養を目的としたものであるのか判断することが困難であるものの、「信条」等の要配慮個人情報を推知することのできる情報についても要配慮個人情報に該当するのかが問題となった。このような推知情報も要配慮個人情報に該当するとなると、宗教、政党、医学等に関連する購買履歴のほか、病院前のバス停での降車履歴など、要配慮個人情報との本来的な関連性の薄い情報を含むあらゆる個人情報に要配慮個人情報に係る厳しい規制が及ぶ可能性があり、事業者による個人情報の管理への過度な負担や情報の利活用への妨げとなることが懸念されたが、個人情報保護委員会のガイドラインにおいて、推知情報は要配慮個人情報には該当しない旨が明確化された[12]。

要配慮個人情報として政令指定されたものの1つに、健康診断の結果があ

11　瓜生・前掲（注7）『一問一答　平成27年改正個人情報保護法』Q12。

る。特に従業員の法定健康診断の結果を保有することのある企業からは、その取扱いをめぐって、要配慮個人情報該当性に関心が向けられたが、健康診断の結果は、罹患の疑いを示す情報など、病歴同様、類型的に取扱いに特に配慮を要する情報が含まれうることから、要配慮個人情報に該当するものとされ（個人情報保護法施行令2条2号）、各企業において、一般的な個人情報と異なる管理を行うための社内規程やマニュアル等の整備が進められた。一方で、健康診断や診療等の事業とは関係のない方法により知りえた身長、体重、血圧、脈拍、体温等の個人の健康に関する情報は、要配慮個人情報に含まれず、一般の個人情報と同様の取扱いで足りるものとされたことから[13]、健康管理アプリにおいて体重や血圧等の健康情報を取得し、一元的に管理するようなサービスにおいては、オプトアウトや外国にある第三者に対する委託など通常の個人情報と同様の規律が適用される。

　また、要配慮個人情報であっても、例外的に本人の同意なく取得しうる事由が定められているところ（個人情報保護法17条2項2号）、急病その他の事態が生じたときに、本人の病歴等を医師や看護師が家族から聴取する場合や、不正送金等の金融犯罪被害の事実に関する情報を関連する犯罪被害の防止のために他の事業者から取得する場合、本人がSNS等のツールを用いてインターネット上で公開している情報を取得する場合など、実務上問題となりうる具体的な場面については、ガイドライン等において、当該例外に該当する旨の考え方が明らかにされている[14]。

12　個人情報保護委員会「個人情報の保護に関する法律についてのガイドライン（通則編）」（2016年11月、2019年1月一部改正）2－3、個人情報保護委員会・前掲（注5）「「個人情報の保護に関する法律についてのガイドライン」および「個人データの漏えい等の事案が発生した場合等の対応について」に関するQ&A」Q1－24。
13　個人情報保護委員会・前掲（注12）「個人情報の保護に関する法律についてのガイドライン（通則編）」2－3(8)。
14　個人情報保護委員会・前掲（注12）「個人情報の保護に関する法律についてのガイドライン（通則編）」3－2－2、瓜生・前掲（注7）『一問一答　平成27年改正個人情報保護法』Q15。

(3)　第三者提供に関する規律の変更

イ　外国にある第三者への提供

(イ)　改正の内容

　2015年改正前においては、外国の第三者に対する個人データの提供に関するルールが明確に規定されていなかったが、個人データの外国とのやりとりが急増し、一定の規律を設ける必要性が増大したことや、当該規定がないことがEUから十分性認定を得るにあたって不十分であると指摘されうる項目であったこと等から、新たに、外国の第三者に対する個人データの提供に適用される規定が設けられた[15]。具体的には、外国にある事業者に個人データを提供する場合は、当該事業者が、①本法に基づき個人情報取扱事業者が講ずべき措置に相当する措置を継続的に講ずるために必要な体制を整備している場合、または、②わが国と同等の水準にあると認められる個人情報保護制度を有している国に所在している場合を除き、あらかじめの本人の同意が必要となるとともに、個人情報保護法23条に定めるオプトアウトの手続による提供や、委託、共同利用等の本人の同意を不要とする提供は行うことができないものとされた（個人情報保護法24条）。

(ロ)　改正後の実務の動き

　「外国にある第三者」は、法人の場合、個人データを提供する事業者と別の法人格を有するか否かで判断され、外資系企業の日本法人が外国にある親会社に個人データを提供する場合、当該親会社は「外国にある第三者」に該当することとなる[16]。一方、外国の法令に準拠して設立され、外国に住所を有する外国法人であっても、日本国内に事務所を設置している場合、または、日本国内で事業活動を行い、日本国内で「個人情報データベース等」を

15　瓜生・前掲（注7）『一問一答　平成27年改正個人情報保護法』Q52。
16　個人情報保護委員会「個人情報の保護に関する法律についてのガイドライン（外国にある第三者への提供編）」（2016年11月、2019年1月一部改正）2－2。

事業の用に供している場合は、「個人情報取扱事業者」に該当するため、「外国にある第三者」に該当しないものとされている[17]。

　実務上、特に対応が問題になったのは、事業者が第三者のクラウドサービスを利用して個人情報を管理する場合の取扱いである。当該クラウドサービスの運営者が外国の事業者である場合に、すべて「外国にある第三者への提供」に該当するとなると、それが個人情報の取扱いの委託に該当するか否かにかかわらず、クラウドサービスを利用して個人情報を保管するにあたって、本人の同意を取得しなければならないこととなる。特に、取得ずみの情報について新たに外国のクラウドサービスを利用して管理する場合、事実上、本人から同意を取得することがむずかしいことから、個人情報の保管手段として、外国事業者のクラウドサービスを利用することが困難になるといった懸念があったのである。しかし、この点については、当該サーバーの運営事業者が当該サーバーに保存された個人データを取り扱わないこととなっている場合には、外国にある第三者への提供に該当しないとの考え方が明らかにされた[18]。

　また、外国にある第三者への提供を認める旨の本人の同意を取得する際には、事業の性質および個人データの取扱状況に応じ、当該本人が当該同意に係る判断を行うために必要と考えられる適切かつ合理的な方法によらなければならないところ、これには、提供先の国名を個別に示す方法、実質的に本人からみて提供先の国名を特定できる方法、および、国名を特定するかわりに外国にある第三者に提供する場面を具体的に特定する方法などが含まれる[19]。たとえば、本人が日本の旅行会社に外国旅行を申し込んだ場合に、当

17　個人情報保護委員会・前掲（注16）「個人情報の保護に関する法律についてのガイドライン（外国にある第三者への提供編）」2－2。

18　個人情報保護委員会・前掲（注5）「「個人情報の保護に関する法律についてのガイドライン」および「個人データの漏えい等の事案が発生した場合等の対応について」に関するQ&A」Q9－5、Q9－6。

19　個人情報保護委員会・前掲（注5）「「個人情報の保護に関する法律についてのガイドライン」および「個人データの漏えい等の事案が発生した場合等の対応について」に関するQ&A」Q9－2。

該旅行会社が当該国の宿泊先に当該本人の情報を提供することは、当該国の記載がなくても実質的に本人からみて提供先の国名が特定できると考えられる[20]。

ロ　確認記録義務

㈠　改正の内容

　2014年に発生した民間企業における大規模漏えい事案を契機として、いわゆる名簿業者を介在し、違法に入手された個人データが社会に流通している実態が認識された[21]。これを受けて、オプトアウト手続によって個人データを第三者に提供しようとする場合、データの項目等を個人情報保護委員会へ届け出、同委員会がその内容を公表することとするなどオプトアウト手続の厳格化を図るとともに（個人情報保護法23条2項）[22]、事業者が個人データを第三者に提供する場合および第三者から個人データの提供を受ける場合に、

図表5－1　提供者の記録事項

	提供年月日	第三者の氏名等	本人の氏名等	個人データの項目	本人の同意
オプトアウトによる第三者提供	○	○	○	○	
本人の同意による第三者提供		○	○	○	○

（出所）　個人情報保護委員会「個人情報の保護に関する法律についてのガイドライン（第三者提供時の確認・記録義務編）」（2016年11月）4－2－1－2より引用。

20　個人情報保護委員会・前掲（注5）「「個人情報の保護に関する法律についてのガイドライン」および「個人データの漏えい等の事案が発生した場合等の対応について」に関するQ&A」Q9－3。

21　個人情報保護委員会「個人情報の保護に関する法律についてのガイドライン（第三者提供時の確認・記録義務編）」（2016年11月）1項。

22　瓜生・前掲（注7）『一問一答　平成27年改正個人情報保護法』Q47。

図表5－2　受領者の記録事項

	提供を受けた年月日	第三者の氏名等	取得の経緯	本人の氏名等	個人データの項目	個人情報保護委員会による公表	本人の同意
オプトアウトによる第三者提供	○	○	○	○	○	○	
本人の同意による第三者提供		○	○	○	○		○
私人などからの第三者提供		○	○	○	○		

（出所）　個人情報保護委員会「個人情報の保護に関する法律についてのガイドライン（第三者提供時の確認・記録義務編）」（2016年11月）４－２－２より引用。

取得の経緯について確認や記録の作成・保存を行うことが義務づけられた（同法25条）。

　具体的な記録事項としては、第三者提供の根拠ごとに、図表5－1および図表5－2のとおり定められている（個人情報の保護に関する法律施行規則（平成28年個人情報保護委員会規則第3号）13条1項、17条1項）。これにより、事業者は、受領する個人データが不正に入手されたものであることを認識することができ、そのまま取得すれば適正取得義務（個人情報保護法17条）の違反となるため、取得することが抑止される。また、個人情報が不正に流通しても、個人情報保護委員会の報告徴収や立入検査を通じて、漏えい元や流通先を特定することが容易になるなどトレーサビリティが確保される[23]。

　㋺　改正後の実務の動き

　個人データの取得の経緯の確認は、提供者から、当該提供者による個人データの取得の経緯を示す契約書その他の書面の提示を受ける方法等により行うものとされる（個人情報保護法26条1項3号、個人情報の保護に関する法律

23　瓜生・前掲（注7）『一問一答　平成27年改正個人情報保護法』Q57。

施行規則（平成28年個人情報保護委員会規則第3号）15条2項）。

　具体的には、提供者が別の者から個人データを買い取った売買契約書を確認する方法や、本人による同意書面を確認する方法のほか、提供者が本人の同意を得ていることを誓約する書面を受け入れる方法も適切な方法とされている[24]。実務対応としては、提供者のウェブサイト上の規約や画面によって取得の経緯を確認する、提供者と締結する契約書において、本人の同意などの取得の経緯と適正に取得したことの表明保証条項を設けるといった方法もとられている。

　これに対し、形式的には第三者提供の外形を有する場合であっても、本人からの委託等に基づき、本人にかわって、個人データを提供する場合は、違法に入手された個人データの流通を抑止するという趣旨からして、実質的に確認記録義務を課す必要性に乏しいことから、提供者および受領者のいずれに対しても、確認・記録義務は適用されないものとされた[25]。たとえば、本人から別の者の口座への振込依頼を受けた仕向銀行が、振込先の口座を有する被仕向銀行に対して当該振込依頼に係る情報を提供する場合や、本人がアクセスするウェブサイトの運営業者が、本人認証の目的で、すでに当該本人を認証している他のウェブサイトの運営業者のうち当該本人が選択した者との間で、インターネットを経由して、当該本人に係る情報を授受する場合などが考えられる[26]。

　このように、事業者が個人データを第三者に提供する場面においても、確認記録が必要な場面と不要な場面を分けうることから、実務対応としては、まず、確認記録の要否を整理し、確認記録が必要な場合には、上記のように契約書や電磁的記録（ログ等）によって記録事項を満たすような対応を行

24　個人情報保護委員会・前掲（注21）「個人情報の保護に関する法律についてのガイドライン（第三者提供時の確認・記録義務編）」3−1−2。

25　個人情報保護委員会・前掲（注21）「個人情報の保護に関する法律についてのガイドライン（第三者提供時の確認・記録義務編）」2−2−1−1。

26　個人情報保護委員会・前掲（注21）「個人情報の保護に関する法律についてのガイドライン（第三者提供時の確認・記録義務編）」2−2−1(2)。

い、一方、確認記録が不要と整理しうる場合には、各事業者のなかで、その根拠や基準を明確にすることが検討されている。

(4) 本人の権利の明確化──開示請求権

イ 改正の内容

　2015年改正前の個人情報保護法の文言上、本人は、保有個人データの開示、訂正および利用停止等（以下、「開示等」）を「求める」ことができるものとされていたが、これが、本人が事業者を相手に裁判所に訴えを提起することができる請求権を認めたものかどうかについては疑義があった。そこで、2015年改正では、開示等の求めは、本人が自ら事業者内で管理されている自己の個人情報の内容を知り、直接、事業者に対してその個人情報の適切な取扱いを求めることのできる重要な手段であって、それが確実に実現されるようにするためには、私法による個別救済を認める必要性が高いこと、行政機関の介入による解決よりも本人および事業者間の私人間で解決することになじむ面があると考えられること、および、諸外国においては裁判上も行使できる請求権と位置づけられていることが一般的であることに鑑み、条文上、裁判所に訴えを提起することのできる請求権として明確に位置づけられた[27]。

　ただし、開示等の対応は、基本的には裁判外において任意に行われるほうが迅速であり、また、濫訴も懸念されたことから、開示等の請求について裁判所に訴えの提起をするためには、まず裁判外で本人から事業者に対して開示等の請求を行い、その請求が事業者に達した日から2週間を経過するか、またはその間に事業者がその請求を拒絶することが必要とされた（個人情報保護法34条）。

---

[27]　瓜生・前掲（注7）『一問一答　平成27年改正個人情報保護法』Q63。

ロ　改正後の実務の動き

2015年改正前においても、開示等につき、裁判上の請求が行われるケースはあったことから、2015年改正により、当該請求権が明文化されたことによる実務への影響としては、裁判外の請求から2週間という回答の期限が明確になったことが大きかったと思われる。

2015年改正前から2週間以内に対応していたケースもみられたが、改正後は、その期限を徒過せずに回答するための具体的な体制整備を行うことが重要と考えられ、事業者において、社内規程や事務マニュアルの整備が進められたことなどから、改正時に懸念されたような濫訴の問題は生じていない。

(5)　個人情報の利活用促進

イ　改正の内容

上記のとおり、パーソナルデータは、新事業・新サービスの創出や国民生活の利便性の向上につながるビッグデータの利活用が進むなか、特に利用価値が高いと期待されていた[28]。

そこで、特定の個人を識別することができないように個人情報を加工し、かつ当該個人情報を復元することができないようにしたものを、個人情報とは異なる新たな類型として「匿名加工情報」と定義し、本人の同意を不要とするなど、個人情報に比べて緩やかな規律のもとで利活用できるような制度が新設された。

第3章にも記載のとおり、匿名加工情報に関する具体的規制としては、特定の個人を識別することができる記述等の全部または一部を削除する等の適正加工義務（個人情報保護法36条1項）、加工方法に関する情報等の漏えい防止等の安全管理措置を講じる義務（同条2項・6項）、匿名加工情報の作成お

28　瓜生・前掲（注7）『一問一答　平成27年改正個人情報保護法』Q23。

よび第三者提供に関する公表義務（同条3項・4項）、本人を識別するために匿名加工情報を他の情報と照合するといった識別行為の禁止（同条5項）などがある[29]。なお、統計情報は、「個人に関する情報」ではないため、匿名加工情報にも該当しない[30]。

ロ　改正後の実務の動き

匿名加工情報が個人情報の利活用に与える効果としては、①ポイントカードの購買履歴や交通系ICカードの乗降履歴等を複数の事業者間で分野横断的に利活用することにより新たなサービスやイノベーションを生み出す突破口となること、②医療機関が保有する医療情報を活用した創薬・臨床分野の発展や、プローブ情報を活用した、より精緻な渋滞予測や天候情報の提供等、国民生活全体の質の向上に資することが期待されている[31]。

すでに一定程度の活用が進みつつあるが、一方で、具体的な匿名加工情報の利活用モデルについて、必ずしも企業が把握できていないなど、十分な活用ができていない事業者もいることから、事業者が実施しやすい環境整備を求める意見もあり、具体的な利活用モデルやベストプラクティス等の発信を進めることが重要とされている[32]。

匿名加工情報に係る規制が及ぶのは、これを「作成するとき」であり、匿名加工情報の作成意図をもって、個人情報保護法で規定された匿名加工情報として取り扱うことを目的としてこれを作成するときに限られる[33]。よって、特定の個人を識別することができないようにされた情報でも、匿名加工情報を作成する意図がなく、かつ、個人情報として取り扱うことを前提にし

29　瓜生・前掲（注7）『一問一答　平成27年改正個人情報保護法』Q26。

30　瓜生・前掲（注7）『一問一答　平成27年改正個人情報保護法』Q23。

31　瓜生・前掲（注7）『一問一答　平成27年改正個人情報保護法』Q23。

32　個人情報保護委員会「個人情報保護法 いわゆる3年ごと見直し 制度改正大綱」（2019年12月13日）第3章第4節第2項。

33　園部逸夫・藤原静雄『個人情報保護法の解説』（ぎょうせい、2018年）第3編第4章第2節1⑴。

たデータの加工については、個人情報保護法上の「匿名加工情報の作成」に該当せず、匿名加工情報に係る義務は発生しない[34]。

そこで、事業者においては、特定の個人を識別することのできない情報に加工するにあたっては、まず、これを匿名加工情報として扱うのか、個人情報として扱うのかを決する必要がある。匿名加工情報は、本人の同意なく第三者提供できるなど緩やかな規律のもとで利活用することができる一方、個人を識別しうる状態の情報を保有し続ける場合は、これら個人情報と匿名加工情報とで管理部署やサーバーを分離するなど、これらが照合されて匿名加工情報から特定の個人が識別されないような特別な処置が必要となるほか、作成した匿名加工情報に関する公表（個人情報保護法36条4項）など個人情報とは異なる対応が必要となることから、保有する個人情報と同様に、引き続き個人情報として取り扱うことを選択するケースもみられる。

2 2020年の改正動向と実務上の重要論点

(1) 個人情報保護法の改正動向

2015年改正に関しては、同改正に係る改正法において、国際的な動向の変化、情報通信技術のさらなる発展等を勘案して3年ごとに法の施行状況について検討し、必要に応じて所要の措置を講じるものとされていた（2015年改正法附則12条3項）。そして、2015年改正後も、ICT・AI技術の発達、デジタル・プラットフォーマーと呼ばれる国外事業者等によるサービスの利用や国境を越えた個人情報の取扱いの増大をはじめ、個人情報をめぐる諸情勢は変化を続けている状況にある。かかる技術的および社会的な変化をふまえ、個人情報保護委員会において法改正を含む制度の見直しが行われた[35]。

34　園部・藤原・前掲（注33）『個人情報保護法の解説』。
35　具体的な検討は、2019年の第86回個人情報保護委員会から開始されている。

かかる制度の見直しにおいては、

・個人の関心や関与への期待の高まりへの対応

・保護と利用のバランス

・国際的な制度調和や連携

・国境を越えて個人情報を取り扱うビジネスの増大に伴うリスクへの対応

・個人が自身の情報の取扱いを把握しづらい時代における事業者の個人情報
　の適切な取扱環境の整備

という視点に基づき多岐にわたる事項の検討が行われている。そして、各種
の検討を経て、2019年12月に見直しの内容が大綱として取りまとめられ、
2020年3月に国会に改正法案が提出され、同年6月に個人情報の保護に関す
る法律等の一部を改正する法律（令和2年6月12日法律第44号）（以下、「2020
年改正法」）が成立するに至っている。同法による個人情報保護法の改正（以
下、本章において「2020年改正」といい、2020年改正による改正後の個人情報保
護法を「新法」という）の基本的な内容は、2020年改正法公布日である2020
年6月12日から2年後までに施行されるものとされている（2020年改正法附
則1条）。

　本節においては、かかる2020年改正との関係で、実務上重要と思われる内
容について概説する。なお、以下で述べる事項以外にも、2020年改正におけ
る重要な改正事項として、認定個人情報保護団体の権限の整備なども実施さ
れている（新法5節）。個人情報の取扱いが多様化していることをふまえる
と、認定個人情報保護団体による自主的な取組み等は、柔軟かつ適切なルー
ルを設ける観点からさらに重要性が増すものと予想される。したがって、
2020年改正との関係では、認定個人情報保護団体の今後の動きにも注視が必
要となるものと思われる。

⑵ 個人データに関する個人の権利の拡大

イ 改正法の内容

㈠ 利用停止等

　2015年改正の段階では、利用停止、消去および第三者提供の停止（以下、「利用停止等」[36]）の請求が認められるのは、個人情報保護法に違反する場合に限定されていた（同法30条1項・3項）。

　この点に関し、新法では、保有個人データに対する本人関与を強化する観点から、「当該本人が識別される保有個人データを当該個人情報取扱事業者が利用する必要がなくなった場合、当該本人が識別される保有個人データに係る第22条の2第1項本文に規定する事態が生じた場合（筆者注：漏えいが発生した場合）その他当該本人が識別される保有個人データの取扱いにより当該本人の権利または正当な利益が害されるおそれがある場合」にも利用停止等の請求が認められるものとされた（新法30条5項）[37]。

　「その他当該本人が識別される保有個人データの取扱いにより当該本人の権利または正当な利益が害されるおそれがある場合」の要件は、利用停止等の要件を抽象的に画するものであり、制度上は、利用停止等の請求が広範囲に認められる可能性がある。なお、かかる要件緩和により事業者の負担が増大することが予想されることをふまえ、「当該保有個人データの利用停止等または第三者への提供の停止に多額の費用を要する場合その他の利用停止等または第三者への提供の停止を行うことが困難な場合であって、本人の権利利益を保護するため必要なこれに代わるべき措置をとるとき」には、例外的に請求に応じないことが可能とされている（新法30条6項ただし書）。

36　個人情報保護法上は、「保有個人データの利用の停止又は消去」を「利用停止等」と定義しているが（同法30条1項）、本章では、説明の便宜上、第三者への提供の停止も含め「利用停止等」と記載する。

37　ほかに2020年改正により不適正な利用の禁止規定（新法16条の2）が追加されたことに伴い、当該規定の違反が利用停止および消去請求の事由として追加された。

㈦　開　　示

　2015年改正の段階では、保有個人データの開示請求に対する開示の方法は、原則として書面によることとされ、開示請求者が同意した方法がある場合には、例外的に同意した方法によることができるとされている（個人情報保護法施行令9条）。

　この点に関し、2020年改正では、保有個人データの開示の方法について、本人の利便性向上の観点から、「電磁的記録の提供による方法その他の個人情報保護委員会規則で定める方法」による開示を請求することができることとされ、原則として本人の請求に係る開示方法による開示を行うことが義務づけられた（新法28条1項）。なお、実務上の負荷等を考慮した法律上の例外として、「当該方法による開示に多額の費用を要する場合その他の当該方法による開示が困難である場合にあっては、書面の交付による方法」によることとも認められている（新法28条2項ただし書）。

㈦　保有個人データの範囲の拡大

　以上の改正に関連するものとして、上記の各制度の対象となる「保有個人データ」の範囲について、2015年改正までは要件とされていた「6か月以内に消去されるかどうか」という線引きについては、新法では要件とされない方向で改正されている（新法2条7項におけるただし書の削除）。かかる改正により、保有個人データの範囲が拡大されることで、6カ月以内の消去を予定している個人データについても利用停止等や開示に対応するための態勢の構築等の対応が必要になるものと思われる。

ロ　想定される実務上の論点

㈠　利用停止等

　保有個人データの利用停止等の請求要件の緩和により、従前の実務と異なり、保有個人データの取扱いについて個人情報保護法に違反した事案以外においても、利用停止等の請求が認められる可能性が生じることとなる。前述のとおり、新法の要件との関係についても、「その他当該本人が識別される

保有個人データの取扱いにより当該本人の権利または正当な利益が害される
おそれがある場合」という包括的な要件が定められていることから、実務上
も、これまでよりも広範かつ多様な事由に基づく利用停止等の請求が行われ
るものと想定される。たとえば、ダイレクトメールが頻繁に本人の意思に反
して送られる場合などが想定されるが[38]、実際にどのような場面において利
用停止等の請求が認められるかについては、今後、ガイドライン等で明確に
なることと思われる。かかる明確化に際しては、できる限り具体的な示唆が
行われることが期待される[39]。

　この点に関し、実務上、利用停止等の請求の影響が重要になる場面とし
て、事業者の遂行する業務との関係において法令等の要請を含む各種の事情
（たとえば、金融取引における信用能力の判断のための情報など）を考慮し、事
業者において保有個人データの継続的な取扱いが必要となる場面がある。こ
のような保有個人データの取扱いについては、事業者における継続的な保有
が本人の利益保護等につながる側面も有することから、保有個人データの利
用停止等の請求を認めるかどうかについては、個人情報の保護以外の事情も
考慮した慎重な検討が行われることが必要となると考えられる。

　利用停止等の例外規定の運用に際しても、本人の利用記録等の保存の必要
性や一律の利用停止等によるシステム等の負荷の程度なども考慮した運用が
定着することが期待される。かかる運用に際しては、「本人の権利利益を保
護するため必要なこれに代わるべき措置をとるとき」との要件との関係で、
適切な代替措置がいかなるものであるかについてガイドライン等で例示され
ることも実務上有益であるものと考えられる。

---

[38]　第201回国会衆議院内閣委員会議事録第13号（令和2年5月22日）其田政府参考人答
　弁参照。
[39]　現行のガイドラインにおいても、「個人情報取扱事業者の業務の適正な実施に著しい
　支障を及ぼすおそれがある場合」等の本人からの請求を拒否できる要件に関する例示が
　なされているが（個人情報保護委員会・前掲（注12）「個人情報の保護に関する法律に
　ついてのガイドライン（通則編）」3－5－2(2)）、これらの例示を、実務上も斟酌した
　運用がなされているものと思われる。

㈼ 開 示

　開示の方法を本人が個別に指示する場合、事業者は、本人の当該指示に基づく方法による開示に対応することが求められることとなる。具体的には、電子メールの直接の送信による開示や本人が指定するフォーマット等を使用した電磁的方法（以下、「本人指示方法」）による開示が指示されるケースなどが生じる可能性がある。

　この点に関し、本人指示方法についてセキュリティ等の懸念が生じる場合、これらの方法による開示に形式的に応じることは、本人の利益保護との関係で問題が生じる可能性もある。また、請求者ごとに異なるフォーマット等による開示への対応が必要になる場合、システム上の過大なインフラ整備等が必要となることも想定される。国会の審議においては、本人が請求できる方法として個人情報保護委員会規則で定める内容は、「書面の交付、電磁的記録の提供といった粒度の規定」を想定しているとされたが[40]、具体的にどのような本人指示方法が認められるかは現状では明らかではなく、具体的な開示の場面を想定した実務対応の目線がガイドライン等で示されることが期待される。

　また、例外規定の運用に際しても、これまでの実務における検討を参考にすることを前提としたうえで、本人指示方法において多様な電磁的方法が認められる可能性を視野に入れた具体的な検討が新たに進むものと想定される。たとえば、「その他の当該方法による開示が困難である場合」の評価については、本人指示方法のセキュリティ水準を検討要素とするような検討も選択肢とすべきものと考えられる。特に電子メールによる開示が指示された場合に関しては、指定されたメールアドレスが本人のものであるか否かの確認が容易ではなく、セキュリティの脆弱性に起因する漏えい等のリスクも生じうる。かかる事情を勘案し、本人指示方法が電子メールによる方法など、漏えい等のリスクが相対的に大きいものと評価できる開示方法である場合に

40　第201回国会参議院内閣委員会議事録第13号（令和2年6月14日）其田政府参考人答弁。

は、事業者として別の方法を選択することも事案によっては許容されるべきであろう。

(3) 事業者の責務——漏えい等の報告義務

イ 改正法の内容

　第3章においても漏えい等の報告義務が導入された背景および概要について述べたところであるが、日本の個人情報保護法制との関係であらためて言及すれば、漏えい等報告が個人の権利利益の保護を図るための情報源となることや、多くの国で漏えい等報告が義務化されているという国際的な動向をふまえ、2020年改正により、新法においては、漏えい等の報告および本人への通知が法令上の義務として明記されている（新法22条の2第1項・2項）。

　報告義務の対象となるのは、「漏えい、滅失、毀損その他の個人データの安全の確保に係る事態であって個人の権利利益を害するおそれが大きいものとして個人情報保護委員会規則で定めるもの」である。報告の対象となる具体的な基準の内容は、個人情報保護委員会規則に委ねられているが、「一定数以上の個人データの漏えい、要配慮個人情報の漏えい等、一定の類型に該当する場合に限定」されることが予定されている[41]。また、新法では、漏えい等報告の対象となる場合には、原則として本人への通知も義務づけられることになる（同条2項本文）。本人への通知に関しては、「本人への通知が困難な場合であって、本人の権利利益を保護するため必要なこれに代わるべき措置をとるとき」という例外要件に該当する場合には、通知義務を負わないものとされている（同項ただし書）。

41　個人情報保護委員会・前掲（注32）「個人情報保護法 いわゆる3年ごと見直し 制度改正大綱」第3章第2節第1項(2)。

ロ　想定される実務上の論点

㈵　漏えい等報告のあり方

　現行の実務においては、漏えい等の事案が発生した場合、当該事業者において個人情報保護委員会「個人データの漏えい等の事案が発生した場合等の対応について」（平成29年個人情報保護委員会告示第1号）（以下、「漏えい告示」）に沿った対応を検討している。また、特定の事業分野に属する事業者においては、事業分野ごとのガイドラインおよび関連する業界団体の規律等に従って漏えい等について報告を実施する運用もあわせて検討している状況にある。

　これらの漏えい等報告の実務運用の現状に照らせば、現行実務においても必要かつ適切な漏えい等の報告が行われているものと評価できることから、総論的には、漏えい等の報告義務が法定化されることによる実務への影響は限定的になるものと思われる。もっとも、現行法と異なり、新法では漏えい等報告が法令上の義務として明記されることにより、個別具体的な法定の要件の内容を考慮した検討が個別事案に応じて行われることも想定され、その結果、実務運用に変更が生じる可能性もある。そのため、かかる改正の動向については、事業者および本人の双方において、今後の運用等に注目しておくべきであろう。

　また、新法においては、漏えい等報告までの時間的な限定については明記されていない。この点については、「明確な時間的な制限は設けないものの、報告内容を一定程度限定した上で『速やか』に報告することを義務付ける」ことが予定されていることから[42]、今後、個人情報保護委員会規則またはガイドライン等の改正により、「速やか」に報告することの位置づけが明確になるものと想定される。新たに示される報告までの時間的な制限等の内容によっては、事業者における漏えい等報告に係る実務フローの見直しが必

---

[42]　個人情報保護委員会・前掲（注32）「個人情報保護法 いわゆる3年ごと見直し 制度改正大綱」第3章第2節第1項(3)。

要になる可能性があることから、かかる運用の動向にも注目が必要となるものと想定される。

㈣　本人への通知

　漏えい等が生じた場合における本人への通知に関しても、現行制度における実務対応において、各事業者は、漏えい告示その他の関連する規律に従って、「漏えい等事案の内容等に応じて、二次被害の防止、類似事案の発生防止等の観点から、事実関係等について、速やかに本人へ連絡し、または本人が容易に知り得る状態に置く」という漏えい告示に示された考え方[43]をふまえ、本人への通知の要否を個別事案ごとに判断している。そして、かかる本人への通知については、実務上、その必要性等に応じて本人への通知を要しないという判断をとることもある[44]。

　本人への通知に際しては、漏えい等の規模および態様ならびに本人への連絡方法の有無等をふまえ、二次被害の防止の観点から通知の要否を個別に検討することが利用者保護にとって重要と考えられることから、新法における漏えい等報告の運用に関しても、利用者保護を阻害しないことも考慮したうえで、従前の実務運用との整合性がどの程度確保されるかが実務上の論点になるものと考えられる。

---

(4) データ利活用に関する規律

イ　仮名加工情報

(イ)　改正法の内容

　2015年改正により創設された匿名加工情報制度は、医療分野を中心に一定の活用が進められているものの、本章**1**(5)に記載したとおり、具体的な匿名加工情報の利活用モデルについて把握できていない事業者も多く、事業者が実施しやすい環境整備の必要性等が指摘されている[45]。このような状況のもと、加工前の情報の有用性を維持して、匿名加工情報よりも詳細な分析を比較的簡便な加工により実施するニーズが高まり、実務においては、安全管理措置の一環として特定の個人を直接識別できる記述等を削除等する加工を行ったうえで、組織内部でのパーソナルデータの分析に利用する取扱いが広がっている。このような実務の広がり等を背景として、第3章において概説したとおり、新法においては、所定の措置を講じて「他の情報と照合しない限り特定の個人を識別することができないように個人情報を加工して得られる個人に関する情報」を「仮名加工情報」と位置づける制度が創設された（新法2条9項）（図表5－3）。

　仮名加工情報制度は、イノベーションを促進する観点を重視し、内部分析に限定すること等を条件としてさまざまな分析への活用を可能とする趣旨の制度である。そこで、利用目的の変更に係る制限をなくし、本人からの開示請求、利用停止等請求をはじめとする各種請求に対する対応義務の対象から除外するなど（新法35条の2第9項）、個人情報や個人データに係る一般的な規律に比べて、その取扱いに係る義務を緩和している。他方で、①本人を識別するための他の情報との照合（新法35条の2第7項、35条の3第3項）、②本人への連絡等のために仮名加工情報に含まれる連絡先等の情報を利用する

45　個人情報保護委員会・前掲（注32）「個人情報保護法 いわゆる3年ごと見直し 制度改正大綱」第3章第4節第1項(3)。

図表5-3 新法における個人に関する情報の概念図

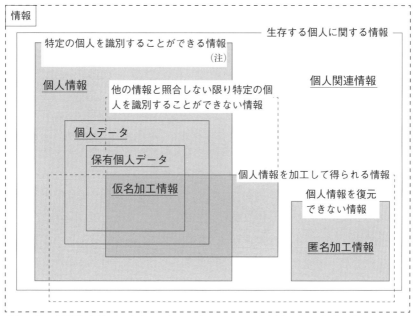

（注） 他の情報と容易に照合することができ、それにより特定の個人を識別することができる情報を含む。

（出所） 新法をもとに筆者作成。

こと（新法35条の2第8項、35条の3第3項）、③法令に基づく場合を除く第三者への提供をそれぞれ禁止するなど（新法35条の2第6項前段、35条の3第1項）、本人を識別する利用を伴わない事業者内部での利用に限定する規律が設けられている[46]。

　また、仮名加工情報は、個人情報であるものと個人情報でないものに区分するものとされている。個人情報である仮名加工情報には、個人情報に関する規律が直接に適用されるが、前述のとおり、利用目的の変更制限に係る規

46　委託や共同利用に伴う提供は可能とされているため（新法35条の2第6項後段、35条の3第2項）、グループ会社間での共同研究、分析の実施や、他の事業者への分析の委託等を行うことは可能であると考えられる。

定の適用の排除、第三者提供の禁止、本人からの各種請求に関する規定の適用の排除など、通常の個人情報の取扱いに係る規律が修正されている。他方、個人情報でない仮名加工情報には、個人情報に関する規律の直接的な適用はないが、安全管理措置ならびに従業者および委託先の監督等の規律が準用される（新法35条の3第3項）。

(ロ) 想定される実務上の論点

A　利活用

　仮名加工情報は、個人の識別性を排除するための厳格な加工まで求められるものではないと考えられるため、匿名加工情報に比べより精度の高い分析が可能になることが想定されることから、かかる分析を行う必要がある場面での活用が期待される。具体的な活用事例として、たとえば、保険会社が保険商品の引受けに関するリスク算定のためにプログラム構築に用いるデータとして仮名加工情報を利用すること等が考えられるだろう[47]。かかる利活用をはじめ、仮名加工情報制度は、新法施行後に十分な活用が行われることが期待されるが、加工の程度について具体的にどのような方法が許容されるか等のルールの詳細によって制度の実務的な活用の難易度も異なってくる。そのため、今後の動向としては、ガイドライン等を含む行政運用としても、仮名加工情報の利活用に向けた具体的な解釈の明確化等が行われることが期待される。

B　実務上の影響

　仮名加工情報は、柔軟な利活用のために利用されることが想定される一方で、前述のとおり、その取扱いについて通常の個人データ（個人情報）と異なる制限が設けられている。かかる制度設計をふまえると、仮名加工情報の定義に該当しうる情報を仮名加工情報として事業者が形式的かつ一律に取り扱わなければならないとすると、事業者における一般的な個人データ（個人情報）の取扱いに予期せぬ影響が生じる可能性があるものと思われる。その

---

[47]　「個人情報保護法　いわゆる3年ごと見直し　制度改正大綱」に関するパブリックコメントNo.753参照。

ため、実務上の個別の場面を想定したうえで、どのような場合に仮名加工情報の規律が適用されるかの線引きも重要な論点となるものと想定される。

　この点については、客観的には仮名加工情報の定義に該当しうる情報についても、仮名加工情報の枠組みを事業者の判断で用いることなく、あえて通常の個人データ（個人情報）としての取扱いを行う場合には、仮名加工情報の規律が適用されないとの方向性が適切であるものと考えられる。また、匿名加工情報に関して、本章**1**(5)に記載したとおり、匿名加工情報の作成意図はなく、個人情報として引き続き取り扱う前提の場合には、法律上の「匿名加工情報の作成」に該当しないと解されている。このような現行制度の解釈をふまえると、匿名加工情報と仮名加工情報との関係についても、個人情報の加工にあたって当該事業者に匿名加工情報としての作成意図がない場合には、匿名加工情報には該当せず、仮名加工情報の規律の適用のみが論点となる方向性が仮名加工情報の趣旨に照らして適切であろう。今後、ガイドライン等でどのような考え方が示されることになるかが注目される。

ロ　個人関連情報に関する規律

㈠　改正法の内容

　2020年改正における議論のなかで、インターネット上のユーザデータの収集、蓄積、統合および分析を行うDMP（Data Management Platform）と呼ばれるプラットフォームが普及しつつある状況のもと、Cookie（クッキー）等の識別子に紐づく非個人情報について、当該識別子を利用して提供先において個人データとなることをあらかじめ知りながら第三者に提供するというスキームが広まるなど、本人関与のない個人情報の収集方法の拡大への懸念が指摘された[48]。このような背景のもと、新法においては、「生存する個人に関する情報であって、個人情報、仮名加工情報及び匿名加工情報のいずれにも該当しないもの」を「個人関連情報」と定義したうえで、個人関連情報に

---

[48]　個人情報保護委員会・前掲（注32）「個人情報保護法 いわゆる3年ごと見直し 制度改正大綱」第3章第4節第4項(3)。

ついて、提供先において個人データとして取り扱われる場合における第三者提供の制限に関する規律が設けられた（新法26条の２第１項）。

　具体的には、個人関連情報データベース等[49]を事業の用に供している者（個人関連情報取扱事業者）は、個人関連情報について「第三者が個人関連情報を個人データとして取得することが想定されるとき」は、原則として、当該第三者において「個人関連情報の提供を受けて本人が識別される個人データとして取得することを認める旨の当該本人の同意」が得られているかをあらかじめ確認しなければ、当該第三者に対して個人関連情報を提供できないものとされた（新法26条の２第１項）[50]。

　また、個人関連情報を第三者に提供する場合には、提供元となる個人関連情報取扱事業者が個人関連情報の提供に係る確認記録の作成を行う必要がある（新法26条の２第３項、25条３項）。

㈡　想定される実務上の論点

A　改正の実務における位置づけ

　実務上、個人データの第三者提供に関する規律の適用に関して、「提供元において個人情報に該当するが、提供先においては個人情報に該当しない」場合については、個人データの第三者提供としてその制限に係る規律が適用されるものと解されている（いわゆる「提供元基準」）[51]。他方で、2020年改正以前においては、「提供元においては個人データに該当しないが、提供先においては個人データに該当する場合」における法の適用に係る考え方について、必ずしも明らかになっていない状況にあった。

49　個人関連情報を含む情報の集合物であって、特定の個人関連情報を電子計算機を用いて検索することができるように体系的に構成したものその他特定の個人関連情報を容易に検索することができるように体系的に構成したものとして政令で定めるものをいう（新法26条の２第１項）。

50　なお、外国にある第三者への提供にあっては、本人の同意を得ようとする場合において、あらかじめ、当該外国における個人情報の保護に関する制度等の情報が当該本人に提供されていることについても確認する必要がある（新法26条の２第１項２号）。

51　個人情報保護委員会・前掲（注32）「個人情報保護法 いわゆる３年ごと見直し 制度改正大綱」第３章第４節第４項(3)。

この点に関し、新法において、提供先となる「第三者が個人関連情報を個人データとして取得することが想定されるとき」の同意取得を義務づけたことから、これまでの実務において解釈が明確ではなかった事案における規律を明確化するものとして、実務上の影響が生じるものと想定される。かかる影響の範囲については、前述のような2020年改正の検討の経緯に照らせば、主としてDMP等のプラットフォームに関するデータの授受が想定されるが、新法ではかかる規律の適用対象を必ずしもDMP等のプラットフォームに関するデータの授受に限定していない。

　そのため、2020年改正により、DMP等のプラットフォームの運営事業者およびこれらのプラットフォームを利用してターゲティング広告の実施等を行う事業者はもとより、それ以外の事業者においても、個人データの第三者提供に該当しないものとして整理していた各種のデータ授受に関する事業活動について、個人関連情報の提供制限に係る規律の適用の可否を検討することが求められるものと考える。

　たとえば、ソーシャルネットワーキングサービス（SNS）の提供事業者が、他の事業者のウェブサイトに「ボタン」等を設置している場合（いわゆる「ソーシャルプラグイン」）、当該SNSの利用者が当該「ボタン」等が設置されたウェブサイトを閲覧した際に、当該ウェブサイトからSNS提供事業者に対してユーザーID、アクセスしているウェブサイト等の情報が送信されることがある[52]。2020年改正をふまえ、このようなボタンの設置等を行っているウェブサイトの運営事業者および今後このような機能の実装を予定する事業者は、新法における規律との関係を検討する必要があるものと考えられる。

---

[52]　一部のSNSにおいて、このような「ボタン」等が押されなくとも情報の送信が行われることがあり、個人情報保護委員会により、ウェブサイトの運営者において「当該SNSに情報が送信されていること及び送信されている情報の範囲等をプライバシーポリシー等においてわかりやすく明示する等」の対応を行う必要性が示唆されている（https://www.ppc.go.jp/news/careful_information/sns_button/）。

B　実務対応の検討の方向性

　事業者における実務対応としては、各種のデータ授受に関する事業活動において個人関連情報の提供を受けることが想定される場合、当該情報が自社内において個人データとして取り扱われることになるか否かを検証し、個人データとして取り扱うことを予定する場合には、本人から適切に同意取得をできるようプライバシーポリシーや各種サービスにおける個人情報の同意文言等についての見直しを検討する必要がある。

　また、個人関連情報の提供を行うことが想定される場合には、提供先における個人データとしての取扱いの有無および同意取得の有無の確認のため、具体的にどのような措置を講じるか、個人関連情報の提供に係る確認記録をどのように作成するかを検討することが実務上重要となる。

　新法の規律における確認は、「個人情報保護委員会規則で定めるところにより」行われる必要がある（新法26条の2第1項柱書）。国会における審議では、提供先から「申告を受ける方法」が想定され、提供元は「申告内容を一般的な注意力をもって確認すれば足りる」とされたが[53]、具体的な確認の方法については個人情報保護委員会規則やガイドライン等において明確化されることが期待される。そのうえで、具体的な実務対応としては、事案ごとの個別事情をふまえての検討が必要になると思われるものの、たとえば、データ提供契約における表明保証等によって提供先における個人データとしての取扱いの有無および同意取得の有無を明確化することも1つの選択肢として許容されるべきものと考えられる。

　また、確認記録の作成については、個人データの第三者提供に係る記録の作成（法25条1項、26条3項）における従前の実務の蓄積[54]をふまえ、柔軟な解釈および運用が可能となることが期待される。

　なお、新法においては、提供元において同意取得していることを「確認す

---

[53]　前掲（注40）第201回国会参議院内閣委員会議事録第13号（令和2年6月14日）其田政府参考人答弁。
[54]　本章■(3)ロにおける2015年改正当時の議論を参照されたい。

ること」が求められており、同意取得自体は当該情報を個人データとして取り扱う提供先において行うことが想定されているものと思われる。そのため、提供先において適切に同意取得することが基本的な実務対応の方向性となるものと想定される。

このような制度設計は、DMP等のプラットフォームが非個人情報を提携事業者のウェブサイト上に設置したタグを通じて取得している場合などにおいて、かかるプラットフォームの提供事業者が本人と直接的な接点をもつことがなく、同意取得が困難であること[55]を念頭に置いたものと思われる。

もっとも、技術的な発展等を背景に、データ授受に関する事業活動の実態は複雑かつ多様化しており、提供先における同意取得が必ずしも容易ではない場合や、本人関与の観点から提供元において対応を行うことが望ましい場合も想定しうるものと思われる。新法における個人関連情報の提供制限に係る規制の趣旨が個人情報の収集に関して本人関与の機会を設けることにあることに鑑みれば、かかる場合においては、提供元と提供先が適切に連携したうえで提供元のウェブサイト等において個人関連情報に係る同意を取得する方法等の検討も模索されるべきであろう[56]。

(5) 法の域外適用および越境移転

イ 改正法の内容

プラットフォーマーをはじめとする個人情報の取扱いのさらなる国際化の進展を受け、日本国内にある者に係る個人情報等を取り扱う外国事業者につ

---

55 前掲（注46）「個人情報保護法 いわゆる3年ごと見直し 制度改正大綱」に関するパブリックコメントNo.668等においてこのような指摘がなされている。

56 2020年改正に係る議論のなかで、提供先がどこかということ、提供先において個人データになることを示して同意取得する必要性が示唆されているところ（前掲（注38）第201回国会内閣委員会第13号（令和2年5月22日）其田政府参考人答弁参照）、かかる示唆をふまえると、個人関連情報の提供に関しては提供元が同意取得する対応が許容されうるものと思われる。

いて、国内事業者とのイコールフッティング等を達成する観点から、個人情報保護法の適用範囲のあり方を見直す検討が行われた。その結果、新法において、「国内にある者に対する物品または役務の提供に関連して、国内にある者を本人とする個人情報、当該個人情報として取得されることとなる個人関連情報または当該個人情報を用いて作成された仮名加工情報もしくは匿名加工情報を、外国において取り扱う場合」には、外国事業者にも個人情報保護法が全般的に適用されることとなり（新法75条）、外国事業者による個人情報等の取扱いが罰則によって担保された報告徴収命令等の対象となることが明確にされている。かかる改正は、国内外を問わず、法の執行を平等にするものとして、実務上の取扱いとしても適切なものと評価できる。

　また、外国にある第三者への提供（以下、「外国提供」）については、2015年改正によってすでに同意を原則とする規律が設けられていたところであるが（法24条）、2020年改正により、外国提供に関する情報提供のさらなる充実等が図られることとなった。具体的には、外国提供の同意を取得する場合において、「当該外国における個人情報の保護に関する制度、当該第三者が講ずる個人情報の保護のための措置その他当該本人に参考となるべき情報」を本人に提供することが義務づけられるとともに（新法24条2項）、外国提供に係る同意取得が例外的に不要となる者（個人データの取扱いについて個人情報取扱事業者が講ずべきこととされている措置に相当する措置を継続的に講じる体制を整備している者）との間で講じている措置について、本人の求めに応じて情報を提供することが義務づけられる（新法24条3項）。

ロ　想定される実務上の論点

　外国事業者への域外適用については、従来は罰則により担保されない報告徴収命令等の権限に限定されていたことから、実務対応における実効的な監督権限の行使には運用上の限界がある状況にあったものと思われる。この点に関し、2020年改正により、法執行の位置づけが明確化されることに伴い、外国事業者において不適切な個人情報等の取扱いがあった場合にも、個人情

報保護委員会による所要の措置が講じられることになる。これらのけん制機能により、国内および国外を問わず、より適切な個人情報等の保護が図られることになるものと想定される。特に個人情報等の取得および提供等の個別規制に応じた実務対応については、本人の個人情報保護に直結することから、本人の利益をふまえて公平かつわかりやすい対応になっているかという観点から、法令に則した適切な検討が求められることになる。なお、域外適用の法執行に際しては、法執行の前提となる情報等の把握も重要となることから、各国当局との情報連携等の充実も今後さらに望まれるところである。

外国提供については、情報提供の充実に関する対応を各事業者が検討することが求められる。EU諸国に対する個人データの提供に関しては十分性認定に関連して、個人情報保護委員会による「個人情報の保護に関する法律に係るＥＵおよび英国域内から十分性認定により移転を受けた個人データの取扱いに関する補完的ルール」の整備等によって、EU諸国から日本に対する個人データの提供に関する実務対応の検討が進んでいるところであるが、かかる検討に加え、2020年改正の施行後は、日本から外国に対する個人データの提供についても、情報提供の充実に向けた検討が進むものと予想される。

現在の実務上の対応においては、外国提供に関する同意取得については、実質的な情報提供が十分ではないケースも想定されたところ、今後は、情報提供の制度化に伴って本人向けの情報提供の水準が実務上拡充される可能性がある。特に同意取得を例外的に不要とする者に対する提供に関しては、その実態が本人には必ずしも明らかではないことも散見されることから、新法のルールによる実務対応の改善等が進む可能性もある。なお、外国における制度整備状況等については、第３章（EU・米国）および第４章（中国）もあわせて参照されたい。

第 6 章

「情報銀行」の意義と
最新動向

総務省総合通信基盤局電気通信事業部
電気通信技術システム課安全・信頼性対策室長

恩賀　　一

1 「情報銀行」とは何か？

　「情報銀行」とは、個人情報等のパーソナルデータについて、本人の関与を高めることにより、本人が自らの意思に基づいて当該パーソナルデータを活用することを支援し、その便益を本人や社会に還元するための仕組みである。具体的には、本人の個人情報の第三者提供（そのための管理を含む）に

図表6－1　「情報信託機能の認定に係る指針ver2.0」における「情報銀行」の定
　　　　　義等

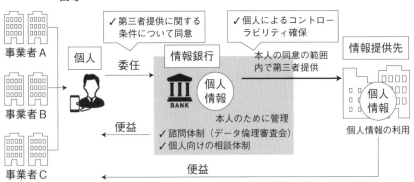

（出所）　情報信託機能の認定スキームの在り方に関する検討会「情報信託機能の認定に係る指針ver2.0」

図表6－2　「情報銀行」に関する用語

ついて、第三者提供する個人情報の種類、第三者提供先となる企業等における提供された個人情報の利用目的、その利用により本人に還元される便益等に関し当該本人が同意する一定の範囲において、「情報銀行」という安心・安全で信頼できる主体に本人が委任するという仕組みである[1]（図表6-1）。

　なお、「情報銀行」という用語は、国内外においてさまざまな意味で使用されている[2]（図表6-2）。本稿においては、後述するように、高度情報通信ネットワーク社会推進戦略本部（以下、「IT総合戦略本部」）、総務省および経済産業省による取組み、それらをふまえた一般社団法人日本IT団体連盟

1　情報信託機能の認定スキームの在り方に関する検討会「情報信託機能の認定に係る指針ver2.0」（2019年10月8日、総務省・経済産業省　https://www.soumu.go.jp/menu_news/s-news/01tsushin01_02000290.html）によると、『情報銀行』は、実効的な本人関与（コントローラビリティ）を高めて、パーソナルデータの流通・活用を促進するという目的のもと、本人が同意した一定の範囲において、本人が、信頼できる主体に個人情報の第三者提供を委任するというもの」と定義され、その「機能」として、「個人からの委任を受けて、当該個人に関する個人情報を含むデータを管理するとともに、当該データを第三者（データを利活用する事業者）に提供することであり、個人は直接的又は間接的な便益を受け取る」とともに、「本人の同意は、使いやすいユーザインターフェースを用いて、情報銀行から提案された第三者提供の可否を個別に判断する、又は、情報銀行から事前に示された第三者提供の条件を個別に／包括的に選択する、方法により行う」とされ、「個人との関係」について、「情報銀行が個人に提供するサービス内容（情報銀行が扱うデータの種類、提供先第三者となる事業者の条件、提供先における利用条件）については、情報銀行が個人に対して適切に提示し、個人が同意するとともに、契約等により当該サービス内容について情報銀行の責任を担保する」とされている。

2　たとえば、星新一『声の網』（角川文庫、1970年　http://ichiyanakamura.blogspot.com/2019/11/blog-post.html）。石垣一司（富士通総研プリンシパルコンサルタント）「情報銀行とは何か？」（https://www.fujitsu.com/jp/group/fri/businesstopics/data-economy/information-bank/）によると、『情報銀行』という言葉は2010年頃に東京大学の柴崎亮介教授が研究会で提唱した概念である」。この点につき、崎村夏彦（OpenID Foundation理事長、Kantara Initiative理事、元野村総合研究所上席研究員等）『『情報銀行』の起源は？」（2018年12月28日　https://www.sakimura.org/2018/12/4331/）では、「近未来バリューチェーン基盤整備WG活動報告書」（2010年3月、次世代電子商取引推進協議会　https://www.jipdec.or.jp/archives/publications/J0004286）が紹介されるとともに、柴崎亮介「空間から情報を得る技術」（日本科学未来館　https://www.miraikan.jst.go.jp/sp/anagura/interview1.html）、Ryosuke Shibasaki@TEDxTokyo 2012「Information Bank」（https://www.tedxtokyo.com/tedxtokyo_talk/information-bank/?fbclid=IwAR3hA1gpcX_97GYENGpZ1RL9M7OsWljEBLwkIVWY3Q49cCnostZB1IqRWnU）等が紹介されている。

（以下、「日本IT団体連盟」）による「情報銀行」認定等の対象として推進されている、安心・安全で信頼できる「情報銀行」（たとえば、「情報信託機能」および「TPDMS：Trusted Personal Data Management Service」[3]）を念頭に置いて論じている。

(1)　国内におけるさまざまな期待

「情報銀行」は国内において、消費者等個人のリテラシー向上、データ流通・活用に関する産業活性化、経済発展・社会的課題の解決等のさまざまな観点から期待されている。

イ　消費者等個人のリテラシー向上

国民生活センターは、「情報銀行」について次のように紹介している。「パーソナルデータの種類や量は膨大です。それらすべてのデータを個人が認知し、管理して、このデータはこの企業に渡すけれども、あの企業には渡さない、というように個人がすべてをコントロールするのは限界があります。そこで、個人のかわりにパーソナルデータを安全に、そして簡単に、企業とやりとりしてくれる仕組みとして、『情報銀行』（略）が生まれました。この情報銀行に対し、たとえば、便益の条件（提供されるサービスの精度が上がる、ポイントがもらえるなど）、提供先の条件（特定の企業グループ、大学や研究機関など）、提供するデータの条件（行動履歴、購買履歴など、実名または匿名でなど）などを登録しておくことで、つど、個人が指示することなく適切な企業へデータを提供できるようになるのです。情報銀行は個人の同意とコントロールが前提となっており、この仕組みにより、個人は安心してデータを管理し活用でき、企業はよりよいサービスを消費者へ提供できるように

3　日本IT団体連盟による「情報銀行」認定マーク（後掲・図表6－6参照）において、「信頼性のあるパーソナルデータ管理サービス」を示す英語である "Trusted Personal Data Management Service" の頭文字が表されている（https://itrenmei.jp/topics/2019/3646/）。

なるのです」[4]。

村上恵一は、「データを扱う企業がモラルと適切な体制を備えることは当然重要だが、それで十分だろうか。（中略）データとテクノロジーへの感度が高いはずの会社さえつまずく現実がある。ならば私たち個人の役割がカギになる。自覚を持ち、主体的にデータを管理し、企業のデータ利用を見張るということだ。（中略）企業任せでなく、個人がデータの流れを点検し、暴走を避けるメカニズムを社会に埋め込む。そういう機運を高めることが『第2のリクナビ』を防ぐのに有効ではないか。（中略）個人からデータを預かり、第三者に提供する『情報銀行』も個人がデータについて考え直す糸口になる。（中略）意識しない間にデータが企業に流れるGAFA的な世界と異なり、個人が納得のうえ情報を扱う環境を学ぶ機会かもしれない。（中略）高齢化の備えにもなる。年を重ね判断力が落ちたとき、個人データを誰に託し、生活や財産を守るのにどう役立てるか。（中略）データリテラシーは現代人に必須の素養だ。（中略）データに強い個人の台頭は企業にとって逆風ではなく追い風になる。」[5]と主張している。また、他の有識者からも同様のコメントがなされている[6]。

ロ　データ流通・活用に関する産業活性化・競争力強化

産業界においては、一般社団法人日本経済団体連合会（以下、「経団連」）が次のように提言している。「個人データを含めたデータの活用を進める前提として、企業が必要なデータを収集できる環境整備が欠かせない。そのためには、オープンデータ、データ連携基盤の構築、情報銀行といった取組み

4　安増拓見（株式会社野村総合研究所　流通・情報通信ソリューション事業本部通信デジタル開発部　グループマネージャー）「情報銀行ってどんなもの？」（国民生活センター「国民生活」2020年1月号　http://www.kokusen.go.jp/wko/pdf/wko-202001_05.pdf）。

5　村上恵一（日本経済新聞本社コメンテーター）「第2のリクナビ、皆で防ぐ　自分のデータを軽くみない」（2019年9月10日、日本経済新聞電子版　https://www.nikkei.com/article/DGXMZO49583260Z00C19A9TCR000/）。

を官民一体でさらに進めることが求められる。とりわけ、情報銀行は、実効的な本人関与を高め、パーソナルデータの流通・活用を促進する取組みであり、日本型データ流通・活用インフラとして普及を強く期待される」とともに、「情報銀行を普及させるためには、企業が多様なサービスを創出し、個人が自らのニーズにあったサービスを提供する情報銀行を自由に選択できることが重要である。そこで、認定指針の見直し・運用にあたっては、企業の競争環境を整備するという視点を持つことや、企業に対して法規制を上回る

---

6 「みんなの普段のネットの利用みたいなことを考えてほしいんですけど、僕らの位置情報とか、買い物した履歴なんていうのは、なんか使われているというのはわかっているんですけど、実際にどれがどれくらい使われているかっていうのはわかんないですよね。わかんないと言いつつ、でも僕らってアカウント登録したり、会員登録の時に、利用規約に同意しているわけです。でも同意って、あまり完全に把握して同意していることってなかなかないわけですね。そういう同意の在り方のままでは必ずしもよくないんじゃないかと、もっと僕らが主体的に自分の情報をコントロールして、わかりやすい形で、もっといいサービスのために僕らの情報をどんどん使っていこうと、そういうときに出てきた仕組みっていうのが情報銀行という仕組みで、まだ今からどんどんと展開される仕組みなんでこれから出てくるんですけど、例えば、全部のサービスに毎回毎回同意するのって大変ですよね、だからもう情報銀行というところで、例えば、位置情報は扱っていいですとか、でも買い物の履歴は使ってほしくないですみたいな、最初に情報銀行に条件を指定しておいて、その中でもう情報銀行の側が、そのオーダーに応じて僕らに役立つサービスのためにいろんなところに情報を提供してくれる。まさに銀行という名前がついた由来もそこだと思うんですけど、銀行にお金預けたら一応利子つきますよね、それと一緒で、僕らが情報銀行に情報を預けて、いろんなサービスのために情報を活用してもらう代わりに、そのサービスの一部を、例えば、ベネフィット、僕らの対価として僕らが受け取ったりとか、僕らのためだけの何かパーソナルなサービスをその情報使って僕らに提供してくれたりとか、僕らにもちゃんと情報使ったメリットがあるというのが情報銀行のポイントなんですよね」（高口鉄平［静岡大学学術院情報学領域准教授］「FM Festival2019未来授業〜明日の日本人たちへ〜」、2019年11月4日、エフエム東京　https://www.tfm.co.jp/future/fes/johoginko/index.html）。

また、落合陽一（筑波大学図書館情報メディア系准教授）は「news zero」（2019年12月24日、日本テレビ）で、「情報銀行」認定を受けたJ.Scoreについて、「個人の情報っていうのが、どこまで個人の権利かをちゃんとみんなが理解していないと、不当に、たとえば、自分の情報が使われているんじゃないかみたいな危惧って常にあると思うんですよね。それに対して、どう意識的になるかというのは大切なことで、今回の場合は、自分が提供していいっていった情報を提供するサービスのように発表されていますから、その点に関しては、いままで類似の、要は、個人のデータが提供されてしまったサービスに比べては、比較的安心度高いのかなと僕は思っているんですけど。（中略）個人の権利ですから、そこはみんなには注意してほしいなと思います」とコメントしている。

取組みを一律に求めるのではなく、企業の自由度を増やして消費者の選択の幅を増やす方向で議論を進めることが重要になる」[7]。

　また、日本経済新聞は、「個人情報の提供に対価を支払う『情報銀行』が相次ぎ登場する。（中略）IT大手の『GAFA』は収集した個人情報を利用者が想定していない分野で活用するなど、乱用への不満が高まっていた。情報銀行は対価というメリットを明確にした世界でも新しい試みとなる」[8]と報道するとともに、「新たな個人データ活用の仕組みである情報銀行が動き出した。官民あげて普及をめざす日本独自の試みだ。看板倒れに終わらぬよう、制度の定着を進めてほしい。（中略）欧州などでも情報銀行に似た仕組みがあったが、根付かなかった。このため各国が日本の取り組みに注目している。産業や省庁の垣根を越えて課題を克服し、世界に通用する情報銀行を育てたい」[9]と主張している。

ハ　経済発展・社会的課題の解決

　政府においては、平井IT（情報通信技術）政策担当大臣（当時）が、「民間においても既に、個人データの保護を図りつつ、利活用を促進する取組が始まっています。例えば、『情報銀行』（略）は、本人が自分の情報をコントロールすることを可能にしながらも、データ流通の促進を図る、日本発の新しいモデルです。こうした民間の取組にも、大きな可能性を感じています」[10]と答弁している。

　また、「世界最先端デジタル国家創造宣言・官民データ活用推進基本計画」では、「日本発のパーソナルデータ活用の仕組みとして、観光や金融

7　「Society5.0の実現に向けた個人データの保護と活用の在り方」（2019年10月15日、経団連　https://www.keidanren.or.jp/policy/2019/083.html）。

8　2019年5月8日日本経済新聞電子版イブニングスクープ、および同9日朝刊1面および13面（連載企画「データの世紀」（https://www.nikkei.com/article/DGXMZO44513340Y9A500C1MM8000/）。なお、「データの世紀」は、2019年度新聞協会賞を受賞（https://www.nikkei.com/article/DGXMZO49392180U9A900C1SHA000/）。

9　2020年3月26日日本経済新聞社説（https://www.nikkei.com/article/DGXMZO57217860V20C20A3SHF000/）。

（フィンテック）、医療・介護・ヘルスケア、人材などのさまざまな分野において、パーソナルデータを本人が自らの意思に基づき活用することを支援し、その便益を本人に還元することにより、官民データ活用推進基本法12条に定められる『個人の関与の下での多様な主体による官民データの適正な活用』の拡大に資することが期待されており、関係府省庁及び民間事業者等による取組が加速している」[11]と規定されている。

(2) 期待される背景

スマートフォン等によりインターネット上の各種サービスを利用する際、それら各種サービスを提供する企業等によってプロフィール・位置情報・購買履歴・検索履歴等の個人情報が収集され、当該企業等により、それら個人情報の一部が第三者提供されている場合がある。この点、個人情報の第三者提供にあたっては、個人情報の保護に関する法律（以下、「個人情報保護法」）23条1項において、原則として本人からの事前同意が必要と規定されており、当該企業等は同法に基づき本人から事前に同意を取得することが必要とされている。

しかしながら、インターネット上の各種サービスを利用するにあたり、本人が同意する前に提示等される利用規約について、その内容が注意深く読まれていない、専門的な法律用語が多く、長文のものも多いため、理解されていない、または、読まれていないという実態があり、本人が第三者提供に同意した覚えがない、または、何に使われているのか理解していない等々、本人の意識や関与が十分ではないという課題がある[12]。たとえば、「プラットフォームサービスに関する研究会中間報告書」[13]では、「利用者から取得され

---

10 2019年3月7日参議院予算委員会における自民党・こやり隆史議員質疑（データ駆動型の経済が進展する中にあって、我が国のルールや体制が国際的な規範に耐えうるものかどうか、個人情報や機密情報の保護のための政策対応が十分かどうか、などさまざまな観点から必要な検討を早急に進めていく必要があるが、政府の対応方針如何）に対する答弁。

11 2019年6月14日閣議決定（https://cio.go.jp/node/2413）。

る利用者情報が増えるにつれて、類似の同意取得手続きが繰り返され、か
つ、その活用の方法が複雑になり多岐にわたるにつれて、同意取得時の説明
も複雑でわかりにくくなる結果、利用者が十分に理解しないままに同意をし
てしまう、いわゆる『同意疲れ』の問題」が指摘されている。

　企業等においても、本人が同意内容を正確に理解しているか等について不
安があり、特に最近ではレピュテーションリスク（風評リスク）が大きいた
めにデータ利活用が進まない、といった課題がある[14]。たとえば、「AI、
IoT時代におけるデータ活用WG中間とりまとめ」（以下、「データWG中間と
りまとめ」）によると、「大多数の事業者は、プライバシー保護に関し国民・
消費者が抱く漠然とした不安や、レピュテーションリスク［略］、データの

12　「『インターネットの父』ティム・バーナーズ＝リー（中略）がインターネットの今後
　について抱えている懸念の一つは、色々なサービスの「利用規約」がどんどんと長く
　なっていることです。確かに、アプリをダウンロードやアップデートするとき、日常的
　に『同意します』ボタンをクリックしていますが、規約文ってすべてを読むにはあまり
　にも長過ぎますよね。（中略）Wi-Fiホットスポットを提供する、マンチェスターのパー
　プル社は、なんと利用規約の中に『地域への貢献』という項目を忍び込ませました。こ
　の項目に書かれていた内容は、Wi-Fiアクセスポイントを利用するためには1,000時間を
　地域へのボランティア活動に費やさないといけない、というものです。2週間にわたっ
　て行われたこの実験において、2万2,000人以上のユーザーがこの規約に気付かず同意
　した」（2017年7月20日GIZMODO「ほら読んでないでしょ。利用規約に隠された『ト
　イレ掃除』に2万2,000人がうっかり同意」https://www.gizmodo.jp/2017/07/wifi_ter
　ms_of_service_agreemen.html）。purples（https://purple.ai/blogs/purple-community-
　service/）。
　　「大多数の技術系企業が合法的に営業を行っているが、倫理的に正しくないとまでは
　いかずとも、本当にインフォームド・コンセントを得るためのプロセスには問題が残っ
　ている。現時点では、利用規約を構成する多くの言葉の底に何があろうとも、［同意す
　る］をクリックすれば同意したものとみなされる。イギリスで行われたある調査による
　と、オンラインサービスや製品に登録する際に注意を払って利用規約を読む人はわずか
　7パーセントだった。この手の文書は法律用語で書かれるのが常で、法律の専門家でな
　ければ正しく理解するのは難しい。にもかかわらず、チェックボックスをクリックする
　だけで、法的な同意を得たとみなされてしまうのだ」（2017年8月29日NewSphere「読
　んでも読まなくても痛い目に合う？　オンライン利用規約の問題点と解決策」 https://
　newsphere.jp/technology/20170829-1 /）。2011年5月11日The Gardian「Terms and
　conditions: not reading the small print can mean big problems」（https://www.thegua
　rdian.com/money/2011/may/11/terms-conditions-small-print-big-problems）。
13　2019年4月5日総務省（https://www.soumu.go.jp/menu_news/s-news/01kiban18_
　01000061.html）。

流通・活用によってもたらされる便益に対する国民・消費者の理解が得られていないこと等を背景に、単一事業者（または資本関係等で結合された強固なグループ）内でのデータ活用にとどめ、企業や業界を越えたデータの流通・活用を躊躇している」[15]。

他方、インターネット上の各種サービスの個人等の利用者における利便性の向上等のために、それらサービスを提供する企業等により利用者のスマートフォン等に保存される当該利用者に関する閲覧履歴や購買履歴等のデータであるCookie（クッキー）については、それ自体に氏名等が含まれず個人情報にならない場合において、さまざまな企業等の間で共有される実態があ

---

14 「ネット上には様々なサービスがあふれている。使うときに何気なくポチッと押しているのが、利用規約やプライバシーポリシーへの『同意』だ。利用者からとる同意について、課題を指摘する声が広がっている。多くの人は内容を詳細に読まないが、利用者に一方的に不利な取り決めや思いがけない内容が含まれていたり、説明不足だったりする場合は、形式上得た同意が意味をなさなくなるリスクが高まっている。説明や手続きを見直す企業も増え始めた。（中略）個人情報保護法では、本人の同意があればデータの第三者提供などが適法になる。リクルートキャリアも当初、一部の学生に関してプライバシーポリシーへの同意が設計上取れていなかった点が問題だったと説明した。板倉氏は『内容の説明をしていたら（利用者から）同意をとれるわけがない』と指摘。『この件では適切な説明なく形式的に合意をさせていても、同意があるとはいえない』と話す。森亮二弁護士も『このような同意の限界に関する問題は今後さらに増えるだろう』とみる。（中略）そもそも、日ごろ私たちがしている『同意』は法的にどう位置づけられるのだろうか。まず、サービスの利用ルールについて企業と利用者が結ぶ契約として利用規約がある。禁止事項や事業者の免責事項などを定めたものだ。個人情報の取り扱いなどを定めたプライバシーポリシーは独立して作成し、データの利用目的や第三者への提供などについて開示するのが一般的だ。プライバシーポリシーに同意する場合は利用規約に含めて1回の同意ボタンでまとめて同意を取れるようにしているケースが多い。ITサービスの利用規約は『約款』とも呼ばれる。（中略）松尾博憲弁護士は『プライバシーポリシーへの同意は個人情報保護法という公法上の行為。約款への同意は契約という私法上の行為となる』と整理する。公法は国家と国民の関係、私法は私人間の関係を定める。今は実質的に一体として同意をとられていることになる。このため、板倉氏は『個人情報保護上は有効な同意があるといえたとしても、プライバシーに関する差し止めや損害賠償請求などの権利が残るケースはある』とみる」（2019年10月9日日本経済新聞法務インサイド「その『同意』有効ですか？　消費者の反発避けるには」　https://www.nikkei.com/article/DGXMZO50630640U9A001C1000000/）。

15 　2017年3月高度情報通信ネットワーク社会推進戦略本部（IT総合戦略本部）データ流通環境整備検討会（https://www.kantei.go.jp/jp/singi/it2/senmon_bunka/data_ryutsuseibi/dai2/gijisidai.html）。

る。たとえば、2019年2月のDataSignおよび日本経済新聞社による「デー
タ共有100社調査」では、「1日時点で100社中89社が外部にデータを送って
いた。利用規約などの説明対応を調べると半数の47社が具体的な提供先を1
社も示さず、個別に共有を止める拒否手段も備えていなかった。調査後に規
約や共有先を変えた企業もある」という結果が公表されている[16]。この点、
2020年の通常国会で成立した「個人情報の保護に関する法律等の一部を改正
する法律案」（以下、「改正個人情報保護法案」）においては、いわゆる「クッ
キー規制」として、「提供元では個人データに該当しないものの、提供先に
おいて個人データとなることが想定される情報の第三者提供について、本人
同意が得られていること等の確認を義務付ける」こととされている[17]。

　以上のような個人と企業等との間のギャップを埋めるための取組みとし
て、個人の関与のもとでパーソナルデータの流通・活用を効果的に進めるた
めの仕組みである「情報銀行」が期待されており、産学官民等の多様な利害
関係者（マルチステークホルダー）の連携により推進されている。

(3)　推進の経緯

　パーソナルデータ等のデータが石油や通貨等と並ぶ新たな資産といわれる
ようになったのは、2010年前後からと考えられる。たとえば、2009年3月に
開催された「Roundtable on Online Data Collection, Targeting and Profil-
ing」におけるEuropean Consumer CommissionerのMeglena Kuneva氏の
基調講演[18]において、"Personal data is the new oil of the internet and the

---

16　2019年2月26日DataSign（https://datasign.jp/blog/nikkei-research-top/）。また、同
　日日本経済新聞朝刊1面「情報共有先、5割が明示せず」（https://www.nikkei.com/ar
　ticle/DGXMZO41733810V20C19A2I00000/）は、「クッキーは個人名などを含まず、個
　人情報保護法が定める『個人情報』には当たらない。ただ『他のデータと容易に照合し
　て個人が特定できる』場合は個人情報となり、取得や外部提供に本人同意が必要とな
　る。法的な位置付けは曖昧だ」と指摘している。
17　2020年3月10日個人情報保護委員会（https://www.ppc.go.jp/news/press/2019/
　20200310/）。2020年3月10日提出、同6月5日成立。
18　https://ec.europa.eu/commission/presscorner/detail/en/SPEECH_09_156

new currency of the digital world" と言及され、また、2011年2月には世界経済フォーラムにより「Personal Data: The Emergence of a New Asset Class」[19]が公表されている。

日本においては、「東日本復興及び日本再生に向けたICT総合戦略」[20]において、「『情報』が命を守るライフライン（生命線）であることが改めて強く認識され」「『情報の利活用』を推進するための情報流通連携基盤（プラットフォーム）の実現という『横軸』の取り組みをICT総合戦略として最重要の課題として位置づけるべきである」と提言されている[21]。本提言もふまえ、「ビッグデータの活用に関するアドホックグループとりまとめ」[22]において、「ビッグデータを戦略的な資源と位置づけ、個人情報等にも配慮しつつ、国としても実社会分野におけるビッグデータの活用を積極的に推進することが

---

19 https://jp.weforum.org/reports/personal-data-emergence-new-asset-class

20 2011年7月25日、総務省情報通信審議会中間答申（https://www.soumu.go.jp/menu_news/s-news/01tsushin01_01000018.html）。

21 ほかにも東日本大震災における経験等に関する次のようなコメントがある。「（人はなぜ情報を抱え込んでしまうのでしょうか？　という問いに対し）ひとつには、出してしまった情報が何に使われるのか分からない不安があります。情報を出すことで他人が得をして、自分ばかりが損をするかもしれないと考えるのでしょう。もうひとつの重要な要因は、ひとりひとりの位置情報がプライバシー情報であることです。例えば、携帯電話は常に基地局と交信しているので、利用者の所在情報は携帯電話会社に残っているはずです。でもこれは通信の秘密に該当するので、外には出せないデータです。東日本大震災の時には、例えば、行方不明になった親戚を捜そうとしても、この情報を使えませんでした。データがあったのに全く使えなかったという問題は、なんとかする必要があります。（中略）自分の個人情報は、本来自分自身で管理し、自分のために使えるようにすべきです。その仕組みとして『情報銀行』を試みています。個人の情報を、その人が情報銀行の自分の口座に預け入れて、自分のために使えるようにする仕組みです。一方、災害の時のようにどこに何人取り残されているのかを救助する側が知りたいときには、銀行経由でプライバシーが漏れないように人数だけを教えるということができます。お金を扱う銀行のように、自分が預けた情報が確実に守られた上で、その情報が社会にいろいろな形で貢献ができるというのであれば、情報共有や活用が進むはずです」（柴崎亮介「空間から情報を得る技術」、2011年、日本科学未来館　https://www.miraikan.jst.go.jp/sp/anagura/interview1.html）。

22 2012年5月17日総務省情報審議会・新事業創出委員会ビッグデータの活用に関するアドホックグループ（https://www.soumu.go.jp/main_sosiki/joho_tsusin/policyreports/joho_tsusin/shinjigyo/index.htmlおよびhttps://www.soumu.go.jp/menu_news/s-news/01tsushin01_02000058.html）。

重要」とされている[23]。

　そして、「官民データ活用推進基本法」[24]12条において、「個人の関与の下での多様な主体による官民データの適正な活用」について、国が必要な措置を講ずるものとすることが規定されている。これをふまえ、データ活用WG中間とりまとめにおいて、「個人情報又は創造された情報の主体としての個人の関与を強化することが基本」および「十分な情報に基づく個人の意思決定を可能とする、安全・安心かつ分かりやすい仕組み（略）を実現」という視点から検討が行われ、「パーソナルデータを含めた多種多様かつ大量のデータの円滑な流通を実現するためには、個人の関与の下でデータの流通・活用を進める仕組みである（中略）情報銀行（中略）が有効である」と提言されたところである。その際、データ活用WG中間とりまとめにおいては、「現時点では構想又は実証段階のものを含め、分野横断的なデータ活用に向けた動きが出始めてきた段階であり、今後、事業者、政府等が連携してその社会実装に向けて積極的に取り組みを推進する必要がある」とされている。そのため、このような段階から「情報銀行」エコシステムが広がっていくためには、安心・安全で信頼できる「情報銀行」の役割が重要となる。

　そこで、「IoT／ビッグデータ時代に向けた新たな情報通信政策の在り方」第四次中間答申[25]において、「今後、情報信託の機能を提供する事業者が現れ、実際に事業を遂行する場合において、当該事業が適切に運営されるためには、情報信託機能の信頼性を確保するための社会的な仕組みが必要」と提言されたところである。具体的には、「本人にとっては、自らが提供したデータが個別には把握していない第三者に渡ることにつき、漠然とした不安

23　総務省情報通信審議会の答申等をふまえ、2012年7月の「日本再生戦略」（https://www.kantei.go.jp/jp/headline/rebirth.html）において、「多種多量データ（ビッグデータ）の利活用（中略）等、官民が保有するデータの利活用促進を図る」ことが初めて閣議決定されている。

24　2016年12月公布・施行（https://www.kantei.go.jp/jp/singi/it2/hourei/detakatsuyo_honbun.html）。

25　2017年7月20日総務省情報通信審議会（https://www.soumu.go.jp/menu_news/s-news/01tsushin01_02000227.html）。

があり、データを提供することによる便益も把握しづらいことから、概して、データの提供には消極的な姿勢が示される」ことから、「このような消極的姿勢を解消し、情報信託機能を提供する事業が適切に認知されるためには、パーソナルデータを提供する明確なメリットを提示するだけでなく、本人の不安を軽減し、安心・安全にデータを預けることを可能とするため（略）、一定の要件を満たした事業者については、第三者による認定・公表を含め、客観的な基準の下に社会的に認知する仕組み」として、「当面は、（略）民間の団体等によるルールの下、任意の認定制度が実施されていくことが望ましい」とされたところである[26]。

　以上をふまえ、一定の要件を満たした「情報銀行」を社会的に認知するための認定制度のあり方について検討するため、総務省および経済産業省において「情報信託機能の認定スキームの在り方に関する検討会」[27]が開催され、2018年6月、認定基準、モデル約款および認定スキームに関する「情報信託機能の認定に係る指針ver1.0」（以下、「指針ver1.0」）が策定されたところである[28]。

26　たとえば、一般財団法人日本情報経済社会推進協会（JIPDEC）より、日本産業規格「JIS Q 15001個人情報保護マネジメントシステム―要求事項」に適合して、個人情報について適切な保護措置を講ずる体制を整備している事業者等を評価して、その旨を示すプライバシーマークを付与し、事業活動に関してプライバシーマークの使用を認める制度が導入されている（https://privacymark.jp/index.html）。また、「シェアリングエコノミー検討会議中間報告書」（2016年11月、内閣官房情報通信技術（IT）総合戦略室 http://www.kantei.go.jp/jp/singi/it2/senmon_bunka/kaikaku.html）に基づくシェアリングエコノミー業界の基準となるルールとそれに適応するサービスであることを証明する仕組みとして、一般社団法人シェアリングエコノミー協会により、シェアリングエコノミー認証制度が導入されている（https://sharing-economy.jp/ja/trust/）。

27　https://www.soumu.go.jp/main_sosiki/kenkyu/information_trust_function/index.html

28　2018年6月26日、総務省（https://www.soumu.go.jp/menu_news/s-news/01tsushin01_02000250.html）および経済産業省（https://www.meti.go.jp/press/2018/06/20180626002/20180626002.html）。

安心・安全で信頼できる「情報銀行」を推進する取組み

安心・安全で信頼できる「情報銀行」を推進するため、日本IT団体連盟において、指針ver1.0をふまえた「情報銀行」認定制度が2018年12月より導入され、現在、5事業者に対して「情報銀行」認定が実施されているとともに[29]、総務省等の関係省庁においても引き続き関連する取組みが行われているところである。

(1) 日本IT団体連盟による取組み

日本IT団体連盟は、わが国のIT産業の健全な発展に貢献するとともに、世界最高水準のIT社会の構築を目指すため、政府との双方向のコミュニケーションを実現しながら積極的に提言等を行い、もってわが国の経済・社会、国民生活の向上に寄与することを目的として、2016年7月に設立されたIT関連団体の連合体であり、国内IT関連の60団体以上（約5,000企業、約400万人）を束ねる、IT業界を代表する日本最大級の団体となっている[30]。

日本IT団体連盟においては、2018年8月に「情報銀行推進委員会」が新たに設置され、「情報銀行」認定制度や普及促進等の取組みが行われている。

イ 「情報銀行」認定制度の概要

「情報銀行」認定に関する申請手続等[31]の主な内容は次のとおりとなっている（図表6-3）。

① 事業者（法人）およびサービス（事業）のいずれも認定の対象。

② 書類およびヒアリング審査が原則。ただし、プライバシーマークまたはISMS（Information Security Management System：情報セキュリティマネジ

---

[29] 現時点において、同連盟のほかに「情報銀行」認定を提供している団体はない。

[30] 日本IT団体連盟ウェブサイト（https://www.itrenmei.jp/）。

[31] 日本IT団体連盟（https://www.tpdms.jp/application/index.html）。

図表 6-3 申請から認定までの全体フロー（概要）

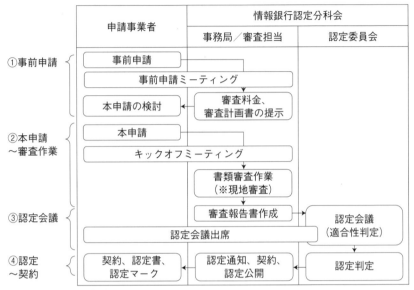

（出所） 日本IT団体連盟

メントシステム）認証（これらがない場合はFISC（The Center for Financial Industry Information Systems：公益財団法人金融情報システムセンター）等の第三者による同等の認証）が取得されてない場合は、現地審査も実施。

③　日本IT団体連盟と「情報銀行」認定事業者との間で契約を締結し、認定証・マークを交付（適合性評価、2年ごとの更新）（図表6-4）。「情報銀行」認定された事業者およびサービスは、同連盟のウェブサイト等で公開。

④　本申請から認定までの期間は、4カ月程度の見込み（ただし、質疑応答、現地審査の有無等により変動する可能性あり）。また、本申請に向けての注意・確認事項等を確認するため事前申請が必要。

⑤　審査・認定料金については次のとおり。

（i）　審査料：70万円〜／件（見積り。また、P認定の場合は60万円〜／件）

　　※プライバシーマーク・ISMS等第三者認証の有無、申請の過多等で変

図表6−4 「情報銀行」認定マーク

【P認定】　　　　　　　　　　　　【通常認定】
Plan、Preparation、Possible

（出所）　日本IT団体連盟

動。

(ⅱ)　認定料：50万円／件・2年間有効

「情報銀行」認定は、産学官民等の多様な利害関係者が参加する社会的合意形成の枠組み（マルチステークホルダー・ガバナンス）を通じたソフト・ロー（共同規制[32]）により、進められている。具体的には、前述のとおり、官民データ活用推進基本法という「政」の議員立法によるイニシアティブに始まり、次に「官」として、IT総合戦略本部において、同法12条における「個人の関与の下での多様な主体による官民データの適切な活用」を実現するための有効な方策の1つとして「情報銀行」が提言され、総務省および経済産業省において、「情報銀行」の社会実装を推進するための仕組みとして民間団体等による認定制度等が検討されてきたところである。そして、これ

---

[32]　共同規制とは、生貝直人（東京大学大学院情報学環客員准教授）によると、「断続的な技術革新の中で、政府が固定的な法律で規制を行うのではなく、法律で大枠を定めながら、企業が自主的な問題解決を行うための働きかけを行う政策手法」をいう（2017年3月25日、JST/RISTEX「人と情報のエコシステム」採択プロジェクト「日本的Wellbeingを促進する情報技術のためのガイドラインの策定と普及」のキックオフ・シンポジウムにおける講演資料　http://www.a-m-u.jp/report/201703_wellbeing2.html/）。

らの検討等においては、プライバシー保護、サイバーセキュリティ、法律実務家、エンジニア、産業界、データ倫理専門家や消費者代表等のマルチステークホルダーが参画している。

　そして、「産」としては、日本IT団体連盟が、総務省情報通信審議会において、「情報銀行」制度についての政策提言を行う[33]など上記の検討に積極的に参加するとともに、指針ver1.0をふまえ、自主的に認定団体となり、「情報銀行」認定制度等の取組みを行っている。また、「情報銀行」認定にあたっては、独立性、中立性および公平性を担保するため、「学」や「民」等のマルチステークホルダーから構成される監査諮問委員会および認定委員会の設置等によるガバナンス体制が整備されている（図表6－5、図表6－6）。

　次に、「情報銀行」認定の種別について、「通常認定」に加えて、「P認定」が導入されている。「情報銀行」認定においては、「情報銀行」事業の運営についてPDCAを回して継続的改善を図るマネジメントの実施状態に対する「通常認定」が基本とされており、このためには、認定申請にあたって、「情報銀行」事業を開始し、それに関する「PDCA運営実施記録」を提出することが必要となる。

　しかしながら、データ活用WG中間とりまとめにあるように「現時点では構想又は実証段階のものを含め、分野横断的なデータ活用に向けた動きが出始めてきた段階」において、「情報銀行」事業が開始されていたとしても、同実施記録の確認に1年程度は必要となることから、その間に指針ver1.0等をふまえた安心・安全で信頼できる「情報銀行」とは異なるものが市場に広がる可能性がある。

　そこで、Privacy by DesignおよびSecurity by Designを推進するとともに、安心・安全で信頼できる「情報銀行」をすみやかに普及させるため、2019年3月より、事業開始段階で認定する「P認定」（可能（Possibility）、計

33　2017年4月27日総務省情報通信審議会IoT政策委員会データ取引市場等サブワーキンググループ（https://www.itrenmei.jp/files/johoginkokoso.pdfおよびhttps://www.itrenmei.jp/files/johoginko.pdf）。

図表6－5　日本IT団体連盟におけるマルチステークホルダー・ガバナンス

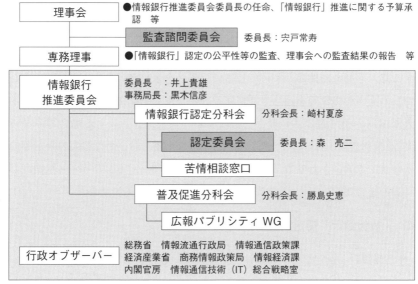

（出所）　日本IT団体連盟

図表6－6　日本IT団体連盟における認定委員会および監査諮問委員会の構成員
　　　　　（2020年1月末現在）

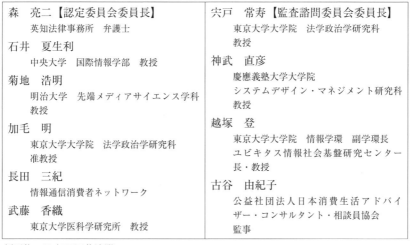

森　亮二【認定委員会委員長】	宍戸　常寿【監査諮問委員会委員長】
英知法律事務所　弁護士	東京大学大学院　法学政治学研究科 教授
石井　夏生利	神武　直彦
中央大学　国際情報学部　教授	慶應義塾大学大学院 システムデザイン・マネジメント研究科 教授
菊地　浩明	
明治大学　先端メディアサイエンス学科 教授	越塚　登
加毛　明	東京大学大学院　情報学環　副学環長 ユビキタス情報社会基盤研究センター 長・教授
東京大学大学院　法学政治学研究科 准教授	
長田　三紀	古谷　由紀子
情報通信消費者ネットワーク	公益社団法人日本消費生活アドバイザー・コンサルタント・相談員協会 監事
武藤　香織	
東京大学医科学研究所　教授	

（出所）　日本IT団体連盟

画（Plan）、準備（Preparation）を意味する）の提供が新たに始められたところである[34]。

　また、第三者提供する個人情報の数・種類や第三者提供先の企業等が多い場合においては、本人が自分の個人情報をどこに提供するのか等を自ら判断する際、手間や時間がかかってしまい困難となる場合等も考えられる。そこで、本人への提案等を通じて「情報銀行」が本人を支援することにより、本人が個別の第三者提供の可否を判断する「個別同意」による場合のみならず、「情報銀行」が、本人が同意した一定の範囲において、本人の指示等に基づき、本人にかわり第三者提供の妥当性等を判断するという「包括同意」による場合についても、「情報銀行」認定の対象とされている[35]。

ロ　「情報銀行」認定制度の意義

　「情報銀行」認定については、次のような意義があると考えられる。

　まず、ダボス会議やＧ20大阪サミットにて安倍晋三内閣総理大臣が提唱したDFFT（Data Free Flow with Trust：信頼性のある自由なデータ流通）[36]、すなわち、プライバシーやセキュリティなどに関する信頼を確保しながら、個人情報の取扱いにおける安心・安全で、自由な流通を実現することに資する。

34　2019年３月20日日本IT団体連盟（https://www.tpdms.jp/file/20190320-1News.pdf）。

35　たとえば、「個別同意」は個別の株式の売買のようなもので、「包括同意」は投資信託のようなものとも考えられる。また、石垣一司（富士通総研プリンシパルコンサルタント）「情報銀行とは何か？」（https://www.fujitsu.com/jp/group/fri/businesstopics/data-economy/information-bank/）　は、「EUのGDPR（General Data Protection Regulation：一般データ保護規則）（中略）などで定義されている同意は、提供先や利用目的、データ範囲、利用条件などを利用者に事前に提示し、利用者が個別に明確な意志表示として同意を行う（オプトイン）もので『個別同意』と呼ばれるのに対し、情報信託が想定する同意は、利用者が操作の容易なUIにより複数の提供先や提供目的を包括的な条件で指定したうえで、具体的な提供先や提供内容は情報信託事業者が決定する（任意の段階で提供停止＝オプトアウト可能）もので、『包括同意』と呼ばれる」と説明している。

36　2019年１月23日世界経済フォーラム年次総会における安倍総理スピーチ（https://www.kantei.go.jp/jp/98_abe/statement/2019/0123wef.html）および同年６月28日Ｇ20大阪サミット・デジタル経済に関する首脳特別イベントにおける安倍総理スピーチ（https://www.kantei.go.jp/jp/98_abe/statement/2019/0628g20side1.html）。

次に「情報銀行」は、世界におけるパーソナルデータに関するエコシステムのうち、米国におけるGAFA等のデジタル・プラットフォーマーによる企業中心のCRM（Customers Relationship Management）、そして、欧州におけるGDPR（General Data Protection Regulation：一般データ保護規則）や個人が自身のデータについて十分に理解し主体性と主導権をもって自らのためにパーソナルデータを活用できる世界を目指す「MyData」[37]による個人中心のVRM（Vendors Relationship Management）とは異なる、「日本発のパーソナルデータ利活用モデル」であり、国際的な関心・期待も高まっている（図表

図表6－7　主なパーソナルデータ・エコシステム

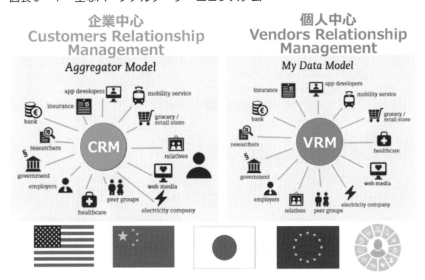

【出典】"MyData-A Nordic Model for human-centered personal data management and processing" Antti Poikola, Kai Kuikkaniemi, Harri Honko. 2015. from https://www.lvm.fi/documents/20181/859937/MyData-nordic-model/, modified by IT renmei

---

37　2016年から毎年フィンランドで開催されているMyDataカンファレンスや2018年10月11日に設立された「MyData Global」（https://mydata.org/）によると、MyDataとは「個人がパーソナルデータを自分自身のために使い、自分の意思で安全に共有できるようにする」という個人中心の考え方。MyData Globalの日本拠点として、MyDataの考え方を日本で広めるための活動をするMyData Japanが組織化（2019年5月に一般社団法人として設立）され、2017年から毎年MyData Japanカンファレンスが東京で開催されている（https://mydatajapan.org/）。

図表 6 - 8　「情報銀行」の位置づけ

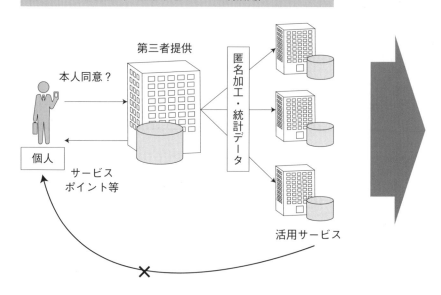

CRM（＝企業中心のデータ利活用）

第三者提供

本人同意？

個人

サービス
ポイント等

匿名加工・統計データ

活用サービス

×

個人を特定できず、直接サービスを提供できない
CRM：Customers Relationship Management

企業中心
CRM

情報銀行
信託による代行
または判断支援

クローズ

（出所）　石垣一司（富士通総研プリンシパルコンサルタント）「情報銀行とは何か？」を

6－7）。この点、石垣一司氏は、「CRM（＝企業中心のデータ利活用）」と
「MyData（＝個人中心のデータ利活用）」について、前者は、第三者提供の際
に本人の同意が必要ない「匿名加工・統計データ」を基本とするため、「提
供を受けた第三者からサービスを直接個人に提供したりすることはできな
い」一方で、後者は、本人の同意がなければ第三者提供できない個人情報で
ある「実名データ」を基本とするため、本人の同意に基づき「開示先を個人

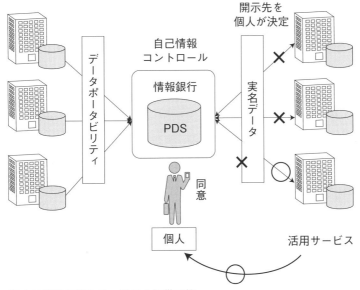

一部修正

が決定」する等の「自己情報コントロール」を通じて、個人情報の提供を受けた第三者が直接個人にサービスを提供できる点を対比しつつ、「『情報銀行』は『企業中心のデータ利活用』と『個人中心のデータ利活用』の中間に位置する形態であると整理することができる。実際、情報銀行は、それぞれの事業者による実装と運用により、従来の企業中心に近い形態にもなり得るし、個人中心に近い形態にもなり得る」と分析している[38]（図表6－8）。

たとえば、ICDPPC（International Conference of Data Protection and Privacy Commissioners：データ保護プライバシー・コミッショナー国際会議）のサイドイベント[39]、総務省およびタイ王国国家放送通信委員会（NBTC：National Broadcasting and Telecommunications Commission）主催のセミナー[40]、APPA（Asia Pacific Privacy Authorities：アジア太平洋プライバシー機関）フォーラムのサイドイベント[41]、G20のサイドイベント[42]、日EU・ICT戦略ワークショップ[43]において、日本IT団体連盟より「情報銀行」認定制度が紹介されている。

特にMyData 2019[44]においては、日本の「情報銀行」に関するセッションが開催され、そのwrap upとして、「社会実装が迅速で効率的であること

38　石垣一司（富士通総研プリンシパルコンサルタント）「情報銀行とは何か？」（https://www.fujitsu.com/jp/group/fri/businesstopics/data-economy/information-bank/）。

39　2018年10月23日、ブリュッセル（ベルギー）で開催された「第40回データ保護プライバシー・コミッショナー国際会議（ICDPPC）」の個人情報保護委員会主催によるサイドイベント「Data protection in the era of connected world（世界がつながった時代におけるデータ保護）」（https://www.tpdms.jp/file/20181023-1Topics.pdf）。

40　2018年12月3日、バンコク（タイ王国）において開催された、総務省およびタイ王国国家放送通信委員会の共催によるセミナー「Future of ICT Application and Broadcasting」（https://www.tpdms.jp/file/20181203-1Topics.pdf）。

41　2019年5月30日、個人情報保護委員会主催で東京において開催された第51回「アジア太平洋プライバシー機関（APPA）フォーラム」（https://www.tpdms.jp/file/20190530-1Topics.pdf）。

42　2019年6月3日、個人情報保護委員会主催で東京において開催されたG20のサイドイベント「個人データ国際セミナー」（https://www.tpdms.jp/file/20190603-1Topics.pdf）。

43　2019年12月11日、総務省および欧州委員会（通信ネットワーク・コンテンツ・技術総局）主催で東京において開催された「日EU・ICT戦略ワークショップ（第9回）」（https://www.tpdms.jp/file/20191211-1Topics.pdf）。

44　2019年9月25日から27日にヘルシンキ（フィンランド）で開催（https://www.mydata2019.org/）。同27日には、「Japanese Information Banks」セッションが開催されている（https://www.tpdms.jp/file/20190927-1Topics.pdfおよびhttps://www.mydata2019.org/programme-page/japanese-data-banks/）。また、上記セッション等も参考に取りまとめられ、2020年4月に公開された「Understanding MyData Operators」（https://mydata.org/wp-content/uploads/sites/5/2020/04/Understanding-Mydata-Operators-pages.pdf）の「4. Future work」において、「An example of a certification approach specific to operators is the Japanese government initiated certification programme (not law) for Trusted Personal Data Management Services (Onga, 2019)」と紹介されている。

図表 6 － 9 MyData 2019 Closing Plenaryにて

（fast efficient implementation)」「法律ではなくまずソフト・ロー・ファース
トであること（It doesn't have to be a law, it can be soft law first)」「認定が信
頼のための鍵であること（Certification might be the key to trust)」「官民連携
であること（partnership between private and public sector)」等が評価される
とともに、Closing Plenaryでは、欧米モデルとは異なる「The Third
Way」として紹介されている（図表 6 － 9 ）。

「情報銀行」認定は、法的拘束力のあるハード・ローではなく、ソフト・

ローにより行われている。この点、経団連が、個人情報保護法制やGAFA等のデジタル・プラットフォーマーに対する規律のあり方について、「法規制と民間の自主的な取組み、個人データの活用を促すインセンティブをバランスさせたアプローチ」「デジタル・プラットフォーム事業者を念頭に置いた過度な規制強化は、デジタル分野全体でのイノベーションの停滞につながり得る」と提言しているところ、プライバシー保護について、国内外の事業者による自主的な取組みに関する競争が激しくなってきている。

　たとえば、政府によるデジタル市場のルール整備が進められるなか[45]、2019年には相次いで、ヤフーによるプライバシーに関するアドバイザリーボードの設置等[46]、NTTドコモによるパーソナルデータ憲章の公表等[47]、KDDIによるプライバシーポータルの提供等[48]、また、ケンブリッジ・アナリティカ問題[49]等をふまえたフェイスブック（Facebook）のプライバシー重視への方向転換、アップル（Apple）によるSafariブラウザにおけるITP（Intelligent Tracking Prevention）機能の強化やプライバシー白書の公表[50]等、グーグル（Google）による新たな検索履歴管理機能やマップ等におけるシークレットモード導入等が実施されている。

　このようななか、「情報銀行」認定制度においては、上記のような個人情報の取扱いに関する自主的な取組みを促すことを目的として、国際水準

---

[45]　2019年9月27日デジタル市場競争本部設置（https://www.kantei.go.jp/jp/singi/digitalmarket/）。

[46]　2019年8月15日（https://privacy.yahoo.co.jp/advisoryboard.html）。

[47]　2019年8月27日（https://www.nttdocomo.co.jp/info/notice/pages/190827_00.html）。

[48]　2019年12月9日（https://news.kddi.com/kddi/corporate/newsrelease/2019/12/09/4175.html）。

[49]　2018年3月17日The Gardian「Revealed: 50 million Facebook profiles harvested for Cambridge Analytica in major data breach」（https://www.theguardian.com/news/2018/mar/17/cambridge-analytica-facebook-influence-us-election）、2018年3月18日The New York Times「How Trump Consultants Exploited the Facebook Data of Millions」（https://www.nytimes.com/2018/03/17/us/politics/cambridge-analytica-trump-campaign.html）、NETFLIX映画「グレート・ハック：SNS史上最悪のスキャンダル」（https://www.netflix.com/jp/title/80117542）。

[50]　https://www.apple.com/jp/privacy/

（ISO/IEC 29100（JIS X 9250）等）のプライバシー保護対策や情報セキュリティ対策等に関する認定基準に適合している事業者やサービスを認定することにより、安心・安全で信頼できる「情報銀行」であることの社会的な認知を高め、利用する本人に対し、当該本人自身の個人情報を信頼して託せられる事業者等であることをアピールすることが可能となる。たとえば、認定基準として求められる「プライバシーポリシーの約款化」[51]と「データ倫理審査会の設置」については、民事上の執行力の付与と倫理的観点からのデータ利用の担保という二側面において、国際的にもリードできる自主基準となっている。

特に「データ倫理審査会」については、社外委員も含むプライバシー保護、サイバーセキュリティ、法律実務家、データ倫理専門家や消費者代表等から構成することが求められている。本人の個人情報がどのような提供先に提供されているのかについて、誤解のないユーザインターフェースにより一覧で確認できること、本人が同意している第三者提供先となる企業等の条件について本人の予測できる範囲内で解釈され運用されていること、第三者提供先となる特定の企業等に個人情報を提供したくない場合にはアプリを通じて簡単に撤回できること等について、本人の利益に反していないかという観点から審議等が行われ、個人情報の利活用における実効的な本人関与（コントローラビリティ）を高め、「情報銀行」の安心・安全や信頼性を担保するうえで重要な役割を担っている。

ハ 「情報銀行」認定事業者およびサービス

日本IT団体連盟により、「情報銀行」認定については、これまで4事業者に対するP認定および1事業者に対する通常認定が決定等されている。「情報銀行」認定はあくまで任意のものであり、認定を受けることが「情報銀

51　たとえば、小柳輝（ヤフー政策企画本部マネージャー（当時。現在、DPO（データ保護責任者）））「Yahoo! JAPANプライバシーポリシーの改定について」（2016年7月15日、NBL1078号　https://www.shojihomu.co.jp/nbl/nbl-backnumbers/1078-nbl)。

行」に関する事業を行うために必須ではないが、安心・安全で信頼できる「情報銀行」を基点とした日本発のパーソナルデータ利活用に関するエコシステムのいっそうの発展に向けて、多種多様な事業者およびサービスに関するさらなる「情報銀行」認定が期待される。

㈑　第 1 弾

2019年6月、三井住友信託銀行による「データ信託サービス」（仮称）およびフェリカポケットマーケティングによる「地域振興プラットフォーム」（仮称）に対し、「情報銀行」認定（いずれもP認定）の付与が決定されている[52]。

前者については、「情報通信技術の進展に伴う金融取引の多様化に対応するための資金決済に関する法律等の一部を改正する法律」10条による銀行法の改正[53]により、銀行の付随業務として、「顧客から取得した当該顧客に関する情報を当該顧客の同意を得て第三者に提供する業務その他当該銀行の保有する情報を第三者に提供する業務であって、当該銀行の営む銀行業の高度化又は当該銀行の利用者の利便の向上に資するもの」を営むことが可能とな

図表 6 - 10　三井住友信託銀行による「データ信託」サービスの一例

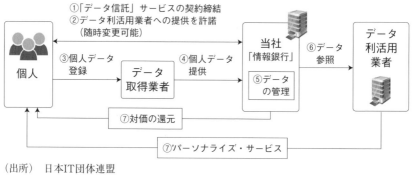

（出所）　日本IT団体連盟

52　日本IT団体連盟ニュースリリース（https://itrenmei.jp/topics/2019/3646/）。
53　2020年5月施行。2019年3月15日提出、同5月31日成立（https://www.fsa.go.jp/common/diet/198/index.html）。

ることにより、銀行が「情報銀行」事業を行えるようになる。今後、銀行等金融機関による「情報銀行」事業が普及していくと考えられるなか、時機よく同社が「情報銀行」認定を受けるとともに、信託銀行としての信頼性とノウハウを強みとする「情報銀行」事業を行うことで、その先駆けとなることが期待される（図表6－10）。

　後者については、地域における自治体や事業者等と連携した地域の「情報銀行」を目指すものであり、フェリカポケットマーケティングが認定を受けることにより、地域を起点とするそれぞれの住民に寄り添った安心・安全なサービスモデルの構築、そして、その全国への展開が期待される。2020年3月には、神奈川県との間で「データ利活用による社会課題の解決に関する連携協定」が締結され、「マイME-BYOカルテ」との連携による健康情報の利活用、SDGsに関する活動の促進、官民データの利活用促進、共生社会の実現に向けた取組みの推進において、今後、連携・協力が行われる予定である[54]（図表6－11）。

㈡　第2弾

　2019年12月、J.Scoreによる「情報信託サービス」（仮称）に対し、「情報銀行」認定（P認定）の付与が決定されている[55]。

　本サービスは、いわゆる「信用スコア」[56]を含む個人情報を「情報銀行」から第三者に提供することにより、個人において情報提供料や特典等の対価の還元を受けることを可能とするものである。今後、いわゆる「信用スコア」に関するサービスが普及していくなか、わが国における信用スコア事業

54　2020年3月24日神奈川県・FPM連携協定締結プレスリリース最終版（https://felicap ocketmk.co.jp/wp-content/uploads/2020/03/およびhttp://www.pref.kanagawa.jp/docs/b8k/prs/r9995285.html）。
55　日本IT団体連盟ニュースリリース（https://www.itrenmei.jp/topics/2019/3652/）。
56　2019年10月8日「情報信託機能の認定スキームの在り方に関する検討会取りまとめ」（https://www.soumu.go.jp/menu_news/s-news/01tsushin01_02000290.html）によると、「『信用スコア』については明確な定義がなく、個人に一定のスコアを付与するものでは、例えば与信能力に関する評価や、英語の試験の点数も一種のスコアといえる。こうした広義のスコアは現在でも広く一般的に利用されている」。

図表6-11 フェリカポケットマーケティングのデータ利活用による情報銀行との

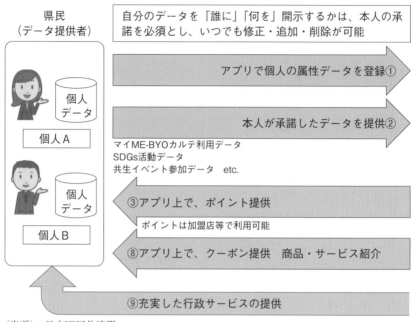

（出所） 日本IT団体連盟

図表6-12 J.Scoreによる「情報提供サービス」（仮称）の概要

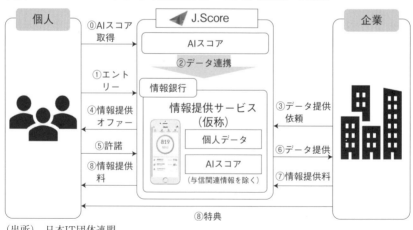

（出所） 日本IT団体連盟

連携イメージ

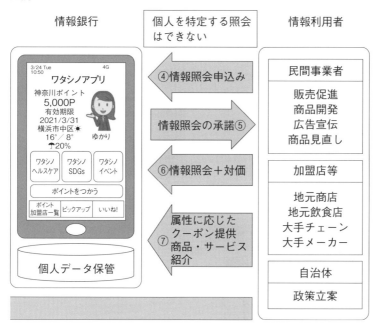

の草分け[57]である同社が「情報銀行」認定を受けるとともに、情報信託機能検討会取りまとめで提示されている「留意点」[58]をふまえた「情報銀行」事業を展開することで、社会の多様性を損なわず、差別や選別等により個人の不利益とならないように信用スコアが利活用される環境の構築を先導していくことが期待される（図表6−12）。

57　2017年9月に個人向け融資サービス「AIスコア・レンディング」、2018年10月にスコアのランクに応じたさまざまな特典が受けられる「AIスコア・リワード」の提供が開始されている。その後、LINEより、2019年6月にスコアに応じた特典やキャンペーン等が受けられる「LINE Score」、ヤフーより、2019年7月にスコアに応じた便利な体験を提供する「Yahoo!スコア」、NTTドコモより、2019年8月に金融機関向けの「ドコモスコアリング」等の提供が開始されている。

58　2019年10月8日「情報信託機能の認定スキームの在り方に関する検討会取りまとめ」（https://www.soumu.go.jp/menu_news/s-news/01tsushin01_02000290.html）。

図表6－13　中部電力による「地域型情報銀行サービス」（仮称）の概要

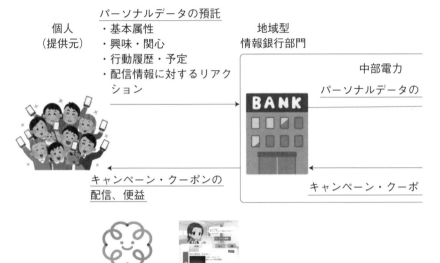

（出所）　日本IT団体連盟

⑽　第 3 弾

　2020年 2 月、中部電力による「地域型情報銀行サービス」（仮称）に対し、「情報銀行」認定（P認定）の付与が決定されている[59]。

　本サービスは、「コミュニティサポートインフラ」として、「生活者のパーソナルデータを『地域型情報銀行』が集約・管理し安全安心に地域内で流通させることで、生活者の日常生活の利便性を向上させるとともに、地域内の健康増進と地域消費の活性化を目指」すものである[60]。同社が認定を受けることにより、地域を起点とするそれぞれの住民に寄り添った安心・安全なサービスモデルの構築、そして、その全国への展開が期待される。2020年 3

---

[59]　日本IT団体連盟ニュースリリース（https://www.itrenmei.jp/topics/2020/3657/）。
[60]　https://www.itrenmei.jp/files/files20200217110117.pdf

| マーケティング
支援サービサー部門 | クーポン番号※および
パーソナルデータの
属性情報の提供
※情報銀行において個人を識
　別可能な番号 | サービス事業者
（提供先） |

第三者提供

ンの配信依頼、便益

パーソナルデータの
活用業務の委任

キャンペーン・クーポンの
配信依頼、便益

・パーソナルデータは、物理的には提供先に移転せず、マーケティング支援サービス部門内に保管されます。
・マーケティング支援サービサー部門は、提供先からのパーソナルデータの取扱いの委託により個人に便益を提供します。
・この際、提供先は、マーケティング支援サービサー部門に保管されているパーソナルデータへの直接のアクセス権限をもちません。

月には、愛知県豊田市において、地域に密着した情報を提供する「MINLY（マインリー）」サービスの実証が開始されている（図表6－13）。

(二) 第 4 弾

2020年3月、DataSignによる「paspit」に対し、初めて「通常認定」による「情報銀行」認定の付与が決定されている[61]。

本サービスは、「パーソナルデータを安全に保管し、便利に活用できるサービス」として、「保管されたパーソナルデータに対して、あなたのデータを活用したい、信頼できるデータ活用企業から個別にデータ提供オファーが届き」「あなたが承諾しない限りデータは提供され」ず、「データ活用企業

61　日本IT団体連盟ニュースリリース（https://www.itrenmei.jp/topics/2020/3662/）。

図表 6 −14　DataSignによるpaspitの概要

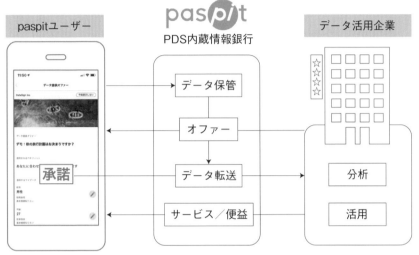

（出所）　日本IT団体連盟

は、あなたのパーソナルデータを分析することで、あなたにあわせたサービ
スや便益を提供」するものである[62]。これをベースとしたOEM提供も行わ
れているところであり、今後、さまざまな事業者による「情報銀行」への参
入が期待される（図表 6 −14）。

㈭　そ　の　他

　2018年10月、日本IT団体連盟および総務省により、事業者を対象とした
「情報銀行」認定に関する説明会が開催された[63]ところ、金融、流通、食品、
製造、教育、ヘルスケア、通信、放送、ICT、コンサルティング、リサー
チ、マーケティング等のさまざまな業種から200社以上（約400名）が参加し
た。

---

[62]　日本IT団体連盟ニュースリリース別紙（https://www.itrenmei.jp/files/files20200310
153312.pdf）。
[63]　2019年10月19日、総務省で開催（https://www.soumu.go.jp/menu_news/s-news/01t
sushin01_02000266.html）。

また、大和総研によると、「情報銀行を開業済及び開業準備中である全19社の企業の業種傾向をみると、情報通信企業が8社と最も多く、次いで大手金融機関が4行、マーケティング関連企業が3社と続く」、「特徴的な動きとしては、化学、旅行、電力、放送等の各業界から大手企業が1社ずつ、情報銀行業への参入を検討していることである」、「企業名が挙がっていない他の産業においても、業界別に情報銀行が立ち上がっていく可能性があり、潜在的なプレーヤーは複数社存在すると考えられ」る[64]（図表6−15）。

(2)　その他関連する取組み

　日本IT団体連盟による「情報銀行」認定制度やその認定を受けた各事業者等による取組みに加え、それらを推進する観点等から、引き続き政府においてもさまざまな取組みが行われている。

イ　総務省

　総務省は2018年度より、「情報信託機能活用推進事業」を実施している。企業や地方公共団体、大学等関係者からなる主体が、情報信託機能を核とした具体的なサービス等を想定した実証を実施するもので、データを保有・利用する個人および企業が情報信託機能等を利用するメリットを明らかにするなど、情報信託機能等のモデルケースになるとともに、情報信託機能等を社会実装するための課題解決に資する事業である[65]。2018年度に実施された事業については、各実証事業の全体像、実施体制・役割分担、データの流通・受渡し方法およびセキュリティ体制、ビジネスモデル（将来イメージ）、ビジネスモデルの実装に向けた課題と対応策が「事例集」として公表されている[66]。

---

[64]　「2019年度、情報銀行が本格開業へ」（2019年6月25日、大和総研　https://www.dir.co.jp/report/research/capital-mkt/it/20190625_020869.pdf）。

[65]　2018年度事業（https://www.soumu.go.jp/menu_news/s-news/01tsushin01_02000258.html）、2019年度事業（https://www.soumu.go.jp/menu_news/s-news/01tsushin01_02000287.html）。

図表 6 −15　情報銀行への参入表明企業の一覧

ステータス	業種	企業名	サービス名
開業	情報通信	DataSign	DataSign bank
		NIPPON Platform	NIPPON Social Bank
	マーケティング	マイデータ・インテリジェンス（電通系列）	MEY
	化学	富士フイルム	PhotoBank
2019年度開業予定	金融機関	三菱UFJ信託銀行（三菱UFJフィナンシャル・グループ）	DPRIME
	情報通信	NTTデータ	（名称不明）
準備中	情報通信	日立製作所	（名称不明）
		富士通	（名称不明）
		大日本印刷	（名称不明）
		日本電気	（名称不明）
		さくらインターネット	（名称不明）
	金融機関	三井住友銀行（三井住友フィナンシャルグループ）	（名称不明）
		みずほ銀行（みずほフィナンシャルグループ）	（名称不明）
		三井住友信託銀行（三井住友トラスト・グループ）	（名称不明）

進捗状況
2018年9月からサービス開始。 2019年3月、情報銀行認定を申請。 2019年5月、スカパー！情報銀行の実証にPDSシステム「paspit for X」を提供。
2019年4月からサービス開始。※店舗向け。
2018年9月に創業。2018年11月からサービスを開始。 2019年7月1日から6カ月間、情報銀行トライアル企画を実施予定（一般モニター1万人を公算）。
2019年5月からサービス開始。目的は自社サービス活用。 2020年初頭にフォトバンク内で参加する企業の製品・サービスを購入できる「マーケットプレイス」を開設する予定。
2018年7月、実証実験を実施（自社・参加企業従業員対象）。 2018年11月からβ版を試行開始（参加者1,000人、参加企業はアシックスほか10社）。
2019年2月、情報銀行の実現に向けて、個人の同意に基づいてパーソナルデータを流通させるシステム基盤の実証実験を開始（モニター500人）。 2019年3月まで実験し、2019年度中を目標に実運用を目指す（モニター200人）。
2018年9月、個人IoTデータ利活用の実証実験を実施（総務省委託）。 モニター社員200人参加。
2019年8月、電通とともに、実証実験を開始予定。
2019年2月、情報銀行の普及に向けた情報管理基盤の開発を開始。
（不明）
2017年4月から、情報銀行の実験に向け調査・研究を開始。
2018年7月に医療データ利活用の実証実験を実施（総務省委託）。
2017年、みずほ情報総研が実証実験を実施（総務省委託）。 2018年8月、今後の参入意欲を表明。
2018年12月14日開催のIR Dayの質疑応答で検討段階であると回答。

	マーケティング	インテージ	生活者パネル（仮称）
		フェリカポケットマーケティング（イオン系列）	（名称不明）
	旅行	JTB	次世代トラベルエージェントサービス
	電力	中部電力	地域型情報銀行
	放送	スカパーJSATホールディングス	スカパー！情報銀行

（出所）　各種公開資料より大和総研作成。

2020年度においても、「情報銀行」の社会実装を推進するため、引き続き、必要なルールの検討に資する実証事業を実施するとともに、データ倫理を担う人材の育成と「情報銀行」を介したデータ連携のための機能の標準化が実施される予定である[67]。

ロ　経済産業省

経済産業省においては、CeBITにて、安倍内閣総理大臣等が提唱した「Connected Industries」のもと、「リアルデータの共有・利活用」が推進されている[68]。たとえば、2020年度までの「生産性革命・集中投資期間」を対象とする「生産性向上特別措置法」により、データを収集・共有・連携する事業者の取組みについて、IoT投資に対する減税措置等を講ずるとともに、

66　平成30年度情報信託機能活用促進事業に係る事例集（https://www.soumu.go.jp/main_content/000654241.pdf）。

67　令和2年度総務省所管予算の概要（2020年3月　https://www.soumu.go.jp/main_content/000660600.pdf）。

68　Connected Industriesについては、https://www.meti.go.jp/policy/mono_info_service/connected_industries/index.htmlを参照。

情報銀行および情報銀行からデータを購入し活用する事業者のマーケティング・商品開発を支援するためのマーケティングプラットフォームを提供。
公開している個人情報保護方針のデータの利用目的に「情報銀行」の文字あり。設立準備中。
2018年12月、観光分野の実証実験を実施（総務省委託）。情報銀行認定の申請を行い、認定取得を目指している。
2018年11月、総務省受託による生活支援分野の実証実験を実施（総務省委託）。地域型情報銀行を目指す。
2019年5月より、インテージ（参加モニター募集：2,500人）サイバー・コミュニケーションズ（データ販売先）と、共同研究・実証実験を開始。

協調領域のデータを収集・共有する事業者（データ共有事業者）であり、一定レベルのセキュリティ対策が確認できた事業者については、国や独立行政法人等に対しデータ提供を要請できる手続を創設する等の措置が実施されている[69]。

　また、「AI・データの利用に関する契約ガイドライン（データ編）」[70]において、「データに個人情報が含まれる場合についても付随的な限度で検討を加えているが、専ら個人情報を中心とする文脈でプラットフォームとしての機能を果たし得る仕組みとして議論されている『情報銀行』（略）の導入についての検討は、本ガイドライン（データ編）の対象外としている」[71]とされているものの、日本IT団体連盟による「情報銀行」認定において必要となる提供先第三者との契約約款および情報提供元との契約約款等の「モデル契

---

[69] 生産性向上特別措置法については、https://www.meti.go.jp/policy/jigyou_saisei/seisanseisochihoukyoukahou/index.htmlを参照。

[70] 「AI・データの利用に関する契約ガイドライン（データ編）」（https://www.meti.go.jp/policy/mono_info_service/connected_industries/sharing_and_utilization.html）。

[71] 前掲（注70）「AI・データの利用に関する契約ガイドライン（データ編）」66頁の脚注126。

約款」[72]では、特に「第3　データ契約を検討するにあたっての法的な基礎知識」「第4　『データ提供型』契約（一方当事者から他方当事者へのデータの提供）」「第6　『データ共用型（プラットフォーム型)』契約（プラットフォームを利用したデータの共用)」等、同文書の一部を参照している[73]。

ハ　資源エネルギー庁

　資源エネルギー庁において、社会課題解決等のための電力データの活用の検討が行われた。その結果、「消費者が自らの情報がどのように活用されるのか分からないなどということが生じることのないよう、電力データの活用に当たっては、情報管理の専門性を持つ中立的な組織が、個人の同意の取得又は取消のためのプラットフォームを提供し、情報セキュリティや、個人によるコントローラビリティ（情報の利用目的や範囲に応じて、明確に情報提供を同意又は拒否することが可能）を確保する、情報を提供した個人等からの苦情や相談の受付窓口を設け、情報の提供先での不正利用等により当該情報を提供した個人が被害を被った場合、当該個人に対する損害賠償責任を一義的に負う、情報の提供に当たり、第三者諮問委員会を設置し、情報提供先の適切性などについて審議・助言を行うとともに、情報の適正利用の監視・監督や、そのためのルールを策定する、など、消費者保護に万全を期す仕組みを構築することが必要である。なお、こうした仕組みの構築に当たっては、一般的な産業分野においてデータの適正な活用を推進する仕組みである『情報銀行』のスキームが参考となる」とされたところである[74]。

　そして、現在、これをふまえた「強靱かつ持続可能な電気供給体制の確立

72　日本IT団体連盟ウェブサイト（https://www.tpdms.jp/application/index.html）。

73　「情報信託機能の認定スキームの在り方に関する検討会取りまとめ」（2019年10月8日、総務省・経済産業省　https://www.soumu.go.jp/menu_news/s-news/01tsushin01_02000290.html）によると、「認定指針では、認定基準を満たすとした場合に必要なモデル約款の記載事項について記載しているが、情報銀行事業の普及を見据えるとモデル契約約款はこれらに限らず盛り込むべき事項について示されることが期待され、経済産業省『AI・データの利用に関する契約ガイドライン』等関連するガイドラインを参考に、認定団体において今後さらに充実させていくことが期待される」とされている。

を図るための電気事業法等の一部を改正する法律案」が国会に提出されているところである[75]。

二　金　融　庁

　金融庁において、銀行等における「情報銀行」に関する取組み等をふまえつつ、金融機関による情報の利活用に関する制度整備について検討が行われた[76]。その結果、前述のとおり、「情報通信技術の進展に伴う金融取引の多様化に対応するための資金決済に関する法律等の一部を改正する法律」10条により銀行法等が改正され[77]、金融機関の業務について、顧客に関する情報をその同意を得て第三者に提供する業務等が追加されている。

　また、「利用者を中心とした新時代の金融サービス〜金融行政のこれまでの実践と今後の方針〜（令和元事務年度）」において、「データの利活用を含めたフィンテック施策を進めるに当たっては、トップのリーダーシップや明確な戦略に基づき、金融機関側からの発想ではなく利用者のニーズに基づいたサービスの提供が重要と考えられる。そのため、FinTech Innovation Hubによる情報収集や支援等を行いつつ、利用者ニーズに即した金融サービスが提供されるよう、情報銀行の活用や手数料収入につながる情報ビジネスも含め、様々なデータの利活用に関する金融機関の戦略的取組みを促進する」こととされている[78]。

74　「持続可能な電力システム構築小委員会中間とりまとめ」（2020年 2 月25日、総合資源エネルギー調査会基本政策分科会　https://www.enecho.meti.go.jp/committee/council/basic_policy_subcommittee/system_kouchiku/pdf/report_002.pdf）。

75　2020年 2 月25日提出、同 6 月 5 日成立（https://www.sangiin.go.jp/japanese/johol/kousei/gian/201/meisai/m201080201026.htm、https://www.meti.go.jp/press/2019/02/20200225001/ 20200225001.html）。

76　2018年 9 月25日金融制度スタディ・グループ（平成30事務年度、第 1 回）において、みずほ銀行、三井住友銀行、三菱UFJ信託銀行からヒアリング（https://www.fsa.go.jp/singi/singi_kinyu/base_gijiroku.html#seido_sg30）。

77　2019年 3 月15日提出、同 5 月31日成立（https://www.fsa.go.jp/common/diet/198/index.html）。

78　2019年 8 月28日（https://www.fsa.go.jp/news/r1/20190828.html）。

ホ　文部科学省

　文部科学省において、「JAPAN e-Portfolio」[79]における「情報銀行」の活用についての検討が行われている[80]。「JAPAN e-Portfolio」とは、生徒の学びに関するデータのポートフォリオと大学ネット出願システム等を統合したシステムであり、個別選抜において主体性等をより適切に評価できるよう、生徒の学習成果を電子データでやりとりすることを可能とする仕組みである。具体的には、「『JAPAN e-Portfolio』運営許可要件」中、「JAPAN e-Portfolio」運営主体の適格性に関する要件の1つである「継続性のある組織・経営体制」において、「『情報信託機能の認定に係る指針』に基づいた『情報銀行』の認定を受け、又は認定を受ける予定があること」を満たしていることが求められている[81]。

ヘ　国土交通省

　国土交通省は2019年度より、新技術や官民データを活用しつつ都市・地域課題を解決する「スマートシティモデル事業」を実施している[82]。
　具体的には、新しい取組みへの着手と事業の成果やボトルネック等の分析等を実施するとともに、さらにそれを広く共有することにより、全体の取組

---

[79] 一般社団法人教育情報管理機構が運営主体（https://jep.jp/）。

[80] 2019年3月15日情報信託機能の認定スキームの在り方に関する検討会（第10回）（https://www.soumu.go.jp/main_sosiki/kenkyu/information_trust_function/02tsushin01_04000572.html）。

[81] 「JAPAN e-Portfolio」運営許可要件（平成31年2月8日文部科学省高等教育局）第3の3の(3)（https://www.mext.go.jp/content/20200430-mxt_daigakuc02-100001382_1.pdf）。なお、附則において、「当分の間、『情報銀行』の認定を現に取得しておらず、今後取得する予定がある者については、取得するまでの間、法人として、又は利用者の個人情報を扱う全ての事業単位において、プライバシーマークを取得し、又は情報セキュリティマネジメントシステム（ISO27001/ISMS）の適合性評価の認証を受けているなど、個人情報に関するセキュリティ管理体制が整備されていることが証明できることをもって足りることとする」と規定されている。

[82] 2019年5月31日報道発表資料（https://www.mlit.go.jp/report/press/toshi07_hh_000139.html）。

みをけん引する「先行モデルプロジェクト」において、「柏の葉スマートシティコンソーシアム」による「情報銀行等の仕組みを活用した分散型データベースを構築（民間型プラットフォーム）」する事業、「豊洲スマートシティ連絡会」による「情報銀行の仕組みを導入し、幅広いデータ収集、安全な管理、データ倫理委員会によるガバナンス等の実施」をする事業等が実施されている。

　2020年度においても、スマートシティの分野で世界の先導役となることを目指し、全国のけん引役となる先駆的な取組みを行う先行モデルプロジェクトを募集し、スマートシティの取組みを支援する「スマートシティモデルプロジェクト」が実施される予定である[83]。

3　安心・安全で信頼できる「情報銀行」の普及・発展に向けた主な課題

　安心・安全で信頼できる「情報銀行」の普及・発展に向けた今後の課題として、主に、データリテラシー向上等のための普及啓発、「スマートシティ」との連携による社会実装、いわゆる「データポータビリティ」等事業者間の連携、認定個人情報保護団体との連携による共同規制、「情報銀行」認定制度の国際標準化等による国際展開等に取り組む必要があると考えられる。これらに取り組むことにより、日本IT団体連盟によるさらなる「情報銀行」認定の広がりにも資すると考えられる（図表6−16）。

(1)　データリテラシー向上等のための普及啓発

　「情報銀行」においては、官民データ活用推進基本法12条が定めるように「個人の関与」、すなわち、個人情報を「本人が自らの意思に基づき活用する」ことが重要であり、本人が自分の個人情報をコントロールできる（コン

83　2020年3月24日報道発表資料（https://www.mlit.go.jp/report/press/toshi07_hh_000152.html）。

図表 6 −16 「情報銀行」の普及・発展に向けた主な課題

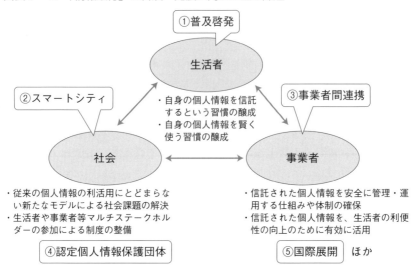

トローラビリティ）ようにするため、操作が容易なユーザインターフェース[84]、第三者提供の履歴の閲覧（トレーサビリティ）、第三者提供の停止（同意の撤回）等の機能[85]が提供されることが必要とされている。

　そこで、以上の「個人の関与」を実効あるものにするためには、前述の「消費者等個人のリテラシー向上」の観点から期待されているとおり、個人におけるデータリテラシー向上等のための普及啓発が重要である。

　この点、日本IT団体連盟において、主に大学生等の学生を対象として、

84　たとえば、2019年 2 月25日情報信託機能の認定スキームの在り方に関する検討会（第9 回）におけるJTB資料（https://www.soumu.go.jp/main_content/000607492.pdf）。

85　改正個人情報保護法案においては、利用停止・消去等の個人の請求権について、不正取得等の一部の法違反の場合に加えて、個人の権利または正当な利益が害されるおそれがある場合にも利用停止・消去等の請求が可能となるよう要件が緩和されている。特に利用停止に関する個人の請求権については、個人情報の第三者提供先となる企業等における当該個人情報の利用停止の請求を「情報銀行」が本人にかわって行うことなども今後考えられる（2020年 1 月14日、日本IT団体連盟　https://www.tpdms.jp/file/ 20200114-1Topics.pdf）。

エフエム東京のラジオ番組「未来授業」と連携した特別番組やアイデア募集等が行われている[86]。今後は、ICTメディアリテラシー、AIリテラシー、統計リテラシーや金融リテラシー等の先行的な取組みも参考としつつ、「パーソナルデータに関する個人中心のアプローチを推進し、個人をエンパワーすることを目的とする」MyData Japan[87]、国民生活センター等の消費者関連団体、地方自治体、そして、「情報銀行」認定事業者等とも連携し、学生のみならず幅広い年代等を対象にした普及啓発を行っていくことが重要と考えられる[88]。

(2) 「スマートシティ」との連携による社会実装

生活者に寄り添った「スマートシティ」の実現においては、パーソナルデータの利活用が不可欠である。5G、IoTやAI等の普及により、われわれの生活のあらゆる部分がデジタルインフラに支えられ、生活に関するパーソナルデータ等が収集、流通・活用されることが今後は不可避となりつつあるなか、そのガバナンスの1つのあり方として、「情報銀行」の仕組みがますます重要になると考えられる[89]。「情報銀行」との連携による安心・安全で信頼できるスマートシティの実現により、データ主導社会の実現が加速さ

---

86 2019年10月28日 未来授業Vol.1729第1回「情報銀行ってなんだろう？」（https://www.tfm.co.jp/future/detail/25547/）、2019年10月29日 未来授業Vol.1730第2回「データ主導社会、ソサイティ5.0」（https://www.tfm.co.jp/future/detail/25548/）、2019年10月30日 未来授業Vol.1731第3回「情報銀行の認定と運営」（https://www.tfm.co.jp/future/detail/25549/）、2019年10月31日 未来授業Vol.1732第4回「情報銀行の可能性と未来」（https://www.tfm.co.jp/future/detail/25550/）、未来授業「特別ゼミによるアイデア募集」（https://www.tfm.co.jp/future/fes/johoginko/index.html）。

87 一般社団法人MyData Japan（https://mydatajapan.org/）。

88 「情報銀行が個人の豊かな生活の実現に貢献するためには、個人が自身のパーソナルデータに関与を及ぼし、リスクを適切に把握した上でデータの活用によるメリットを享受できるよう、情報銀行を通じたデータの活用に関する正しい理解が進むことが必要であり、行政、認定団体、情報銀行事業者などの関係者それぞれにおいて、普及啓発や必要な支援を行うことが期待される」（2019年10月8日、総務省・経済産業省「情報信託機能の認定スキームの在り方に関する検討会取りまとめ」https://www.soumu.go.jp/menu_news/s-news/01tsushin01_02000290.html）。

れ、経済発展と社会的課題の解決に寄与することが期待される。

　この点、日本IT団体連盟は、「スマートシティ官民連携プラットフォーム」[90]のオブザーバー会員になるとともに、前述のとおり、「情報銀行」認定事業者のうち、フェリカポケットマーケティングが神奈川県と、中部電力が愛知県豊田市との間で、それぞれ地域における「情報銀行」事業を開始したところである。

　スマートシティについては、2020年度においても、前述の国土交通省によ

89　「現状、都市におけるパーソナルデータは、基本的に自治体、病院、民間事業者などが個別に管理し、自身のサービスのための利用するにとどまっており、第三者によるパーソナルデータの利活用は限定的である。パーソナルデータの利活用のためには、パーソナルデータを収集し、本人のコントロールの下、第三の情報利用者へ提供する情報銀行の仕組みが有効と考えられる。情報銀行を都市に適用し、情報銀行の機能をスマートシティへ取り込むことにより、サービス提供者がパーソナルデータを用いた新サービス創出や業務改革などが可能な環境を整備することが重要である」（2019年4月26日、日立コンサルティング「スマートシティに関する動向と今後の課題」　https://www.hitachiconsulting.co.jp/column/society/05/index.html）。

　また、2020年3月30日IoTNEWS「トヨタNTT連合の、GAFA対抗という誤解」（https://iotnews.jp/archives/151024）は次のようにコメントしている。「IoTの導入が進む中、デジタルツインを構成することで、現実社会をシミュレーションすることができる。そして、その結果未来を先回りして様々なサービスを提供することができる。これは、生活者にとってもメリットのあることだ。あらゆる現実世界の行動を取得し、データ化することができるようになった昨今だからこそ、この考え方が『DX』と呼ばれ、急速に広がろうとしている。この流れは一定あらがえないとしたときに、そのデータ管理会社は、どういったガバナンスでそのデータを流通させるべきなのか、が重要になる。これをコントロールするためのルールは今のところ存在しないし、まさに世界中の人が意見を出し合っていく必要がでてくる。スマートシティのアーキテクチャを考える人は、ガバナンスの在り方を重くとらえることが必須なのだ。そして、こういったガバナンスに従わない人が自由にいられる環境も必要になりそうだ。WovenCityが提示する、生活者データの取得と、活用の在り方について、具体的にどういうガバナンスが提示され、実装されるのか、テクノロジー以前に、我々はそこに注視すべきなのだ」

　海外においても、Googleの親会社Alphabet傘下のSidewalk Labsによるトロント（カナダ）におけるスマートシティプロジェクトにおいて、データガバナンスのあり方として、Data Trustが課題となっている（https://www.sidewalklabs.com/）。また、ODI（英国）によるData trustsプロジェクト（https://theodi.org/article/odi-data-trusts-report/）やFing（フランス）によるMesInfosプロジェクト（http://mesinfos.fing.org/english/）等において、スマートシティにおけるパーソナルデータ利活用のあり方が研究されている。

90　スマートシティ官民連携プラットフォーム（https://www.mlit.go.jp/scpf/）。

る「スマートシティモデル事業」等の関連事業が実施される予定である[91]。今後は、これらの関連事業者や「スマートシティ官民連携プラットフォーム」と連携しつつ、日本IT団体連盟等において、「情報銀行」に関する面的な普及啓発の観点からも、上記の各地域における「情報銀行」事業の他地域への展開を含め、社会実装を推進していくことが重要と考えられる。

(3) いわゆる「データポータビリティ」等事業者間連携

「情報銀行」認定事業者の増加等により、「情報銀行」のエコシステムが広がりをみせつつあるなか、これを基点としたパーソナルデータに関するエコシステムがいっそう発展していくためには、「情報信託機能の認定スキームの在り方に関する検討会取りまとめ」(以下、「情報信託機能検討会取りまとめ」)[92]にあるように、「情報銀行」間[93]や、データ保有者と当該データの活用を希望する者を仲介し、売買等による取引を可能とする仕組みである「データ取引市場」[94]と「情報銀行」との間等の連携を進めていくことが重要である。

また、いわゆる「データポータビリティ」について、「情報銀行」は、「個人が様々なデータ管理者から取り戻した自己のデータを、蓄積・管理し、完全に活用可能とすることで、データポータビリティを実質化させる役割」[95]や、「データポータビリティの受け皿になる、つまり個人が受け取った情報

---

91 2020年3月24日内閣府・総務省・経済産業省・国土交通省 (https://www.soumu.go.jp/menu_news/s-news/01ryutsu06_02000242.html)。

92 2019年10月8日総務省 (https://www.soumu.go.jp/menu_news/s-news/01tsushin01_02000290.html)。

93 戦略的イノベーション創造プログラム (SIP) 第2期/ビッグデータ・AIを活用したサイバー空間基盤技術/パーソナルデータ実証研究「情報銀行間データ連携の実証と考察」(2020年3月18日、大日本印刷・富士通・NTTデータ　https://www8.cao.go.jp/cstp/stmain/b-2-11_200318.pdf)。

94 一般社団法人データ流通推進協議会 (DTA) において、「データ取引市場」の認定制度の導入が検討されている (https://data-trading.org/)。

95 生貝直人 (東京大学大学院情報学環客員准教授) AIネットワーク社会推進会議AIガバナンス検討会 (2018年12月10日) 発表資料 (https://www.soumu.go.jp/main_sosiki/kenkyu/ai_network/02iicp01_04000159.html)。

を預けておいて、他のベンダーに提供する際のツールとして機能すること」
が期待されている[96]。

　この点、改正個人情報保護法案において、保有個人データの開示方法について、現行は原則として書面の交付による方法とされているところ、電磁的記録の提供を含め、本人が指示できるようにすることとされている。そこで、個人情報の提供元となる企業等に対する開示請求については、いわゆる「データポータビリティ」の受け皿として、さらには、本人等への便益となるよう第三者提供を通じた個人情報の利活用方策を提案する役割が期待されている「情報銀行」が本人にかわって行うことなども考えられるところであり[97]、今後、「情報銀行」といわゆる「データポータビリティ」との連携も重要と考えられる[98]。

96　森亮二（英知法律事務所弁護士）「情報銀行」（REPORT JARO2019年9月号No.536 https://www.jaro.or.jp/shiryou/reportjaro/index.html）。
　　また、増田雅史（森・濱田松本法律事務所弁護士）「EUで進むデータポータビリティ権、導入の背景と日本における動向」（https://www.businesslawyers.jp/articles/299）は、「データポータビリティ権の創設により、個々人は自身の個人データをコントロールできるようにはなるものの、それを自身ですべて行うことは簡単ではなく、今後のデータ量の増大によりますます困難になると思われます。そこで求められるのが、個人データを一括して受託し、各事業者への情報提供を本人に代わりコントロールする存在であり、これを銀行ビジネスになぞらえて『情報銀行』と呼ぶことがあります」と主張している。
97　2020年1月14日日本IT団体連盟（https://www.tpdms.jp/file/20200114-1 Topics.pdf）。
98　2019年5月21日公正取引委員会・総務省・経済産業省「データの移転・開放等の在り方に関するオプション」（https://www.soumu.go.jp/menu_news/s-news/01tsushin01_02000280.html）では、「データの移転・開放の際に、例えば、APIの開放による利用者を経由しない形での移転など、データの安全性をどのように確保するのかについて検討する必要がある」という点について、「例えば、情報の取扱いについて、情報セキュリティに係る体制整備が確認されている情報銀行を活用することも考えられる」とされている。
　　また、2019年10月8日総務省・経済産業省「情報信託機能の認定スキームの在り方に関する検討会取りまとめ」（https://www.soumu.go.jp/menu_news/s-news/01tsushin01_02000290.html）によると、「『デジタル・プラットフォーマーを巡る取引環境整備に関する検討会』の下で、デジタル・プラットフォーマーにおいて集積された利用者のデータの移転・開放に関する議論も行われているところであるが、今後、安心・安全にこうした移転・開放を進めるため、情報銀行が利用者に戻されたデータを安全に受け取る主体として活用されることも期待される」。

(4)　認定個人情報保護団体制度との連携による共同規制

　安心・安全で信頼できる「情報銀行」のトラストアンカー（信頼の起点）である「情報銀行」認定において、その公平性等を確保するためには、「情報銀行」認定事業者およびそのサービスに対する相談・苦情等を受付・処理することも重要である[99]。この点、改正個人情報保護法案において、対象事業者の個人情報等の取扱いに関する苦情の処理等を行う認定個人情報保護団体制度について、現行は、対象事業者のすべての分野・部門を対象としているところ、これに加えて、企業等事業者における特定の分野・部門を対象とする団体も認定できるようにされている。

　日本IT団体連盟においては、「情報銀行」認定事業者によるサービスの開始に伴い、2020年3月より「相談窓口」が設置されている[100]。現時点において「情報銀行」認定事業者が一定規模となり、今後も広がりが期待されているなか、日本IT団体連盟において、「情報銀行」認定事業者における当該「情報銀行」事業の関連部門のみならず、その第三者提供先の企業等における当該「情報銀行」事業の関連部門等を対象とする認定個人情報保護団体を目指すことにより、苦情の処理や「情報銀行」の特性に応じた自主的な個人情報保護指針の作成等を通じて、「情報銀行」認定制度との連携による実効的な共同規制の枠組みが可能になると考えられる[101]。

(5)　「情報銀行」認定制度の国際標準化等による国際展開

　「情報銀行」認定制度等を通じた安心・安全で信頼できる「情報銀行」を基点とした「日本発のパーソナルデータ利活用モデル」は前述のとおり、欧米モデルとは異なる「The Third Way」として紹介され、国際的な関心・

99　2019年3月6日日本IT団体連盟（https://www.tpdms.jp/file/20190306-1Topics.pdf）。

100　日本IT団体連盟（https://www.tpdms.jp/contact/index.html）。

101　2019年2月19日日本IT団体連盟（https://www.tpdms.jp/file/20190219-1Topics.pdf）、2020年1月14日同（https://www.tpdms.jp/file/20200114-1Topics.pdf）。

期待も高まっている。また、その認定基準として求められている「プライバシーポリシーの約款化」と「データ倫理審査会の設置」については、国際社会をリードできる自主基準になっている[102]とともに、今後は、改正個人情報保護法に基づく新たな認定個人情報保護団体制度と「情報銀行」認定制度との連携により、実効的な共同規制の枠組みになることも期待される。

　この点、タイにおける個人情報保護法の施行（2021年5月全面施行予定）[103]にみられるように、東南アジア等においても、デジタル化の推進によるさらなる経済発展や社会的課題の解決のため、法整備等を通じたパーソナルデータの利活用が進展しつつある。特に新興国・途上国の大都市においては、そのライフスタイルやビジネスモデルの急速な変化に伴い、IoTやAI等のICTやデータの利活用に関するスタートアップの育成等が進められているところである[104]。

　したがって、わが国の「情報銀行」認定事業者等によるパーソナルデータの利活用に関する国際展開[105]を推進するため、「情報銀行」認定制度の国際標準化等も今後重要になると考えられる。また、本年6月下旬に日本（東京）での開催が予定されていた「MyData Asia 2020」[106]等とも連携した国際的な情報発信も期待されるところである[107]。

⑹　そ　の　他

　以上のほか、安心・安全で信頼できる「情報銀行」を基点とした日本発の

102　2020年1月14日日本IT団体連盟（https://www.tpdms.jp/file/20200114-1Topics.pdf）では、「Society5.0の実現にむけて、AIとデータの活用は車の両輪として不可欠であるところ、AIについては、『人間中心のAI社会原則』（2019年3月、内閣府）、『AI開発ガイドライン』（2017年7月、総務省）及び『AI利活用ガイドライン』（2019年8月、総務省）等、AI倫理に関する検討が進められ、G7、G20やOECD等の国際的な議論に我が国がイニシアティブを発揮し貢献してきている。他方、データ倫理については、欧州（例えば、The Open Data InstituteやDATAETHICS）等において検討が進められてきているところ、我が国では、『情報銀行』認定における『データ倫理審査会』を通じて、社会実装に向けた取組みが進められつつある」とされている。
103　2020年3月30日日本経済新聞（https://www.nikkei.com/article/DGKKZO57319500X20C20A3TCJ001/）によると、同5月27日とされている。

パーソナルデータ活用に関するエコシステムのいっそうの発展に向けて、「データ流通・活用ワーキンググループ　第二次とりまとめ」[108]および情報信託機能検討会取りまとめ[109]等で整理されているとおり、日本IT団体連盟

---

104 「ピッチセッションにおいて、最も優れたものに贈られる「ベストピッチ賞」を獲得したのが、旅行情報を本人の同意の下でパートナーに提供し、見返りとして旅行者にトークンやクーポンを提供する「情報銀行」というビジネスをしている、ベトナムのTriip Pte. Ltd.（以下、Triip）です。同社CEOのHai Ho氏は、このサービスを開発した理由として、GAFAによる個人データ独占の開放だといいます。『日々私たちが検索ポータルで検索している情報は、その検索ポータル企業が広告出稿者向けに利用し、自社利益を得ています。しかしながら、データを提供した個人になんら還元されていません。それを解決するために、個人が旅程や現地での行楽地のアクティビティ情報をTriipのプラットフォームを通し、パートナー（旅先付近のホテル、レストランなど）に提供した見返りに、トークン（ポイント還元のような代用貨幣）などを発行する仕組みを考えました。これにより、情報提供者も恩恵が得られます』(Hai Ho氏)」(2019年5月15日、Bizコンパス編集部「いま、なぜ東南アジアベンチャーと日本企業がコラボする必要があるのか？ Startup Challenge Summitレポート」 https://www.bizcompass.jp/original/bu-growth-117-3.html)。

　　また、大泉啓一郎「デジタル時代の東南アジアビジネスの新潮流―海外におけるイノベーションの活性化の観点から―」(JRIレビュー 2017 Vol.8 No.47 https://www.jri.co.jp/MediaLibrary/file/report/jrireview/pdf/9935.pdf) では、デジタル時代における東南アジアビジネスの新潮流を確認するとともに、東南アジアにおける日本企業のイノベーションの可能性が検討されている。そのなかで紹介されている在タイ日本大使館の「エンバシー・ピッチ（Embassy Pitch）」については、2016年10月7日yindeed magazine「大使館主催の"マネーの虎"、『Embassy Pitch』開催。その舞台裏を追った」(https://yindeed.asia/embassy-pitch-story) を参照。

105 たとえば、NTTデータにおいて、NTT DATA Italia S.p.Aの協力のもと、パーソナルデータ流通に関するソリューションを有するCybernetica社と共同で、情報銀行の仕組みを支えるパーソナルデータプラットフォームとエストニアの電子政府を支えるデータ連携基盤「UXP」との相互接続を実施し、UXPを利用した、日本と他国間でのデータ連携接続を行うために必要な環境構築やサーバーの設定方法等を標準仕様として策定している (https://www.nttdata.com/jp/ja/news/release/2020/042000/)。

106 新型コロナウイルス感染症拡大防止等のため、本イベントは中止となり、かわりにオンラインイベントが企画中 (https://mydatajapan.org/events/mydata-asia-2020.html)。

107 2019年10月8日総務省・経済産業省「情報信託機能の認定スキームの在り方に関する検討会取りまとめ」(https://www.soumu.go.jp/menu_news/s-news/01tsushin01_02000290.html) によると、「今後の情報銀行事業の拡大に向けて、関係者で協力し、情報銀行の国際展開にも取り組むことが期待される」。また、「世界最先端デジタル国家創造宣言・官民データ活用推進基本計画」（2020年7月17日閣議決定）において、情報銀行のビジネスモデル、認定スキームについて、国際標準化を推進する。

108 2019年6月官民データ活用推進基本計画実行委員会データ流通・活用ワーキンググループ「第二次とりまとめ」(https://www.kantei.go.jp/jp/singi/it 2 /detakatuyo_wg/)。

等を中心として、総務省等の関係省庁やMyData Japan等の関係団体等とも連携しつつ、引き続き次の課題にも取り組んでいくことが期待される。

① 「情報銀行」に関するものを含むパーソナルデータの円滑な流通のための「アーキテクチャの定義とデータ構造の標準化」[110]の推進

② 民間部門、行政機関、独立行政法人等に係る個人情報保護法制の一元化に関する検討[111]もふまえつつ、「スマートシティ」や「スーパーシティ構想」[112]との連携も見据えた行政機関・独立行政法人等の認定の制度化

③ 複数者が共同で「情報銀行」事業を行う場合の認定の制度化

④ 第三者提供先や利用目的の内容に応じたリスク等、個人による情報銀行の選択に資する内容の明示等による「情報銀行」に関する透明性の確保

⑤ 研修等による「データ倫理審査会」に関する人材育成

⑥ 第三者提供先である企業等からの再提供のあり方

⑦ 健康・医療分野における要配慮個人情報等、認定の対象とする個人情報の範囲[113]

---

109 2019年10月8日総務省・経済産業省「情報信託機能の認定スキームの在り方に関する検討会取りまとめ」（https://www.soumu.go.jp/menu_news/s-news/01tsushin01_02000290.html）。

110 2020年3月18日内閣府「SIPサイバー／アーキテクチャ構築及び実証研究の成果公表」（https://www8.cao.go.jp/cstp/stmain/20200318siparchitecture.html）において、「パーソナルデータアーキテクチャ構築」として、「DFFT（Data Free Flow with Trust）実現のためのアーキテクチャ設計と国際標準化推進の研究開発」（一般社団法人データ流通推進協議会）や「情報銀行間データ連携の実証と考察」（大日本印刷）等が取りまとめられている。

111 内閣官房「個人情報保護制度の見直しに関する検討会」（https://www.cas.go.jp/jp/seisaku/kojinjyoho_hogo/）。

112 さまざまなデータを分野横断的に収集・整理し提供する「データ連携基盤」を軸に、地域住民等にさまざまなサービスを提供し、住民福祉・利便向上を図る都市。これを実現するための「国家戦略特別区域法の一部を改正する法律」が2020年5月27日成立（https://www.kantei.go.jp/jp/singi/tiiki/kokusentoc/kettei/r202005.html）。

4 最後に

　5 G、beyond 5 G（いわゆる「6 G」）[114]、IoTやAI等のイノベーションと相まって、われわれが日々利用しているさまざまなデジタル・プラットフォームによるインターネット上の各種サービス、「スマートシティ」、さらには「スーパーシティ構想」等が今後、いっそう普及・進展することにより、サイバー空間とフィジカル空間が高度に融合した社会「Society5.0」[115]が実現しつつある。

　Society5.0においては、カメラやセンサー、IoT等により、フィジカル空間の膨大かつ多種多様なデータが収集され、人を介さずリアルタイムでサイバー空間に流通・蓄積されるとともに、そのビッグデータがAIにより自動的に、場合によっては人間の能力をはるかに超えて解析されるようになると考えられる。

　以上のように、われわれの生活のあらゆる部分がデジタルインフラに支えられ、個人情報のみならず要配慮個人情報も含むパーソナルデータが収集、流通・蓄積、解析等により利活用されることが今後は不可避となり、「ガバ

113　2019年10月15日日本経済団体連合会「Society5.0の実現に向けた個人データの保護と活用の在り方」（https://www.keidanren.or.jp/policy/2019/083.html）は、「『健康・医療分野の要配慮個人情報』を継続検討としているが、こうした情報を本人が納得するかたちで活用することは、本人も含めた社会全体に便益をもたらすものであり、情報銀行の枠組みに含めることが強く期待される。関係者と慎重かつ丁寧な議論を行い、『健康・医療分野の要配慮個人情報』の望ましい活用のあり方、情報銀行における取扱いについて、早急に検討すべきである」と提言している。また、「世界最先端デジタル国家創造宣言・官民データ活用推進基本計画（2020年7月17日閣議決定）」において、「今後も、情報銀行認定の運用状況や認定事業者による取組状況を踏まえつつ、『情報信託機能の認定に係る指針ver2.0』の見直し等を含め、関係省庁において、情報銀行の更なる社会実装の加速に向けた必要な環境整備に取り組む。特に、令和2年度中に情報銀行における要配慮個人情報の取扱いや提供先第三者の選定基準の明確化等に向けた検討を行い、その検討結果を踏まえて令和3年度中に認定指針の見直しを行う」と規定されている。

114　総務省（https://www.soumu.go.jp/main_sosiki/kenkyu/Beyond-5G/index.html）。

ナンス・イノベーション」が求められつつあるなか[116]、「人間中心の社会」を実現するためには、個人に寄り添い、そのデータリテラシーの向上等を支援し、安心・安全で信頼できる「情報銀行」に期待される役割がますます大きくなると考えられる。

さらに、サイバー空間の性質上、パーソナルデータの収集、流通・蓄積、解析等のサイクルは、クロスボーダーかつ世界規模で生じている。この点、わが国においては、「情報銀行」認定事業者における「データ倫理審査会」等の「データ倫理」の取組みが社会実装されつつあるところであり、同枠組みは、プライバシーやセキュリティ等に関する信頼を確保しながら、安心・安全で自由な流通を可能とする「日本発のパーソナルデータ利活用の仕組み」として、国際的な議論に貢献することができると考えられる。

2020年に入り、わが国において、「情報銀行」認定事業者によるサービスが開始され、本年は「情報銀行」元年といえる。わが国における「情報銀行」は、スタートラインに立ったばかりの状況であり、前述のとおり、さまざまな越えるべき課題がある。安心・安全で信頼できるパーソナルデータ利活用環境の実現という経済・社会的課題の解決に向けて、一人ひとりの個人が参画意識をもちつつ、引き続き産学官民等のマルチステークホルダーが連携していくことが期待される。

また、2020年3月20日、WHO（世界保健機関）より新型コロナウイルス感

---

115 内閣府（https://www8.cao.go.jp/cstp/society5_0/）。

116 2020年7月13日経済産業省「GOVERNANCE INNOVATION: Society5.0の時代に向けた法とアーキテクチャのリ・デザイン」報告書（https://www.meti.go.jp/press/2020/07/20200713001/20200713001.html）29頁の脚注32によると、「例えば、情報の利活用を推進するための枠組みでもある情報銀行の認定制度は、国側において、総務省及び経済産業省は『情報信託機能の認定スキームの在り方に関する検討会』を開催して、認定団体が個別の情報銀行を認定するためのガイドラインとしての情報信託機能の認定に係る指針を発行している。このガイドラインに基づいて、日本IT団体連盟が情報銀行の認定団体とされ、実際には日本IT団体連盟が上記指針に基づいて発行した認定枠組みに基づいて認定がされている。指針内には、情報銀行に倫理審査会の設置を要求すること、日本IT団体連盟が一定のモニタリングを行う等、国が関与した共同規制的な枠組みの中で、ガバナンス体制が整備されており、また根拠法令を設けていないことから、全体の枠組みの見直しも実施しやすくしているといった特徴がある」。

染症（COVID-19）のパンデミックが宣言された。この前例のない危機に対し、世界中で個人情報等のパーソナルデータ（以下、「パーソナルデータ」）を利活用した感染拡大防止策が試行錯誤されている。

　日本においても、デジタル・プラットフォーム事業者や移動通信事業者に対して、感染拡大防止に資する統計データ等の政府への提供が要請されている[117]。この要請に対し、たとえば、ヤフーにおいて、政府におけるプロセスの透明性が確保されることを前提とした協力方針の公表[118]、LINEにおいて、厚生労働省との協定に基づく「新型コロナ対策のための全国調査」の実施[119]、また、グーグル（Google）において、人々の動きの変化を把握するための「COVID-19 Community Mobility Reports」の公開[120]等の取組みが行われている。

　パーソナルデータの利活用による感染拡大防止策をめぐっては、公衆衛生の向上、個人情報やプライバシーの保護等、複数の目的の間でバランスをとることが求められており、接触確認アプリ[121]をはじめとして、欧米やアジア等においてさまざまな議論や取組みが行われている。この点、「情報銀行」は、パーソナルデータの利活用による個人や社会への便益の還元と、個

---

[117]　2020年 3 月31日内閣官房・総務省・厚生労働省・経済産業省（https://www.soumu.go.jp/menu_news/s-news/02kiban01_04000143.html）。

[118]　2020年 4 月 3 日ヤフー「関係府省からプラットフォーム事業者等各社への「新型コロナウイルス感染症の感染拡大防止に資する統計データ等の提供」要請に対する対応方針」（https://about.yahoo.co.jp/pr/release/2020/04/03a/）、同月 2 日個人情報保護委員会「新型コロナウイルス感染症の拡大防止を目的とした個人データの取扱いについて」（https://www.ppc.go.jp/news/careful_information/covid-19/）。

[119]　2020年 3 月30日ライン「厚生労働省に協力して、『LINE』で国内ユーザー 8,300万人を対象とした第 1 回「新型コロナ対策のための全国調査」を明日実施」（https://linecorp.com/ja/pr/news/ja/2020/3148）。

[120]　2020年 4 月 3 日グーグル「感染症対策の専門家を支援。新型コロナウイルス感染症（COVID-19）と戦う上で役立つデータを」（https://japan.googleblog.com/2020/04/covid-19-community-mobility-reports.html）。

[121]　日本では厚生労働省において、AppleとGoogleが共同で提供するExposure Notification Frameworkを利用して構築し、2020年 6 月19日より「新型コロナウイルス接触確認アプリ（COCOA）COVID-19 Contact-Confirming Application」を提供開始（https://www.mhlw.go.jp/stf/seisakunitsuite/bunya/cocoa_00138.html）。

人情報やプライバシーの保護とのバランスを図る仕組みである点において、今後の対策等を検討するうえでも若干の参考になるものと思われる。

　（本稿において、意見に相当する部分は筆者の個人的見解を述べたものであり、筆者の所属組織としての公式見解や統一的見解を示すものではない。）

事項索引

ICT・AI時代の個人情報保護

2020年10月22日　第1刷発行

編著者　別　所　直　哉
発行者　加　藤　一　浩

〒160-8520　東京都新宿区南元町19
発　行　所　一般社団法人 金融財政事情研究会
企画・制作・販売　株式会社きんざい
出　版　部　TEL 03（3355）2251　FAX 03（3357）7416
販売受付　TEL 03（3358）2891　FAX 03（3358）0037
URL https://www.kinzai.jp/

校正：株式会社友人社／印刷：株式会社日本制作センター

ISBN978-4-322-13565-7